“十三五”国家重点出版物出版规划项目

法律科学文库

LAW SCIENCE LIBRARY

总主编　曾宪义

国家社科基金青年项目成果

雇主组织法论

——以协调劳动关系的法律保障为中心

吴文芳 著

The Law on Employer Associations

—A Focus on the Legal Institutions Coordinating Labor Relations

中国人民大学出版社
·北京·

总　序

曾宪义

“健全的法律制度是现代社会文明的基石”，这一论断不仅已为人类社会的历史发展所证明，而且也越来越成为人们的共识。在人类历史上，建立一套完善的法律体制，依靠法治而促进社会发展、推动文明进步的例证，可以说俯拾即是。而翻开古今中外东西各民族的历史，完全摒弃法律制度而能够保持国家昌隆、社会繁荣进步的例子，却是绝难寻觅。盖因在摆脱了原始和蒙昧以后，人类社会开始以一种“重力加速度”飞速发展，人的心智日渐开放，人们的利益和追求也日益多元化。面对日益纷纭复杂的社会，“秩序”的建立和维持就成为一种必然的结果。而在建立和维持一定秩序的各种可选择方案（暴力的、伦理的、宗教的和制度的）中，制定一套法律制度，并以国家的名义予以实施、推行，无疑是一种最为简洁明快，也是最为有效的方式。随着历史的演进、社会的发展和文明的进步，作为人类重要精神成果的法律制度，也在不断嬗变演进，不断提升自身的境界，逐渐成为维持一定社会秩序、支撑社会架构的重要支柱。17 世纪以后，数次发生的工业革命和技术革命，特别是 20 世纪中叶发生的电子信息革命，给人类社会带来了天翻地覆的变化，不仅直接改变了信息交换的规模和速度，而且彻底改变了人们的生活方式和思维方式，使人类生活进入了更为复杂和多元的全新境界。在这种背景下，宗教、道德等维系社会人心的传统方式，在新的形势面前越来越显得力不从心。而理想和实际的选择，似乎是透过建立一套理性和完善的法律体制，给多元化社会中的人们提供一套合理而可行的共同的行为规则，在保障社会共同利益的前提下，给社会成员提供一定的发挥个性的自由空间。这样，既能维持社会整体的大原则、维持社会秩序的基本和谐和稳定，又能在此基础上充分保障个人的自由和个性，发挥每一个社会成员的创造力，促进社会文明的进步。唯有如此，方能达到稳定与发展、整体与个人、精神文明与物质进步皆能并行不悖的目的。正因为如此，近代以来的数百年间，在东西方各主要国家里，伴随着社会变革的大潮，法律改革的运动也一直呈方兴未艾之势。

中国是一个具有悠久历史和灿烂文化的国度。在数千年传承不辍的中国传统文化中，尚法、重法的精神也一直占有重要的位置。但由于古代社会法律文化的精神旨趣与现代社会有很大的不同，内容博大、义理精微的中国传统法律体系无法与近现代社会观念相融，故而在 19 世纪中叶，随着西方列强对中国的侵略，绵延了数千年的中国古代法律制度最终解体，中国的法制也由此开始了极其艰难的近现代化的过程。如果以 20 世纪初叶清代的变法修律为起点的话，中国近代以来的法制变革活动已经进行了近一个世纪。在这将近百年的时间里，中国社会一直充斥着各种矛盾和斗争，道路选择、主义争执、民族救亡以及路线斗争等等，使整个中国一直处于一种骚动和不安之中。从某种意义上说，社会变革在理论上会给法制的变革提供一定的机遇，但长期的社会骚动和过于频繁的政治剧变，在客观上确实曾给法制变革工作带来过很大的影响。所以，尽管曾经有过许多的机遇，无数的仁人志士也为此付出了无穷的心力，中国近百年的法制重建的历程仍是步履维艰。直至 20 世纪 70 年代末期，“文化大革命”的宣告结束，中国人开始用理性的目光重新审视自身和周围的世界，用更加冷静和理智的头脑去思考和选择自己的发展道路，中国由此进入了具有非凡历史意义的改革开放时期。这种由经济改革带动的全方位民族复兴运动，也给蹉跎了近一个世纪的中国法制变革带来了前所未有的机遇和无限的发展空间。

应该说，自 1978 年中国共产党第十一届三中全会以后的 20 年，是中国历史上社会变化最大、也最为深刻的 20 年。在过去 20 年中，中国人民高举邓小平理论伟大旗帜，摆脱了“左”的思想的束缚，在政治、经济、文化各个领域进行全方位的改革，并取得了令世人瞩目的成就，使中国成为世界上最有希望、最为生机勃勃的地区。中国新时期的民主法制建设，也在这一时期内取得了令人惊喜的成就。在改革开放的初期，长期以来给法制建设带来巨大危害的法律虚无主义即得到根除，“加强社会主义民主，健全社会主义法制”成为一个时期内国家政治生活的重要内容。经过近二十年的努力，到 90 年代中期，中国法制建设的总体面貌发生了根本性的变化。从立法上看，我们的立法意识、立法技术、立法水平和立法的规模都有了大幅度的提高。从司法上看，一套以保障公民基本权利、实现司法公正为中心的现代司法诉讼体制已经初步建立，并在不断完善之中。更为可喜的是，经过近二十年的潜移默化，中国民众的法律意识、法制观念已有了普遍的增强，党的十五大确定的“依法治国”“建设社会主义法治国家”的治国方略，已经成为全民的普遍共识和共同要求。这种观念的转变，为中国当前法制建设进一步完善和依法治国目标的实现提供了最为有力的思想保证。

众所周知，法律的进步和法制的完善，一方面取决于社会的客观条件和客观需要，另一方面则取决于法学研究和法学教育的发展状况。法律是一门专业性、技术性很强，同时也极具复杂性的社会科学。法律整体水平的提升，有赖于法学研究水平的提高，有赖于一批法律专家，包括法学家、法律工作者的不断努力。而国家法制总体水平的提升，也有赖于法学教育和法学人才培养的规模和质量。总而言之，社会发展的客观需要、法学研究、法学教育等几个环节是相互关联、相互促进和相互影响的。在改革开放的 20 年中，随着国家和社会的进步，中国的法学研究和法学教育也有了巨大的发展。经过 20 年的努力，中国法学界基本上清除了“左”的思想的影响，迅速完成了法学学科的总体布局和各分支学科的学科基本建设，并适应国家建设和社会发展的需要，针对法制建设的具体问题进行深入的学术研究，为国家的立法和司法工作提供了许多理论支持和制度上的建议。同时，新时期的法学教育工作也成就斐然。通过不断深入的法学教育体制改革，当前我国法学人才培养的规模和质量都有了快速的提升。一大批用新思想、新体制培养出来的新型法学人才已经成为中国法制建设的中坚，这也为中国法制建设的进一步发展提供了充足和雄厚的人才准备。从某种意义上说，在过去20年中，法学界的努力，对于中国新时期法制建设的进步，贡献甚巨。其中，法学研究工作在全民法律观念的转变、立法水平和立法效率的提升、司法制度的进一步完善等方面所发挥的积极作用，也是非常明显的。

法律是建立在经济基础之上的上层建筑，以法律制度为研究对象的法学也就成为一个实践性和针对性极强的学科。社会的发展变化，势必要对法律提出新的要求，同时也将这种新的要求反映到法学研究中来。就中国而言，经过近二十年的奋斗，改革开放的第一阶段目标已顺利实现。但随着改革的逐步深入，国家和社会的一些深层次的问题也开始显现出来，如全民道德价值的更新和重建，市场经济秩序的真正建立，国有企业制度的改革，政治体制的完善等等。同以往改革中所遇到的问题相比，这些问题往往更为复杂，牵涉面更广，解决问题的难度也更大。而且，除了观念的更新和政策的确定外，这些复杂问题的解决，最终都归结到法律制度上来。因此，一些有识之士提出，当前中国面临的难题或是急务在于两个方面：其一，凝聚民族精神，建立符合新时代要求的民族道德价值，以为全社会提供一个基本价值标准和生活方向；其二，设计出一套符合中国国情和现代社会精神的“良法美制”，以为全社会提供一系列全面、具体、明确而且合理的行为规则，将各种社会行为纳入一个有序而且高效率的轨道。实际上，如果考虑到特殊的历史文化和现实情况，我们会认识到，在当前的中国，制度的建立，亦即一套“良法美制”的建立，更应该是当务之急。建立一套完善、合理的法律体制，当然是一项极为庞大的社会工程。而其中的基础性工作，即理论的论证、框架的设计和实施中的纠偏等，都有赖于法学研究的进一步深入。这就对我国法学研究、法学教育机构和广大法律理论工作者提出了更高的要求。

中国人民大学法学院建立于1950年，是新中国诞生以后创办的第一所正规高等法学教育机构。在其成立的近半个世纪的岁月里，中国人民大学法学院以其雄厚的学术力量、严谨求实的学风、高水平的教学质量以及极为丰硕的学术研究成果，在全国法学研究和法学教育领域中处于领先行列，并已跻身于世界著名法学院之林。长期以来，中国人民大学法学院的法学家们一直以国家法学的昌隆为己任，在自己的研究领域中辛勤耕耘，撰写出版了大量的法学论著，为各个时期的法学研究和法制建设作出了突出的贡献。

鉴于当前我国法学研究所面临的新的形势，为适应国家和社会发展对法学工作提出的新要求，中国人民大学法学院和中国人民大学出版社经过研究协商，决定由中国人民大学出版社出版这套“法律科学文库”，陆续出版一大批能全面反映和代表中国人民大学法学院乃至全国法学领域高品位、高水平的学术著作。此套“法律科学文库”是一个开放型的、长期的学术出版计划，以中国人民大学法学院一批声望卓著的资深教授和著名中青年法学家为主体，并聘请其他法学研究、教学机构的著名法学家参加，组成一个严格的评审机构，每年挑选若干部具有国内高水平和有较高出版价值的法学专著，由中国人民大学出版社精心组织出版，以达到集中地出版法学精品著作、产生规模效益和名著效果的目的。

“法律科学文库”的编辑出版，是一件长期的工作。我们设想，借出版“文库”这一机会，集中推出一批高质量、高水准的法学名著，以期为国家的法制建设、社会发展和法学研究工作提供直接的理论支持和帮助。同时，我们也希望通过这种形式，给有志于法学研究的专家学者特别是中青年学者提供一个发表优秀作品的园地，从而培养出中国新时期一流的法学家。我们期望并相信，通过各方面的共同努力，力争经过若干年，“法律科学文库”能不间断地推出一流法学著作，成为中国法学研究领域中的权威性论坛和法学著作精品库。

1999 年 9 月

前 言

雇主组织化是市场经济与工业化进程中的普遍现象。雇主为了共同利益而结盟，当单纯的结盟不足以解决面对的问题与压力时，才需要建立独立于雇主的组织机构。由于雇主的差异性与多元化，结盟背后的驱动力极为复杂。现行的雇主组织形态非凭空产生，在传统惯例、制度架构、社会环境等条件的基础上，雇主组织随着社会的发展而延续、创新。研究中国雇主组织问题时，应在西方研究的基础上，理解共性但更重视强调中国特色社会主义的个性；应借鉴国家—社会视角，以制度变迁作为背景，在中国模式下探讨路径依赖的可能性及制度互补性，从而在中国特色的劳动关系理论中去找寻答案。

西方国家雇主组织的法律保障制度在两百多年的工业化与市场化发展中，已经逐渐显现出了相应的制度变迁。在此过程中，能够为我们所借鉴的有两方面内容：其一是在劳动力市场化初期，对雇主组织的成立以及主要职能的法律保障实现了什么样的功能？这种功能实现在多大程度上与我国雇主组织现阶段面临的问题有相似之处？换句话说，我们可以借鉴的成分有多少？其二，在西方劳动力市场遭遇全球化冲击的过程中，雇主组织联合雇主对抗工会的劳动关系的需求不断减弱，经济衰退中雇主组织更多的是通过游说政府对劳动关系去管制，来实现雇主的利益最大化。然而，去管制的过程本身就是削弱西方雇主组织成立合法性的过程。雇主组织在当下处于极为微妙的境地：雇主之间结盟的基础被打破，雇主组织成立本身的制度性保障也大大弱化。西方国家的雇主组织机制变革与我国劳动关系中缺少对抗因素的雇主组织法律保障有共通因素，这些共通因素在三方协调机制、集体协商及参与调解/仲裁的制度建构中都有所体现和借鉴。

从西方雇主组织法律保障的情况看，无论是合作主义模式下还是多元主义模式下，极少有国家选择对雇主组织专门立法，而是对雇主组织参与的事项分别规范。盖其原因主要有二：一是雇主组织的法律主体形式一般为社会团体法人，欧陆与英美宪法上的结社自由机制及对社团法人的规范均较为成熟，另行规制雇主组织这一类主体实无必要。即使英国《1992 年工会与劳资关系（巩固）法案》中有对雇主组织的法律规范，这些规范也并非强制性的规范，仅仅是为了满足政府信息统计的需要而制定。二是雇主组织相对于其他社团的特殊性，不体现在主体而体现在功能，即在集体协商、参与立法及政策制定等领域内的作为需要法律规范来引导。在这方面，宪法及其实施的法律机制应发挥重要作用，如德国《联邦议院议事规则》《联邦各部议事规则》中就有保障雇主组织参与立法的规定；而对于雇主组织代表企业参加集体协商，有《团体协约法》予以保障；至于雇主组织参与劳动争议解决机制的权利，有《劳动法院法》予以保障。英、美的情况基本类似，只不过相对于德国雇主组织的一元制，在英美多元主义模式下对雇主组织的权利保障更多地体现为宪法上的参与机制。

在我国，从主体上看，雇主组织既包括具有准行政机关性质的人民团体，也包括与政府关系密切的社会团体，还包括与政府完全脱钩的行业协会、商会。各种团体的法律地位差异较大，即使将它们放在一部所谓的“雇主组织法”中，仍然要分别规范不同主体的行为能力及功能，因此，制定一部“雇主组织法”难度较大且实践意义不强，采取针对雇主组织的功能分别规范的法律调整模式更为适合。

在我国现阶段工商业联合会（以下简称工商联）与企业联合会（以下简称企联）的雇主组织的地位已经在相关的文件中得到明确。但与工会有专门的《工会法》来调整相比，工商联与企联的雇主组织身份甚至没有任何一部法律来调整。法律应首先保障雇主组织在协调劳动关系中的地位，才能在协调劳动关系的诸种机制中为雇主组织找到相应的主体地位与活动区间。具体而言，在参与立法，国家劳动关系三方协调机制建设，行业性、区域性集体协商制度建设，以及劳动争议调解、仲裁机制的完善中，虽应注重系统性，但也应根据雇主组织的不同属性，有重点、有区别地系统性推进雇主组织的保障性立法。

我国雇主组织法律保障的系统性建构应以功能性为导向，主要包括如下几个部分。

第一，加强雇主组织参与立法机会均等的保障，包括参与立法的程序性保障与提升雇主组织的代表性以保障参与质量。

自工商联正式作为雇主组织加入劳动关系三方协调机制以后，劳资两方在立法参与能力方面更为平衡，与工会相比工商联相对弱势的局面在很大程度上得到了扭转，但在实际运行中工商联仍然弱于工会。从国家现有的决策机制来看，对于同为人民团体的工商联与工会，现有法律体系对工会参与立法和参政议政的权利予以充分的表彰。作为雇主代表又同为人民团体的工商联，应当具有和工会同样的法律地位，以利于双方在国家层面进行良好的信息沟通与对话。因此，在《宪法》及其实施机制的保障中，应有相应机制确保同作为人民团体的工会与工商联参与立法的程序性权利相同，而不应厚此薄彼；在公众参与立法的程序性立法中，应当对雇主组织作广义理解，不局限于工商联与企联，而是应当广开言路，让各类行业协会、商会能够通过立法程序将雇主利益充分地传递出来。这也是解决目前我国雇主组织在劳动关系三方协调机制中代表性不够问题的重要途径。

第二，二元化雇主组织参与劳动关系三方协调机制的制度保障。

劳动关系三方协调机制作为国家权力体系内部的功能性协调机制，应排除那些不能够代表党和政府利益的、仅以成员利益作为第一考虑的社会组织。在我国和谐劳动关系的构建中，执政党和政府构建劳动关系三方协调机制（以下简称三方机制），其目的就是要让具有“双重代理”身份的雇主组织反映雇主的利益，同时在制度建构与运行中维护国家利益。正是在这个意义上，现阶段中国企联在国内轰轰烈烈的社会团体与行政主管部门脱钩的管理中，仍然能够以承担特殊职能为由保持与国资委的隶属关系，是符合三方机制设立的本意的。而那些超越了二元化企联/工商联的多元化雇主组织，即与行政主管部门脱钩或从一开始就是民间自发成立的大量行业协会、商会，在现有体制下不具备进入三方机制的身份，主要在行业性或区域性集体协商或签订集体合同时谋求作为。因此，要推动三方机制将来在执政党与政府信任的平台上真正发挥作用，立法应提升三方机制的法律地位，首先要给予三方机制以相应的法律地位。根据三方机制的基本原则，在法律中应当将三方机制设定为在劳动关系政策制定和事务处理上具有明确职能和权限，由劳、资、政三方构成的正式国家机构。该国家机构在法律地位上应当高于国务院各部委，直接向国务院负责；并且，关系到劳动关系的所有具体事项，都应当在该机构的协调之下完成，以避免目前三方机制的职能过窄，就业、社保、最低工资以及对集体性劳动争议的协调等事项往往无法落到实处的现象。

第三，加强对三方机制中雇主组织的地位及权利的法律保障。

在三方机制中，应当适度引入表决权机制，以保证三方协商结果的法律效力。在三方机制的主体确认上，应当对劳、资、政三方的主体地位进行法律确认，即政府、工会以及企联/工商联分别代表三方。目前雇主组织的身份和权利仅仅在政策文件中有规定，在正式的法律中没有明确体现。这是需要立法者立即重视并给予解决的急迫问题。此外，三方协商所确立的文件的法律效力应当得到保障。从国际上的经验看，三方协商的文件在法律效力上应当高于部委规章或者工会、雇主组织内部的规定。这个问题与三方机制的法律地位有一定的关联：如果三方机制的地位高于作为国务院部门的“劳动关系委员会”的设想能实现，则对三方协商所确立文件之法律效力的保障顺理成章；如该设想无法实现，则三方协商所确立文件的法律效力应当得到法律的确认。完善三方机制的议事规则和运行规则，主要是制定与三方讨论、协商、决策相关的程序性规定。这些规定包括：委员会的职责、委员的资格和权利义务、议事（讨论、协商、决策）的范围和内容、议事的程序和要求、表决的程序、决定的效力、决定的落实和督办等。

第四，立法引导雇主组织参与行业性、区域性集体协商。

新时代中国特色劳动关系协商协调机制的建立与我国的国家性质与政治制度之间紧密相连。2018 年《宪法》规定，“社会主义制度是中华人民共和国的根本制度。中国共产党领导是中国特色社会主义最本质的特征”。

社会主义性质决定了协调劳动关系的目标是和谐，实现和谐的手段是劳资双方在政府的引导下协商合作，而不是实行资本主义原始积累时期的劳资斗争。中国共产党十九大报告也明确提出，应当完善政府、工会、企业共同参与的协商协调机制，构建和谐劳动关系。因此，行业性、区域性集体协商制度以劳资斗争为背景，缺乏“可控性”的集体合同制度，不符合执政党和政府的基本价值，必然在制度上难以系统化引入。然而，不断开放的中国市场并不能回避市场化的劳资关系。因此，我国行业性、区域性集体协商机制的发展，最为可能的方式是，在“可控性”的前提下，以渐进式的协商民主为路径，对形式规则进行调整，以提升制度功能。立法在规定行业性、区域性集体协商主体时，有必要强调参加集体协商的行业协会、商会应当是工商联或企联的会员单位，行业协会、商会作为最基层的雇主组织，应当被纳入正式的雇主组织网络。这样做的益处是，工商联或企联能够通过体制内的培训、指导和帮助，提升行业协会、商会的集体协商意识，为集体协商的开展创造有利条件。

第五，加强雇主组织在劳动争议、纠纷解决机制中的作用保障。

劳动争议、纠纷的解决依赖多元主体，而雇主组织作为本身具有劳资关系协调职能、具有丰厚资源的组织，理应发挥其在调解和仲裁中的作用。仅仅依靠政策是远远不够的，需要在立法上予以保障。可以在《劳动争议调解仲裁法》中新设具有调解职能的社会组织，由政府指导，由其他社会团体或行业协会设立，以确认雇主组织法定参与调解的主体地位。同时，政府还可以发挥监督作用，确保雇主组织参与调解的独立性和中立性。此外，可以将《劳动人事争议仲裁组织规则》细化，明确企联和工商联在企业方面代表选派中的作用，同时对雇主组织在仲裁委员会中的地位作出明确规定。

目　录

法律科学文库

引　言

一、研究意义

在中国的劳动关系研究中，对劳动者及其团体即工会的研究占据主体地位。实践中，工会对我国集体劳动关系运行的影响也很大，2008 年《劳动合同法》的出台与全国总工会的积极推动不无关系。但在西方被视为工会的对手组织，我国官方称为“企业代表组织”的雇主组织如工商联、企联等团体，在劳动关系协调中的作用并不突出，相应的理论研究也十分欠缺。2010 年，中共中央下发《中共中央国务院关于加强和改进新形势下工商联工作的意见》（中发〔2010〕16 号，以下简称“16 号文件”）。在 16 号文件中，中央要求“充分发挥工商联在构建和谐劳动关系中的积极作用”。之后全国工商联第一次作为企业代表组织，与中国企联一道，代表企业与全国总工会、人力资源和社会保障部一起加入了国家劳动关系三方协调会议。可以认为，这是政府“自上而下”地在该领域推进了雇主组织介入劳动关系。此外，对于全国工商联加入三方机制，中央更主要的目标是，在社会管理格局中“支持人民团体参与社会管理和公共服务”。

2010年，“在构建和谐劳动关系中发挥积极作用”是全国工商联的新课题。彼时，全国工商联急需与劳动法、劳动关系领域的专家共同研究如何更好地在新职能方面发挥积极作用。本书作者有幸加入了王全兴教授与全国工商联法律部共同组成的课题组，于2011年9月对安徽多地商会积极参与劳动关系调解、仲裁中的新做法进行了调研，调研后的研究成果《工商联参与劳动争议调解仲裁问题研究》发表在《中国劳动》上。在调研中本书作者发现，工商联作为代表以非公有制企业和非公有制经济人士为主体的人民团体和商会组织，其主要优势为在基层乡镇以及省市一级都有齐备的组织网络，并且工商联作为人民团体，其工作人员有公务员编制，在人、财、物各方面都处于较为优越的状态。但是“企业代表组织”并非工商联一家，中国企联于2003年作为国际雇主组织的正式会员，与国家劳动部、中华全国总工会一道，组成中国“三方代表团”，出席国际劳工大会，而且在国内也比较早地参与协调劳动关系领域。值得思考的问题是：“企业代表组织”的法律定位应该是什么？“企业代表组织”的多元化对于其协调劳动关系具有什么作用？为保障“企业代表组织”更好地代表企业协调劳动关系，对该类组织的主体地位、法律职能以及运作规范等是否应有制度性保障？从国际学术研究情况看，企业联合起来成立的维护企业劳动力市场利益或管理与工会关系的协会，约定俗成地称为雇主组织[Employer Associations (EAs)、Employers' Organizations]。我国中央文件和部委规章中散见的“企业代表组织”，其内涵基本等同于英文中的Employer Associations (EAs)、Employers' Organizations。出于学术研究的需要，将“企业代表组织”称为“雇主组织”更为适合。对雇主组织法的系统性研究，特别是对三方机制的法律保障问题的研究，是在实践中最大限度发挥雇主组织对企业的特有协调作用、深化与拓展行业协会的功能、在制度层面完善社会团体参与社会管理创新的理论基础。

二、现有研究概况

(一) 现有国际国内研究情况

劳动法，在某种意义上是国家制定劳工政策过程中各方博弈的结果。一个有趣的现象是，对于工会，从工会的主体地位、代表性到组织能力等方面，国际上都展开了丰富的研究，而对于雇主组织的研究，与对工会的研究相比要稀少得多。例如，关于工会史在学界已经有多本传世之作，包括我们熟知的韦伯夫妇所著的《英国工会运动史》，然而关于雇主组织的历史却鲜有人系统研究。即使在老牌的工业化国家英国，雇主组织也仍然保存着一丝神秘的色彩。1995 年，英国工党曾在议会号召进行一项针对雇主组织的调查，试图掌握雇主组织对立法影响力的广度与深度，因为与对工会的了解相比，雇主组织是相当神秘的。[①] 从学术研究来看，在国际上颇具影响的期刊 *Work*, *Employment and Society* 上过去十几年发表的以雇主组织为主题的论文不超过 15 篇，而同期工会研究的论文超过 400 篇。在其他一些劳动关系领域的国际权威期刊如 *British Journal of Industrial Relations*, *the Industrial Relations Journal*, *the Journal of Industrial Relations*, *Relations Industrielles* 以及 *the International Journal of Human Resource Management* 等上，在过去十几年内共计发表的关于雇主组织的论文不超过 10 篇。究其原因，除了研究者将兴趣放在工会、劳资争议与劳动力市场规制等主题，雇主组织本身不愿意将其战略及考虑公之于众，因而与学术界主动拉开距离也是一个重要的原因。[②] 对中国集体劳动关系现状的解读，采国际上研究劳动关系的视角，从工会角度开展的法学、政治学、社会学等多学科研究在国际及国内不仅汗牛充栋，并且还有着广泛的国际影响。自 20 世纪 90 年代以来，对中国集体劳动关系展开研究的英文论文，如 Chan，A. (1998)[③]，Chen，F. (2003)[④]，Clarke，

---

① Alan McKinlay (2013), From Organized to Disorganized Capital? British Employer associations, 1897—2010 G. Gall, et al. (eds.). Global Anti-Unionism. Palgrave Macmillan: Houndmills, 39 - 62.

② Barry M. and Wilkinson A. (2011). Reconceptualising Employer Associations under Evolving Employment Relations: Countervailing Power Revisited. *Work*, *Employment and Society* 25 (1): 149 - 162.

③ Chan, A.. Labour Relations in Foreign-funded Ventures, Chinese Trade Unions, and the Prospects for Collective Bargaining//O'Leary, G. (ed.). Adjusting to Capitalism: Chinese Workers and the State, M. E. Sharpe, Armonk, NY, pp. 122 - 149.

④ Chen, F.. Between the State and Labour: the Conflict of Chinese Trade Unions' Double Identity in Market Reform. The China Quarterly, Vol. 12, 2003, pp. 1006 - 1028.

S., Lee, C. H. and Li, Q. (2004)[①] Liu, M. (2007)[②], Taylor, B. and Li, Qi. (2007)[③], Chan, C. and Hui, E. (2012)[④], Friedman, E. D. (2014)[⑤], Chan, C. and Hui, E. (2014)[⑥], 以及 Pringle, T. 于 2011 年出版的研究劳动纠纷专著 Trade Unions in China: The Challenge of Labour Unrest[⑦], 都通过聚焦工会来切入中国集体劳动关系。

与研究中国工会的学术繁荣相比，关注中国雇主组织的文章不仅数量少，而且晚近才发表。到目前为止，在国际学术期刊上能够查阅到的关于中国雇主组织的研究文献不超过 5 篇，其中近 5 年的研究只有两篇社会学论文。一篇是 2017 年发表在 *Work, Employment and Society* 上，由朱迪思·朱，克瑞丝·尼兰（Judith Shuqin Zhu, Chris Nyland）合著的 Chinese Employer Associations, Institutional Complementarity and Countervailing Power。[⑧] 该文作者增加使用了新的研究工具，采用政治经济学中的制度互补理论。通过基于该理论的分析，本书作者认为由于根本

---

① Clarke, S., Lee, C. H. and Li, Q.. Collective Consultation and Industrial Relations in China. British Journal of Industrial Relations. Vol. 42 No. 2, 2004, pp. 235 -254.

② Liu, M.. Union Organizing in China: Still a Monolithic Labor Movement?. Industrial and Labor Relations Review. Vol. 64 No. 1, 2007, pp. 30 - 52.

③ Taylor, B. and Li, Qi.. Is the ACFTU a Union and does it Matter?. Journal of Industrial Relations. Vol. 49 No. 5, 2007, pp. 701 - 715.

④ Chan, C. and Hui, E.. The Dynamics and Dilemma of Workplace Trade Union Reform in China: the Case of the Honda Workers' Strike. Journal of Industrial Relations. Vol. 54 No. 4, 2012, pp. 653 - 668.

⑤ Friedman, E. D.. Economic Development and Sectoral Unions in China. Industrial and Labor Relations Review. Vol. 67 No. 2, 2014, pp. 481 - 503.

⑥ Chan, C. and Hui, E.. The Development of Collective Bargaining in China: from "Collective Bargaining by Riot" to "Party State-led Wage Bargaining". The China Quarterly. Vol. 217, 2014, pp. 221 - 242.

⑦ Pringle, T.. Trade Unions in China: the Challenge of Labour Unrest. Routledge. New York, NY., 2011.

⑧ Judith Shuqin Zhu, Chris Nyland. Chinese Employer Associations, Institutional Complementarity and Countervailing Power Employment and Society. Work. Employment and Society. Vol. 31 (2), 2016, 284 - 301.

性制度约束，企联无法与工会形成抗衡之势，即不能发挥传统雇主组织的对抗职能，但会通过改善对会员的服务来弥补它们的需求。因而，全国工商联与中国企联都将适应新的制度匹配体系，并更有效地代表雇主。即使如此，在中国也不会出现拥有充分自治权的雇主组织。另一篇是 2016 年发表在 *Employee Relations* 上的，由中国学者闻效仪独著的论文 Employer-initiated Collective Bargaining：A Case Study of the Chinese Sweater Industry。① 由于英文文献的审稿周期长，这两篇文章研究的中国雇主组织或雇主结盟实际是 2012 年之前的情况。

国内学术界对此问题的研究更不容乐观，到目前为止对雇主组织的研究可以用凤毛麟角来形容。自 1979 年至今，CNKI上仅有 7 篇论文以雇主组织为主题，其中没有一篇是法学论文，并且基本上是点到为止的情况介绍，缺乏深入的调研、分析与理论框架。到目前为止，唯一一本以雇主组织为主题的著作为中国企联名誉会长张彦宁于 2002 年主编的《雇主组织在中国》② 一书，该书主要是关于中国企联进行雇主工作的一般性指导，学术意义较弱。尽管有学者在多年前就强调了雇主组织建设远比工会建设复杂得多，因而必须着力推进各种不同类型雇主组织的组建工作，应通过雇主组织的自身整合、内部协调和职能转变，来增强经营者群体的认同感和凝聚力③，但这方面的研究在十余年间未有丝毫进步。

（二）当下研究的主要特点及不足

从学术研究的基础看，国外对雇主组织的研究起点与我国对雇主组织的研究起点截然不同。以往关于雇主组织的国际研究中，最主要的理论预设之一是在英美国家占主流的劳动关系理论中的多元主义理论，其对雇主组织的分析目的是通过对劳动关系的各种相互竞争的利益进行分析，从而创造平衡的规范性制度。有学者称多元主义理论的视角出现偏差，仍然是在理论内部的自我修正（M. Barry 和 A. Wilkinson，2011）。多元主义理论所关注的关键问题是团体自治与政府不进行干预，从而实现社会的和谐

---

① Xiaoyi Wen. Employer-initiated Collective Bargaining：A Case Study of the Chinese Sweater Industry. Employee Relations. Vol. 38 Issue：2，2016，pp. 267－285.

② 张彦宁. 雇主组织在中国. 北京：企业管理出版社，2002.

③ 李德齐. 三方协商机制的建立任重道远. 工会理论与实践，2003（5）.

稳定。将雇主组织作为多元利益团体中的主体，不论是强调功能性的相互依赖还是强调团体内部的竞争，之前的研究都是在西方国家政治话语体系之下展开的。① 另外一种主要理论则是欧陆国家合作主义下的社会伙伴理论。尽管欧陆国家与英美都是所谓政治民主国家，但在社会治理权力的分配上二者区别很大。在欧洲，特别是在德国与北欧国家，雇主组织与工会的社会伙伴关系被视为劳动关系的典型特征。雇主组织与工会建立社会伙伴关系，通过开展产业甚至全国层级的集体谈判，将政府排除在劳动力市场的治理权外；最低工资与劳动基准的很多内容都通过集体谈判予以确定。而雇主组织与工会作为影响力巨大的社会伙伴，对立法也产生了重要的影响。② 至于在这两种模式之外的其他研究，一部分是多元主义与合作主义的混合体，如法国“混合中央经济”或者北欧的“社会民主主义”，另一部分则是对东亚或者东欧转型国家的研究。在对东欧转型国家的研究中，尚没有发现较好的理论框架或模型来进行合理解释，且为语言以及研究对象的开放程度所限，尽管本书作者及研究团队已尽力翻译了一部外国雇主组织法，但与对德国及英美的雇主组织较为深入的根据一手资料的整理相比，可谓浅尝辄止，只能作为一般参考。

国际上对雇主组织的研究，从理论来源上对我国的研究有启示，在一些具体情形下的研究思路也有借鉴意义，但是，对我国雇主组织的研究，如果固守国外理论，以国外将雇主组织作为工会的“对手组织”“社会伙伴”或民主政治体制中的压力集团为起点进行研究，难以在我国现有的国家治理体系下得出有成效的研究成果。

三、主要理论与研究问题

（一）中国雇主组织参与劳动关系三方机制的理论视角

1. 国家与社会结构视角

在对雇主组织作为社会组织本身及其对中国社会的影响进行的理论研究中，有几种理论视角具有重要的启发意义，其中，以国家与社会为视角

① H. A. Clegg. Pluralism in Industrial Relations. British Journal of Industrial Relations. Vol. 13，1975.

② M. Behrens，M. Helfen. The Foundations of Social Partnership. British Journal of Industrial Relations. Vol. 54，2016.

就是一种重要的理论模式。目前中国正处于转型过程中，国家与社会的关系正在从改革开放初期的全能主义与国家主义转向所谓的“国家法团主义”。转型前社会的政治、经济、文化高度一体化，当经济、行政领域的集权向分权过渡时，社会文化在社会控制上都出现了一定的真空。社会在短时间内发生了解体，原有的社会组织不再有效包容和吸纳社会成员，但新的符合市场经济社会结构的民间组织没有建立，导致社会个体只能直接面对国家，形成社会碎片化的特征。“碎片化”在社会运行中最主要的表现为民间组织发育严重不良，而这种萎缩局面又与具有强烈的国家主义色彩的中国社会团体的监管框架是密切相关的。一方面，国家对社团设立设置了很高的主体资格标准，即严格的“许可主义”，大量的民间组织由于得不到国家的许可而属于“非法存在”；另一方面，国家对已成立的社团管理和监督又较为松懈，出现了社团管理的严格许可与放任主义并存的局面①，凸显了国家在该领域的强权与无力。面对社会的碎片化造成的社会问题以及“强国家，弱社会”的局面，有学者强调借鉴自由多元主义的理论，培育和发展市民社会，实现“弱国家，强社会”，从而以社会制约权力。然而，这种建立在国家与社会零和博弈基础上的理论假设与中国发展的方向并不契合。迄今为止中国市民社会的发展，更大程度上是在“国家法团主义”道路上艰难跋涉，至今很难看到发展到自由多元主义式市民社会的前景。因此，在讨论中国社会自治的问题时，应当对照中国语境修改理论假设。仅仅遵循自由主义国家与社会零和博弈，即“国家强必定社会弱，而社会强必定国家弱”的假设，在中国这样一个国家主义传统强大的语境下，不太切合实际，也无助于国家推进社会自治的发展。国家通过社会团体双重管理制度的改革，将原先与政府关系密切的社会组织推向社会，这是近年来中国在社团管理制度中的改革趋势。因此，对雇主组织的法制建设，一方面有助于改变国家作为单一主体全权负责社会治理的独角戏状况，另一方面也有利于社会团体协同社会治理。从法律角度来看，这有助于国家在劳动关系领域干预政策的推行。当然，单独的社会自治仅靠民间规范和力量来推动，会因无目标、无秩序或各种目标的冲突而使过程无端耗费社会资源和成本。并且，一味强调政府从社会领域退出，将使国家在建立新管理体制时疑虑重重，导致社会团体的发展失去与国家合作的

① 刘培峰. 社团管理的许可与放任. 法学研究，2004（4）.

机会，从而有害目标的实现。因此，中国的雇主组织的发展应当在更多时候考虑"国家与社会相互增权"，社团的发展应当建立在与国家合作的基础上，尽可能地在执政党利益与企业利益之间输送、传递与沟通信息，而不是选择对抗国家的方式。当下在中国作为人民团体的工商联与具有一定政府背景的企联在劳动关系领域扮演的角色，可能是最有理由期待的最优方式。

2. 制度变迁的视角

路径依赖本是一种描述技术变迁自我强化、自我积累的理论。路径依赖强调，人们过去的选择形成的思维以及行为的惯性决定了他们将来选择的可能性以及对转型的成本与利益等诸多考虑。对雇主组织发展背景进行类型化分析，其动因来源于重要但易忽视的事实，即任何国家的现存制度与格局，都是循之前的路径往前发展。因而，有必要辨识雇主组织发展过程中正式制度、非正式制度以及特殊利益集团的相关影响，梳理不同变量导致的因果关系，在此基础上才可能为雇主组织在中国发展的空间、路径与制度保障提供思路。对这些不同变量的分析，正是我们理解雇主组织发展方向以及对应的不同制度需求的关键点。

引入路径依赖理论，目的主要是比较不同雇主组织发展的土壤环境中的不同制度核心要素，其主要意义在于横向地比较雇主组织生长的制度土壤。但是仅仅引入路径依赖理论，仍然对制度及其配合的运行机制存在盲点，从而需要引入新的理论予以探讨。

3. 制度互补性

在对各国雇主组织进行比较分析时，单纯的"比较法"研究难有所得。与雇主组织相关的一系列制度实际上是各种制度构成的集合，其内部是一个复杂的结构，故必须深入内部细节对制度的复杂性进行考察。不同国家和地区的经济体制，即使同属于某一种类型，如德国与英美同属市场经济体系，其国家与社会之间的权力配比也不同，表现出差异性和多样性。因而，制度之间内部的结构方式及相互依赖关系，在很大程度上决定了特定经济体制的基本性质和特征。

在制度间的关系上，经济学界的比较制度分析认为，在经济体制内部的各种制度之间和制度结构之间存在着"战略的互补性"和"制度的互补性"，这使一个体制内同质的制度能够得到不断的发展和强化，直至形成使这一经济体制明显不同于其他经济体制的最基本特征。而各国各地区所特有的经济体制、制度及其结构，一方面是以历史路径为基础，以过去的和现存的制度为依据；另一方面又随着技术的变化、外部环境的改变和外国不同体制的相互影响而发生着适应性进化。[①] 日本学者青木昌彦指出，经济体制的比较制度分析，就是要"通过将经济体制看作各种制度的集合来分析市场经济体制的多样性和活力。……对这一体制的内部结构以及构成这种结构的各种组合要素所具有的激励效果和相互依存关系，从理论上加以说明"。不过，本研究侧重点在于制度环境、政治制度与法律制度等方面的互补性，淡化对文化、传统价值和意识形态的研究。

中国特色的和谐劳动关系与西方市场经济劳动关系既有共性又有区别，在劳动关系的输入要素中，两者的主体、环境与意识形态分别表现出结构性的差异，从而导致在运行过程以及运行结果上中国的劳动关系与西方市场经济劳动关系存在区别。在政治体系上，中国共产党领导下的协商式民主与西方"三权分立"的代议制民主差异明显；从经济体系观察，中国特色的社会主义市场经济尽管在一定程度上具有市场经济的特征和要求，但"公有制为主体"决定了此市场与彼市场截然不同。特别是2015年《中共中央、国务院关于深化国有企业改革的指导意见》出台，强调"坚定不移做强做优做大国有企业"。《中共中央、国务院关于构建和谐劳动关系的意见》更进一步指出，"从我国基本经济制度出发，统筹考虑公有制经济、非公有制经济和混合所有制经济的特点"，积极稳妥推进"具有中国特色的劳动关系工作理论、体制、制度、机制和方法创新"。2018年《宪法》修正案强调"中国共产党领导是中国特色社会主义最本质的特征"。因此，在研究中国雇主组织问题时，在借鉴国家—社会视角的基础上，应当以制度变迁作为背景，在中国模式下探寻路径依赖的可能性及制度互补性，从而在中国特色的劳动关系理论中去找寻答案。

（二）雇主组织参与劳动关系三方机制在法律保障方面的主要问题

法律是正式规则，也是制度学派眼中的正式制度。然而，并非成为正式规则的制度就能够如立法者设想塑造人们的行为，并进而产生规则预设

---

① 韩毅. 比较经济体制研究的新方法：历史的比较制度分析. 经济社会体制比较，2002 (1).

的社会效果。因此，在讨论雇主组织参与劳动关系三方机制在法律保障方面的问题之前，有必要反思制度构建的目的以及其期待实现的功能，更重要的是反思意欲建构的制度应当具备什么样的特征才能符合社会与劳动力市场的预期，最终能成为制度变迁中的强势规则。

1. 西方国家雇主组织的法律保障制度发展、衰落及借鉴价值

西方国家雇主组织的法律保障制度在两百多年的工业化与市场化发展中，已经逐渐显现出了相应的制度变迁。在此过程中，能够为我们所借鉴的有两方面内容：其一，在劳动力市场化初期，对雇主组织的成立以及主要职能的法律保障实现了什么样的功能？这种功能实现在多大程度上与我国雇主组织现阶段面临的问题有相似性？换句话说，可以借鉴的成分有多少？其二，在西方劳动力市场遭遇全球化冲击的过程中，雇主组织联合雇主对抗工会的劳动关系需求不断减弱，经济衰退中雇主组织更多的是通过游说政府对劳动关系去管制，来实现雇主的利益最大化。然而，去管制的过程本身就是削弱西方雇主组织成立合法性的过程，雇主组织的处境在当下处于极为微妙的境地，雇主之间结盟的基础被打破，雇主组织成立本身的制度性保障也大大弱化。由此带来的问题是：西方国家的雇主组织机制变革与我国劳动关系中缺少对抗因素的雇主组织法律保障是否有共通因素？这些共通因素应如何借鉴为佳？

正是在以上两个问题的基础上，本研究强调，中国雇主组织与西方国家雇主组织的差异不能成为不研究西方国家雇主组织的借口。恰恰相反，理顺西方国家雇主组织的基本制度，才能更好地理解中国雇主组织在中国劳动关系系统中的作用。这应是本研究建构相关的制度保障的起点。因此本书第一篇将主要研究西方国家雇主组织的起源、法律地位、职能以及其在劳动关系中的主要作用。

2. 中国雇主组织参与劳动关系协调制度性保障的重点问题

与我国工会代表性不足相比，雇主组织代表性欠缺问题更为复杂与严峻，严重影响了三方机制功能的发挥。该问题引起了中央决策层的高度重视，中央 2010〔16〕号文件强调工商联应当在新形势下参与和谐劳动关系的协调。2011 年国家协调劳动关系三方会议正式接纳工商联成为国家三方会议成员单位，形成了“三方多家”的劳动关系协调局面。尽管中央对此十分重视，然而，雇主组织的代表性不足、多元化发展趋势以及缺乏协调劳动关系程序的能力等问题制约着三方机制作用的发挥。我国雇主组

织参与劳动关系三方机制虽然已有相关的中央文件作为制度保障，然而从依法治国的视角看，法律层面的制度性保障应是中国特色劳动关系的重要机制。当下迫切需要研究的是，对于雇主组织参与三方机制的制度性保障，应从哪几个层面展开。

目前关于雇主组织在中国的运行及法律困境的实证研究非常匮乏，正因为如此，本研究重视在实证调研的基础上讨论我国雇主组织在三方机制中的规则保障问题，将雇主组织主体地位的法律保障、基本职能的法律界定、相关的制度匹配等等作为研究重点。

3. 工商联与企联作为企业代表组织之关系的法律调整机制

在我国工商联与企联的法律地位存在差异，在协调劳动关系中的定位上两者是否应存在区别？有无必要通过法律区分两者的主要职能？这个问题本质上从属于制度保障研究，但是，实践中情况非常复杂。按照中央文件的精神，加强和创新社会管理，其核心是要在社会管理格局中“支持人民团体参与社会管理和公共服务”。雇主组织既包括工商联这样的人民团体，也包括企联这样的以各类企业为主体的社会团体，是介于政府与经济组织之间的中间组织。由于该问题对于研究雇主组织在社会管理创新方面的作用具有重大意义，因而本书将其单独作为一部分研究。研究雇主组织之间的竞争问题时，西方国家的规制经验可以提供一些参考，但主要内容仍需要我们自己摸索。该研究能够最大限度发挥雇主组织对企业的特有协调作用，深化与拓展行业协会的功能，在制度层面完善社会团体参与的社会管理创新。

四、研究进路

在对本问题研究的体系设计过程中，本书作者曾设计了两种研究进路。一种是以研究中国雇主组织为中心，在此基础上穿插对其他国家雇主组织的研究，之后再讨论制度上借鉴的可能性。这种研究进路的好处是重点突出，以提出问题—分析问题—解决问题为基本路径。但是，当本书作者深度搜集并研读了德国、英国与美国关于雇主组织的大量资料后，就对雇主组织的法律保障深刻依赖于该国的政治制度、宪法安排以及劳资政策等，有了更进一步的不同体会。本书作者认识到，如果将各国的制度拆分在与我国制度相对应的环节中，容易给读者造成一种印象，即不同体系下雇主组织的法律保障制度之间的移植是可能的，而产生这些法律保障机制的体制、机制环境却会被忽视。事实上，国际性制度资源的借鉴需要比较、类型化与鉴别。在反复权衡之后，本书采用了第二种研究进路，即对国际上几种典型的雇主组织类型，结合组织的产生路径、劳资政策与制度环境予以专章研究，作为理论性的铺垫。对于其中启示性的经验或可资借鉴的部分，在研究我国特有问题的场合再适时引入。同时，在讨论我国雇主组织问题时，也将视野扩展到中国制度的来源路径以及与其他制度之间的互补性，在此基础上再提出相应的制度完善建议。因此，研究进路主要体现为以下示意图。

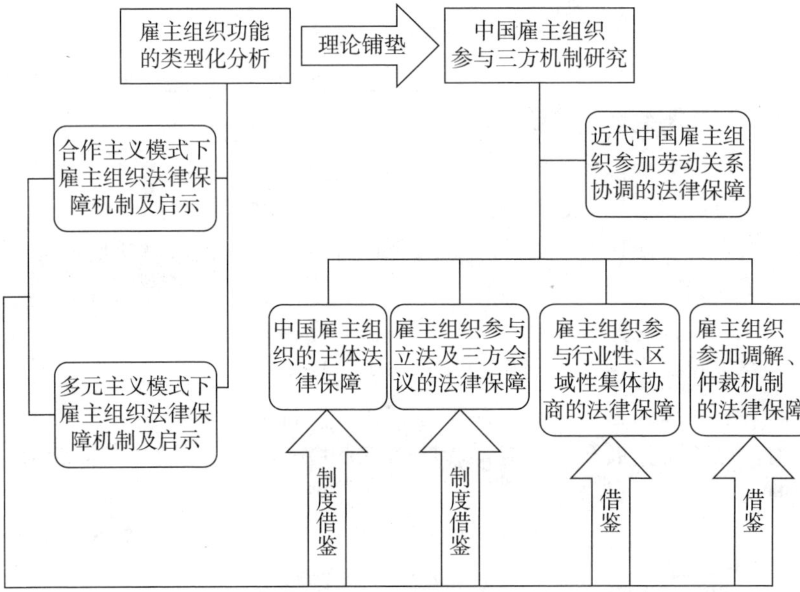

图 0－1　研究进路示意图

五、学术方法与技术方法

本研究是一项交叉性的研究，并非纯法学研究。纯粹的法学研究主要运用的研究方法是法律教义学（Rechtsdogmatik），法律教义学以法律规范文本为其解释对象。然而，法学是规范科学而非事实科学，法律解释旨在意义理解而非确证事实，因而，规范性解释的过程本身也是创造规范意义的活动。① 本研究面临的客观情况是，研究对象缺乏确定的规范文本设计，现实的进一步发展依赖于规范文本的进一步完善。不客气地说，现有的研究实际上是站在立法者的角度，探讨相关的法律机制完善问题。正是在这个意义上，本课题的研究无法仅以纯法学研究作为研究方法，而是应当如立法者般，对作为制度因素的历史、社会、市场、信念等各个因素进行考量。正因为如此，本研究呈现出多学科综合性的特征。由于研究采用的方法往往是多元的，而且在第三部分中已经介绍过研究的主要理论，这里主要将研究方法区分为学术方法与技术方法。学术方法包括历史分析、制度分析与法律解释，而技术方法主要是文献研究、社会调查与统计分析。

（一）学术方法

1. 历史分析的方法（history approach）

历史分析的方法是传统的研究方法，其特点是不仅关注研究对象的现状，更加关注其产生的背景、发展的过程以及发展趋势等。在本书中，历史分析方法在第一章“雇主组织概述”、第二章以及第三章对各国雇主组织职能的分析中得到了充分的重视。历史中的“雇主组织”在本研究中绝不是简单机械的定义，而是研究者在故纸堆里皓首穷经，试图对历史中的雇主组织进行现代解读，从而寻求当代启发意义的结果。并且，历史解读不仅仅针对西方国家雇主组织，事实上，我们发现在中国近代市场经济萌芽发展得比较好的城市，“同业公会”在面对工人活动时，同样发展出西方国家雇主组织的相似职能。

2. 制度分析的方法（institutional approach）

制度分析的方法强调制度因素在劳动关系领域中的作用。在邓普洛的劳动关系系统论中，影响劳动关系的除市场因素外，还有经济制度中的所有制制度、分配制度，政治制度中的国家体制、法律、政策，以及社会制度中的层级结构、社会意识等，它们都是重要的制度因素。

在具体的分析过程中，本书用到一些新的研究方法，例如制度互补理论（institutional complementarity）。制度互补（又有人译作制度匹配）是指在社会治理体系中不同制度安排之间存在着相互间耦合与多元功能互动的现象，可以分为两种类型：一种是相同或相似制度逻辑的联合匹配，即

① 朱庆育. 民法总论. 北京：北京大学出版社，2016：7.

在制度体系互相作用的过程中，不同制度安排相互促进，合力实现制度运行的秩序，比如弱国家和自由市场机制的制度安排；另一种是相反制度逻辑的互补匹配，即不同制度安排相互弥补（compensate）各自的缺点和不足，从而实现制度运行的秩序，比如自由劳动力市场与社会福利政策。①制度互补对于研究我国雇主组织在实际运行中缺失的制度保障及替代性制度之间的关系有所助益。

3. 法律解释的方法

在现有的劳动法以及社团法的规范体系中，涉及雇主组织的法律、法规及政策已经形成一定的体系。对这些既有的规范制度进行法律解释，从而较为清楚地掌握目前相关法律在适用中的优势与弊病，就是非常必要的工作。本研究运用的法律解释方法，在对雇主组织的制度保障的规范梳理中发挥了重要作用。

（二）技术方法

1. 文献研究的方法

文献研究的方法主要指搜集、鉴别、整理文献，并通过对文献的研究形成对事实的科学认识的方法。文献研究的方法是古老而又富有生命力的科学研究方法。正如在前文中阐明的，对雇主组织的研究在全球的学术界中都属于较为薄弱的领域，本研究竭尽所能在数据库、重要图书馆，并通过各种网络渠道，搜集到了尽可能多的国际及国内文献。可以说，本次文献研究中，文献搜集工作较为艰巨，但为后期的研究提供了丰富的素材。

2. 社会调查的方法

研究过程中，为获取我国雇主组织参与三方机制的动态信息，本书作者率研究团队成员先后在北京、安徽、上海等地对工商联、企联以及企业界人士展开了社会调查，主要的社会调查方法为座谈会、个别采访以及小型研讨会。通过社会调查，研究团队搜集到了目前雇主组织参与三方机制的主要方式、效果。更重要的是，通过与雇主组织工作人员的交流，对于他们从事该工作的困惑以及思考、呼声有了更深入的了解。

3. 统计分析的方法

统计分析是指对收集到的有关数据资料进行整理、归类并进行解释的

---

① 王星，李放. 制度中的历史——制度变迁再思. 经济社会体制比较研究，2011（2）.

过程。在对工商联和企联调研的过程中，对部分数据进行整理、归类并作出有利于制度建构的合理解释，也是本书所采用的一种技术方法。

六、主要不足之处

本书试图构建雇主组织参与劳动关系三方协调的法律保障系统性体系，然而在分析的过程中，本书作者越来越感觉到雇主组织参与劳动关系协调是较为复杂的、极具中国政治特色的社会法领域的综合性问题，很难有简单而直接的法律保障能保证雇主组织在劳动关系领域具有独当一面的作用，因此本书也只能竭力做到尽可能将各部分可能的解决机制剖析而出，争取不是一概笼统的理论抽象，而是能够落实到具体情境中的细化分析和安排。本书围绕着我国雇主组织主体的法律地位、雇主组织参与立法与三方机制以及参与行业性区域性集体协商以及劳动争议调解、仲裁已有的实践作了专章法律分析，以期理论能与实践互相印证与呼应。本研究受制于研究资料匮乏，不论中文文献还是外文文献均鲜见对雇主组织法律制度的专门研究，加之本书作者水平有限，本书的学术深度还有待在将来的研究中进一步提升。本书最终出版成果建立在 2012 年本书作者担任项目负责人的国家社科基金青年项目“雇主组织参与劳动关系三方协调机制的法律保障研究”的结项报告的基础上。本书作者指导的硕士研究生邵金强、周圆、蒋雯丹妍、赵丰以及彭玉立参与了研究资料搜集、翻译、调研工作，邵金强和彭玉立在本书作者指导下参与了本书最后一章的撰稿，当然本书的文责由本书作者自负。

第一章 雇主组织概述

第一节 雇主组织之滥觞

雇主指的是在雇佣关系中，使用雇员进行有组织、有目的的生产活动，且向雇员支付工资报酬的组织或自然人。“雇主”阶层自资本主义原始积累阶段开始兴盛。脱离人身依附及原有土地的无产者只能出卖劳动力给资本家，以获取购买生活资料的工资报酬。与此同时，掌控生产资料的资本家为了使资本增值，必须支付薪酬购买劳动力的使用权以使劳动力与生产资料结合，最终完成劳动过程。雇主组织与工会的对抗特性在资本主义萌发前就有历史渊源。雇主为了共同利益结盟，当单纯的结盟不足以解决面对的问题与压力时，才需要建立独立于雇主的组织机构。又由于雇主的差异性与多元化，雇主结盟背后的驱动力极为复杂。但雇主组织化又是资本主义与工业化进程中的普遍现象。现行的雇主组织形态无法凭空产生，在预先存在传统惯例、制度架构、社会环境等有利条件的基础上，雇主组织随着社会的发展延续创新。因此，对早期历史组织的探究极为必要。

一、中世纪封建行会的发展阶段

西方国家商会起源于商人和手工业者为保护其特殊的既得利益而自发成立的行业组织[①]，而中世纪的西欧正好处于手工业与商业迅速独立发展、航海贸易恢复繁荣的状态，大量的城市因贸易往来而成为市场的中心。新兴城市的不断扩张使原本因战乱而复杂的城市居民状态更为鲜明，再加上西欧封建制度的形成与完善，封建领主与自由商人及手工业者之间、外来人口（尤其是逃亡的农奴）与本地城市居民之间、不同行业的手工业者之间，矛盾也越发激化。斗争与挑战相伴，促使处于相同境地的人们自发共同建立起一种新型的联盟，甚至组织城市武装力量，以维护同行业者在相关市场中的共同利益不受外人侵害，这一联盟即为行会。

行会的组织形式大致经历三个发展阶段：商人行会（Gild Merchant）、手工业行会（Craft Gild，或 Gild）和公会（Company）。[②] 经济的繁荣促使城市手工业种类逐步增多，原始行业的分工也日益细化，手工业者为了保护同业利益所组建的行会规模亦同步攀升。早期出售手工业产品主要依靠手工业者自身，此即前店后厂的生产经营模式。后来，随着产品数量、种类的不断增加，单一的销售方式不能满足大量的市场需求，于是专事商业活动的商人迎合需要随即出现，并且组建了自己的商人行会。之后为了限制价格竞争，加之大商人之间为了保障生命财产的安全和交易的经常性，商人又进一步组织了各业的全国性商人同业公会。[③]

这一时期西欧的行会完全属于自发自我维护的自治形态，行会内部有一套严格的等级制度，分为行东或匠师、帮工及学徒三个等级。行会的权威成员为每个作坊的作坊主，即行东或匠师，由他们选举有能力、负责任、行事公正的匠师作为行会的领导。学徒与帮工在积累了足够的经验并

---

① 肖海军. 商会法律制度研究. 北京：中国人民大学出版社，2010：17.

② 金志霖. 论西欧行会的组织形式和本质特征. 东北师范大学学报（哲学社会科学版），2001（5）.

③ 汤蕴懿. 行业协会组织与制度. 上海：上海交通大学出版社，2009：49.

拥有了一定财力并获得行会同意之后亦可自己办坊成为匠师。行会最基本的职能包括协调与保护本行业内部的利益，征收会费与罚款，组织慈善机构救济本行业的鳏寡孤独，修建公共会所，举办行会餐，组织义勇军保护城市免受封建武装侵害等。由此可见，规模不断扩大的行会组织在当时对于西欧城市的繁荣兴盛有着毋庸置疑的影响力。然而，其封建等级的组织特性以及行业排他的利益垄断使等级之间以及行会、商人之间利益矛盾越发尖锐，最终使封建行会逐渐走向衰败。富裕的行东们突破行业限制，并且慢慢脱离生产劳动；帮工与学徒亦随之剥离传统的人身依附属性。尤其自手工业工厂的出现、资本主义的萌芽，带来了全新的经济制度——前者成为资产者的前身，后者则成为无产者的前身，两者的关系转向市场化雇佣。然而尽管意大利等欧洲其他地区相继出现类似形式的手工工场，但它们在众多封建手工业者之中只占少数。[①] 相较手工业者的突破，商人亦利用其流动于城市之间所掌控的交易信息进一步创造出“包买制度”：绕过城市生产者进入农村，收集零散生产者的成本低廉的产品带入城市出售。高额的利润获取与农村生产者的依附特性使商人行会愈发独立，而追求利润的本性以及契约自治的更为深刻的要求，进一步推动了资本主义工商业的兴起，而这些因素均为近代商会的发展奠定了基础。

二、近代商会的发展

新型工商业阶层的兴起逐步淘汰了旧时代传统封建经济关系，同时揭示了商品经济与资本主义发展的需求。近代行业协会最初是以商会的形式组成的，直至 1599 年，近代第一个商会在法国马赛成立，国王授权该商会负责促进城市繁荣与发展并为经济的振兴提供建议，从而奠定了商会的咨询服务职能。此后不仅法国各大城市逐渐成立商会，其他西方国家如加拿大、英国、德国等都相继成立商会。随着 18 世纪末工业革命的爆发，适应社会化大生产和专业化分工的发展需要，封建的手工业行会和同业公会纷纷解体，工业领域的行业协会开始建立起来。1791 年，法国、英国废除了手工业行会，代之以近代商会。至此封建行会彻底退出历史舞

① 厉以宁. 资本主义的起源——比较经济史研究. 北京：商务印书馆，2003：173.

台。[①] 然而封建行会被新型商会取代而退出，只是其落后于社会经济发展的需要而发生的历史必然结果，并不能说明不同利益群体进行结社以维护本群体利益与他方合作竞争的基础特性有所改变。

将历史考察聚焦到德国，可以发现极为相似的发展轨迹。早在中世纪末期的 14 世纪、工业革命之前，德国的许多城市产生了手工业者和商人的早期行会团体（Zunft）。在这种封建时代的 Zunft 体制下，就已经出现了与现代社会劳资关系具有相似性的师傅（Zunftmeistern）与帮工（Gesellen）之间的关系。在 Zunft 体制之下，帮工通过联盟开展罢工活动以维护自己的权益，自然遭到了利益相对人师傅的抵抗。当时德国城市大多属于自治市，行会在城市的治理中大都享有较大的影响力，因此，行会对城市政府施加压力，要求政府出台法令禁止帮工结盟以及发动罢工或暴动（Auffung）。而政府一方面面临行会施加的压力，另一方面也对于帮工组织的罢工与暴动行为可能危害社会秩序有担忧和恐惧。在这种背景下，早期的法令开始介入"劳资关系"：一方面，它们限制工人组成同盟的权利。14 世纪，许多城市发布法令禁止手工业工人的兄弟会或饮酒室，防止工人结盟。1358 年，普鲁士各城市的行会头目甚至起草了一个严厉的法规，宣称要割掉不满他们的待遇而进行罢工的帮工和学徒的耳朵。[②] 1465 年，斯特拉斯堡[③]雇工法令禁止雇工和雇主之间没有市政的特许令而结盟，禁止雇工携带武器、罢工，禁止雇主打骂、虐待雇工。另一方面，政府又规定自己对工资有排他性的制定权[④]，并试图改善雇主对雇工的行为。例如，1515 年勃兰登堡的官方文件中第一次出现"蓝色星期一"，即

---

① 浦文昌. 市场经济与民间商会. 北京：中央编译出版社，2003：50.

② 马桂琪，黎家勇. 德国社会发展研究. 广州：中山大学出版社，2002：58.

③ 斯特拉斯堡现在是法国城市，位于德法边界。15 世纪欧洲的民族国家格局并未形成，欧洲各地之间的相互影响深远，而且斯特拉斯堡在德国统一以前是神圣罗马——德意志帝国的直辖领地（Reichsland）阿尔萨斯-洛林（Elsaß-Lothringen）邦国的首都，故也将其列出。

④ 当时的神圣罗马皇帝 Sigismund 在 1440 年公布一项法令，禁止工人自由要求工资（Lohnforderungen），工资由国家（Staat）统一规定。Rudolf Herbig，Notizen aus der Sozial-，Wirtschafts- und Gewerkschaftsgeschichte vom 14. Jahrhundert bis zur Gegenwart，Deutscher Gewerkschaftsbund，Bundesvorstand，1973，S. 8.

手工业工人主张的为了弥补工作日的过度劳动，周一与周日为休息日。[①]

德国工业革命萌芽期，即18世纪早期，由于欧洲17世纪的战争和瘟疫劳动力人口不足，而城市经济发展又需要大量的劳动力，于是政府对劳资关系的介入态度发生转变，政府不断制定劳资关系的法律来限制劳资双方的同盟，并取消了对帮工的所有保护性法规。1731年，神圣罗马帝国《行会管理法规》（Reichszunftordnung）通过。该法规采取了完全国家控制的手段，不仅宣布取消迄今为止的帮工兄弟会与手工业工人的社团，严禁工匠发生暴动行为，而且也扼杀了原来Zunft体制下仅有的个人自治空间，将Zunft体制下的工资、劳动条件等都处于国家的控制之中，并且还采取极为严酷的手段，规定凡是有拒绝劳动、暴动等行为要被处以死刑。[②] 到1779年，许多城市出现了抵抗运动，反对当局通过立法规定固定的工资与工时，禁止个人对此作自由约定。[③]

虽然政府完全禁止团体的存在，但在当时的社会条件下，这些法律的有效性值得怀疑。神圣罗马帝国只是一个并不真正具有集中统治权的政权联盟，它的立法对各个邦国只具有指导效力，对其立法严格执行的程度各州不一。[④] 因此，可以说，工业化之前德国的劳资双方就已经具有了相当的组织传统。

值得注意的是，虽然西方近代商会发展的历史传承有所相似，但英美与欧洲大陆国家由于政治、法律背景不同，随后选择的发展途径则相应不

---

① Rudolf Herbig, Notizen aus der Sozial-, Wirtschafts- und Gewerkschaftsgeschichte vom 14. Jahrhundert bis zur Gegenwart, Deutscher Gewerkschaftsbund, Bundesvorstand, 1973, S. 8.

② Claas-Hinrich Germelmann, Theorie und Geschichte des Streikrechts, Darmstadt Wissenschaftliche Buchgesellschaft, 1980, S. 13.

③ Rudolf Herbig, Notizen aus der Sozial-, Wirtschafts- und Gewerkschaftsgeschichte vom 14. Jahrhundert bis zur Gegenwart, Deutscher Gewerkschaftsbund, Bundesvorstand, 1973, S. 10.

④ 1783年普鲁士颁布一项法令，规定雇主有义务收留生病的帮工而不是将其赶到大街上，产生的费用由帮工基金、手工业基金、贫民基金或者城市基金负责支付。可见当时这些互助组织已经初具规模。Rudolf Herbig, Notizen aus der Sozial-, Wirtschafts- und Gewerkschaftsgeschichte vom 14. Jahrhundert bis zur Gegenwart, Deutscher Gewerkschaftsbund, Bundesvorstand, 1973, S. 25.

同。英美商会遵循自由发展的原则，自主结社，自愿设立，而在欧洲大陆商会离不开政府组建与管理。雇主组织与商会虽最初同源，但由于组织发展的精细化与专业化，以及历史发展中制度变迁的诸种因素的推动，后期的发展趋向各异。英美与欧洲大陆在政府与社团之社会治理权力分配上的巨大不同，也是英美与欧洲大陆的雇主组织发展的走向不同的重要原因之一。

第二节　雇主组织的主要类型

雇主组织的英文表述为 Employer Associations（EAs）或 Employer Organizations，是指由雇主依法组成的组织。对雇主组织的界定有两种方式：一种是定义的范围较广，经典的表述为“代表雇主在劳动力市场上的利益，而不是其他市场上的商业利益”的组织①，“其活动包括代表雇主参与决定雇员的就业条件”②。另一种则着眼于集体谈判层面，定义的范围较窄。最典型的是英国 1992 年《工会和劳动关系巩固法》中对雇主组织的界定：“一个全部由雇主或者主要是由雇主组成的临时性或长久性的组织，它的目标是管理雇主与他们员工之间或者是与工会的关系。”该定义将雇主组织限定在工会的对手组织层面，较“代表雇主在劳动力市场上的利益”这一范围要窄得多。由于雇主组织的起源大多是为了应对不断壮大的工会力量与国家干预而自发建立起的代表雇主利益、维护雇主权益的机构，这些机构进一步发展就形成了雇主组织，因而国外对雇主组织的定义往往是以对手组织为基础，慢慢发展出第一种界定。

从雇主组织的形式来看，一些国家的雇主组织起来成立雇主组织，代表雇主在劳动力市场上的利益，如德国、英国等国家都有单独的雇主组织；但有些国家的雇主团体并非仅处理劳动关系，而是综合性地代表企业的利益。因此，在国际视野中，雇主组织主要有如下两种表现形式：（1）“纯粹的”雇主组织，即仅代表雇主在劳动力市场上的利益的组织，独立于代

① Traxler F.. Employer Associations，Institutions and Economic Change：a Cross-National Comparison. Industrielle Beziehungen 11（2），2004，pp. 42 - 60.

② Plowman D.. Employer Associations：Challenges and Responses. Journal of Industrial Relations 20（3），1978，pp. 237 - 262.

表雇主其他市场利益的组织，最典型的是德国的雇主组织。德国雇主协会（BDA）将自己的作用局限于劳工政策和集体谈判，而雇主参加的其他协会如德国工商大会（DIHK）、德国工业联邦联合会（BDI）和德国中小企业联合总会（DZH）的存在是为了促进管理的经济利益，特别是在进出口政策、卡特尔立法、价格和信贷控制以及税收等方面。（2）综合性的企业代表组织，维护企业在劳动关系方面的利益是其职能的一部分，例如挪威工商总会、芬兰工业和雇主联合会、澳大利亚工商联合会等。

雇主组织在不同社会中，因历史积淀不同、社会思想不同以及制度保障各异，发展逻辑各有特点。雇主组织在劳动关系中履行的职能，受制于该国劳资政策的价值所关联的政治体制与宪法安排，因而各受不同的法律机制的保障。根据劳资关系与社会结构的主要特征，本书将雇主组织分为以下三种类型。

一、合作主义模式下的雇主组织

合作主义又称为法团主义，为一种政治学理论，它提供了与多元主义不同的关于西方社会利益集团政治过程的学说。合作主义在欧洲大陆的盛行与古典多元主义的衰落相呼应。20 世纪 70 年代许多欧洲国家都经历了向合作主义演化的趋势。在欧陆如德国这样的“劳资自治”国家，雇主组织以社会伙伴关系为主要特征，以合作主义为本质，主张政府不介入劳资关系，但承认团体协约为法律渊源；其职能直观上表现为雇主组织作为工会的“对手组织”，代表雇主与工会签订“团体协约”（Tarifvertrag）。从社会结构上看，雇主组织存在层峰组织（Peak Organization），与工会结为“社会伙伴关系”，成为最重要的社会利益集团之一。值得注意的是，雇主成立工会的“对手组织”的动机之一，并非与劳资关系中的“劳方”斗争，而是更大的雇主试图向较小的竞争对手强加标准条款。大雇主赢得了雇主内部的阶层斗争，为社会中产业性的团体协议与合作主义的社会结构奠定了组织基础。

二、多元主义模式下的雇主组织

多元主义模式主张在结构分化的基础上对权力进行多元配置，雇主组织通过市场上的多元竞争来代表企业在劳动力市场上的利益。其背后的思想根源是公民社会是一个与国家相分离的自由空间，其主要组成者是民间组织，它们为公民提供自由选择的机会并对政府进行监督，最终引导社会走向规范的多元民主。[①] 多元主义思想家赞成多社团共存的局面，他们将社团看成是所有多元社会的一个有机组成部分。[②] 在这种理念的影响下，英美的雇主组织体制呈现出明显的自治型特征，以“自由放任主义”为特征。英国为工业革命发源地，在产业关系上，政府的角色与欧洲大陆的不同。英国雇主组织曾有过勃兴的历史，在“工会”运动取得了巨大的胜利时，雇主组织迫不得已以雇主代表身份与工会签订团体协约。然而，在国家制度层面，团体协约从未受过任何正式制度的保障。

在美国，传统上立法者与司法者对劳资斗争持敌视态度，雇主同样为了共同利益结盟反对工会，但其主要体现为雇主结盟不仅反对团体协议对劳动条件的干预，也反对政府侵犯劳资领域。其结盟的目标是维持管理特权，并向游说团提供统一的声音，同时影响政府在劳资关系和贸易问题上的决策。这样的历史情境下，雇主结盟但并不一定出现发达的、实体性的雇主组织，与此对应的是不发达的集体劳动关系与更为自由主义的经济与社会结构。

三、东亚与东欧转型国家的雇主组织

东亚的韩国、日本或东欧转型国家的雇主组织在协调劳动关系方面也起到了一定作用，并且享有相应的法律保障。研究在资料搜集中，发现不少东欧转型国家对雇主组织有专门立法，例如俄罗斯有专门的《俄罗斯联邦雇主组织法》，全面规范了雇主组织的法律地位、雇主组织的成立与内部治理结构、雇主组织成员的权利与义务、雇主组织的权利与义务以及责任、雇主组织的财产及清算等问题。

考虑到东亚国家工业化时间短，雇主组织发展历史不长，东欧国家的转型以及研究团队的外语能力无法覆盖多国以致资料欠缺，时间、精力有限等各种客观因素，本研究对此仅提供一般性的研究资料，以期在后续研究中予以完善。

---

① Mohan, Giles. The Disappointments of Civil Society: the Politics of NGO Intervention in Northern Ghana. Political Geography 21, 2002, pp. 125 - 154.

② Nilsbet, Robert. Community Power. Oxford: Oxford University Press, 1962.

第二章 合作主义模式下德国雇主组织协调劳动关系的法律保障及其启示

第一节 德国工业化早期雇主组织的法律保障

劳资关系的团体化实践乃至劳资自治的形成,离不开雇主结盟且形成永久性的组织。在工业化以前德国资方的结社传统为雇主组织的形成奠定了法律基础。

一、劳动关系私人自治的法律保障

当我们谈论雇主结社时,其基础是劳动关系的私人自治。若没有劳动力的自由化与市场化,"雇主"这一资本主义社会中的重要阶层(Class)根本无法产生。在德国统一之前,德意志邦国通过立法确立了工人与雇主之劳动关系的内容由双方协商的私人自治原则,其中1845年1月17日颁布的《普鲁士工商业管理条例》(Preußische Allgemeine Gewerbeordnung),对于法律规范劳资关系具有里程碑式的意义。在这部法律中，私人自治体现在对企业主营业自由的保障，体现在对劳资之间的意思自由的肯定。该条例规定："独立的企业经营者及其伙计、帮工和学徒之间的关系如何确定，是自由协议的内容。"[①]《普鲁士工商管理条例》能够在立法中以"契约"破除农奴制的"身份"桎梏，确立保障个人自由、身份平等、营业自由、合同自由等的具体制度，允许劳资双方自由协商工资、劳动条件以及工时，委实是不小的进步。这既是普鲁士政府"施泰因-哈登堡"改革（Stein-Hardenbergsche Reformen）的继续，又是民间"十九世纪个人主义的全部力量正在逐渐增加其动力"的表现。[②] 对此，学者 Hans-Joachim Bieber 公允地评价说，推动这项法令的官员是真正关心国家经济发展和社会整体福利的。[③] 半个世纪后，德国的雇佣合同（Dienstvertrag）在《德国民法典》的第二编"债的关系法"中作为一种有名合同被规定。劳动合同（Arbeitsvertrag）是雇佣合同的一种特殊形式，而用私人自治的理念来规范劳动关系的传统已经早于《德国民法典》半个世纪。

二、雇主结社自由的法律制度保障

（一）公法上的保障

近代德国公法上对结社的保障由来已久，不过，一开始对雇主结社权利的保障，公法并未区分"结社自由"（Vereinigungsfreiheit）与"同盟自由"（Koalitionsfreiheit）。对雇主结社自由的保障，其主要理论依据仍然是对个体结社自由的保障。对雇主来说，通过结盟形成自己的组织在公法上并没有太大的障碍，法律仅对工人的结社保持警惕。

1850 年 3 月 11 日普鲁士《结社法令》和 1854 年 7 月 13 日联邦议会决议体现了普鲁士政府对待结社自由的基本态度：一方面，法律宣称保证

---

① Siehe（Hrsg）Thomas Blanke，Kollektives Arbeitsrecht Quellentexte-zur Geschichte des Arbeitsrechts in Deutschland I，Rowohlt，S. 33.

② 梅因．古代法．沈景一，译．北京：商务印书馆，2009：序言：36.

③ Siehe Hans-Joachim Bieber，Die Rolle von Gewerkschaften und Wirtschaftsverbänden bei der Entstehung des Arbeitsrechts，（Hrsg）von Hans G. Nutzinger，Die Entstehung des Arbeitsrechts in Deutschland，S. 18.

结社和集会自由的权利，从而在法律层面上已经奠定了结社自由的基础，依据《结社法令》，雇主的结社权在法律上是受到保障的。另一方面，政府仍对“遵循政治的、社会主义的或共产主义目标的工人协会”保持高度的警惕，这些社团的结社是违法的，一切被列为政治协会的团体禁止接收妇女、学生和学徒入会。此外，法律还禁止这些团体相互之间建立组织上的联系。工人结社的权利是被禁止的。虽然法律保障的是“结社权”，即根植于个人主义的个人结社权利，但个人通过结社形成团体力量来影响劳资关系，进而改善劳动条件在当时是违法的。不过，1869 年，北德意志联邦同盟通过《工商业管理法》(Gewerbeordnung für den Nordeutschen Bund)，废除了对工人的结社禁令。[①] 尽管之后对“同盟自由”仍然有限制，但是在从保护“结社”到“消极同盟自由”的道路上，北德意志联邦迈出了历史性的一步。

（二）私法上的保障

雇主结社的组织在法律上取得何种资格？尽管今天我们对于雇主组织以“非营利法人”为一般印象，但在一百多年前的德国法中，法律的选择却是诸多思潮中胜出的。

雇主组织为私法人。依据德国法的通说，私法人系因私法的设立行为（契约或捐助）而成立，公法人则是基于国家公权力而成立，以法律颁布或行政行为之作出为典型。雇主为“私人自治”领域劳动关系中的一方，雇主的结社当为私法人。在 1896 年《德国民法典》中，私法人被分为社团（Verein）与财团（Stiftung）两种类型，社团又被分为非以营利性经营活动为目的的社团（Nichtwirtschaftlicher Verein）及以营利性经营活动为目的的社团（Wirtschaftlicher Verein），除此之外，还有一种无权利能力社团（Nichtrechtsfahige Verein），准用合伙的规定。

依据 1896 年《德国民法典》第 21 条，非以营利性经营活动为目的的社团，因登记于有管辖权的区法院的社团登记簿而取得权利能力。照此规定，作为私法人的雇主组织，只需要履行登记程序即可取得权利能力，成为具有法人资格的社团。但是，履行登记的程序同时意味着将结社中一些关键性要素暴露给国家与社会，因应基层法院的请求，每一个社团都必须

---

① Siehe (Hrsg) Thomas Blanke, Kollektives Arbeitsrecht Quellentexte-zur Geschichte des Arbeitsrechts in Deutschland I, Rowohlt, S. 60.

提供一份成员目录清单。对于雇主组织而言，这种来自国家的干预因素对其法律人格的影响意义不大。工会为保护工人，拒绝申报名单，只能通过放弃登记的办法来规避这一规定。“当时的国家在已不能对这种人的结合体采取禁止或镇压手段时，必然会试图通过法人设立许可与国家监督的方法而对其予以监控。”①

三、雇主结社的动力机制

德国近代最早成立的雇主组织是 1869 年成立的德国印刷业协会 (Deutsche Buchdrucker-Verein)，该协会从 1886 年开始筹办，至 1869 年正式建立。在雇主组织历史上，该协会的成立被视为“曼彻斯特资本主义观念下的一个突破口”。随后，德国其他行业也出现了雇主组织，比较有名的是德国工业中央协会（Centralverbands Deutscher Industrieller)，该协会成立于 1876 年，在 1881 年时下属 38 个行业性的雇主协会，到 1906 年发展到下属 181 个行业性的雇主协会。据统计，该协会发展非常迅速，在 1881 年其下属雇主协会覆盖到 100 万名雇员，到 1901 年则覆盖到3 500 万名雇员。该组织并非纯粹的代表雇主在劳动力市场上的利益的组织而是雇主利益的综合代表：它不仅代表雇主与工会抗争，也在其他方面代表雇主利益。德国雇主组织建立并作为长期性组织存在，代表着雇主开始具有组建独立组织的需求，该需求主要源于如下原因。

(一) 运动的社会压力

雇主结盟并成立永久性的组织，其不可低估的原因首要的是削弱政治领域的工人运动。工人运动对自由的追求被认为是工人势力在向整个社会渗透，鉴于此，政府当局认为社会主义工会已经对政治体制构成威胁。1878 年颁布的严格禁止社会主义工会的法律成为推动社会主义工人运动的一个重要因素。然而，共产主义运动在欧洲的发展如火如荼，马克思主义早已具有强大的生命力。对社会主义与共产主义运动的恐惧给雇主阶层带来普遍的压力，使雇主更愿意通过妥协方式来接受工会。正如有研究认为，雇主结社的最初目标并不是订立团体协约，更不是承认社会主义工会

---

① 托马斯·莱赛尔. 德国民法中的法人制度. 张双根，译. 中外法学，2001 (1).

为工人的合法代言人，而是削弱社会主义工会对工人的影响力。[①] 为了削弱社会主义工会的影响，对工人进行适当的妥协绝对必要。

社会主义与共产主义运动所带来的压力在德国雇主结盟的考虑中占据了重要地位，也是雇主愿意妥协接受团体协约的重要社会前提。与之相对比的是，同样作为资本主义国家，美国却从未饱受工人社会主义运动的困扰。对此德国社会学家桑巴特所著《为什么美国没有社会主义》一书有精确的描述。不用担忧社会主义革命，故雇主的斗争性更强而妥协性更弱，因而结社的动力主要在于斗争而非妥协。

（二）工会组织化与谈判压力

1869 年成立的德国印刷业协会是最早成立的全国性行业雇主组织。印刷业雇主先行结社，其动力首先来源于印刷业工会的组织化与谈判的直接压力。若没有工会的压力，雇主组织的成立是不可能的。1848 年，德意志邦国第一个全国工会——全德印刷工人协会在美因茨代表大会上成立了。尽管之后全德印刷工人协会由于就工资标准未能与印刷业主达成协议而名存实亡，但印刷工人随即在柏林成立了“古腾堡联盟”，1866 年 5 月在莱比锡成立的德国印刷工人联合会的前身即是“古腾堡联盟”。该工会成立时的立场非常明确，即实现独立于政党政治的全国性跨地区联合，向雇主争取统一的印刷工人工资标准。印刷业工人丰富的斗争经验给雇主施加了巨大的压力。在前述目标的指导下，经过多次的劳工斗争，德国印刷工人联合会最终于 1873 年与雇主签订了德国历史上第一份全国性的团体工资协约。[②] 该协约中规定，3 年内雇主必须实行 10 小时工作制，对于准许加班的范围和条件作出规定并要求委任仲裁机关。[③] 如果没有强大的印刷工人工会组织的罢工的压力，印刷业协会的成立及团体协约的达成都是不可想象的。

（三）雇主间的管制性竞争结构

在德国早期雇主组织的建立中，印刷业协会与工人签订的团体协约

---

① 曼弗雷德·魏斯，马琳·施米特．德国劳动法与劳资关系．倪斐，译．北京：商务印书馆，2012：19.

② Peter Ullmann，Tarifveräge und Tarifpolitik in Deutschland bis 1914，Frankfurt a. Main/Bern/ Las Vegas：Lang，S. 40.

③ 施奈德．德国工会简史．张世鹏，等译．北京：中国工人出版社，1992：35.

抬高了劳动力价格，其中有一个重要的原因是，作为印刷业协会中的主要成员的大雇主愿意通过签订团体协约了提高行业的基本工资，从而给经济能力较弱的小雇主带来更大负担，由此赢得经济上竞争的优势。①这一动机，尽管经常被忽视，但学术界对此也有论述。在雇主组织研究领域负有盛名的澳大利亚学者米夏埃尔·巴瑞（Michael Barry）曾指出：

> 一个经常被忽视的雇主结盟的原因是试图管理雇主之间的竞争……值得注意的是，在许多情况下，最初的雇主是为了确保一种多雇主协调模式的监管结构。斯威森（Swenson）指出，煤炭服装、建筑和交通等行业，雇主同意支付的工资高于市场出清水平，寻求工会的支持，积极合作伙伴——确保他们的竞争对手保持一致，并减少在低工资的基础上竞争的前景。……往往是更大的雇主试图对其较小的竞争对手施加标准条款和条件。在工业关系术语中，雇主在自己的队伍中进行斗争，以实现一个多雇主监管体系，通过“从竞争中取工资”，提供卡特尔化的功能。②

第二节　德国工业化晚期雇主组织协调劳动关系的社会思考与法律保障

德国雇主组织在私人自治的基础上有了新发展：代表雇主签订团体协约，维护工业和平并且管理雇主间的竞争的职能逐渐完善。这种进展伴随着社会思潮对立法的影响，同时也体现了组织自身独立能力的不断提升。更重要的是正式制度的推进，也有社会思潮对立法的影响，同时也伴随组织自身独立能力的不断提升。

---

① Ullmann，Peter. Tarifveräge und Tarifpolitik in Deutschland bis 1914，Frankfurt a. Main/Bern/ Las Vegas：Lang，1977，SS. 180－185.

② Michael Barry，Adrian Wilkinson. Reconceptualising Employer Associations under Evolving Employment Relations：Countervailing Power Revisited. Work，Employment and Society 25（1），149－162.

一、德国雇主组织塑造社会结构的思想根源与影响

(一)社会团体思想及对立法的影响

1. 滕尼斯的“社团”与“社会”二元概念

1887年，德国著名社会学家腾尼斯(Ferdinan Tonnies)使用了“社团”(Gemeinschaft，Community)与“社会”(Gesellschaft，Society)两分法来区分两种社会形态。滕尼斯认为，国家，准确地讲作为契约建国之母体的“原始集会”，要被实在地追溯到它形成前的社会团体及其内在的社会意志，因而，社会团体对现代政治的意义，不仅在于它本身呈现出各种复杂的现实情形，而且在于它具有平衡政治权力的作用：既节制个体对国家的纯粹意见，又化解政治施加于个体的压力，并且它塑造的政治人格以及它的合议机制保证了国家崩塌之后的再造力量。[①] 通过雇主和雇员“社团”合作的机制，“社会”能够被更好地整合起来，冲突也能被更好地化解，从而实现稳定与团结。[②] 滕尼斯的“社团”与“社会”二元理论对当时的德国知识界产生了很大的影响。

2. 基尔克的社团思想

在从中世纪发展而来的德国，阶级、行业和统治上的划分分崩离析，教会被剥夺了独立性，传统的社会结构被瓦解。基尔克(Otto von Gierke)在1882年的布雷斯劳大学校长就职讲演中，回顾了自然法对德国法的影响，从历史发展角度阐述了社会团体如何进入德国社会结构。他说

> 在自然法学派中广泛发展的思潮恰好在德国对此做了预备工作。该思潮是，在不可让与的个人自由权之下接受自由联合的权利，并将其付诸实践。由于在此基础上可能借助类似的社会契约，就如其应如何构建国家那样，从废墟中来构建社会的新形态。……许多自然法学者，诸如奥土西乌斯以及后来的尼特布拉特，**主张让国家自己首先从自下而上发展的紧密的社会实体的联合中向上成长。该思想的确体现**

① 张巍卓. 人造社会与伦理社会——滕尼斯对近代自然法学说的解读及其社会理论的奠基. 社会学研究，2017(4).

② J. Beson，Y. Zhu，H. Gospel. Employers' Associations in Asia：Employer Collective Action. Routledge，2017，p.16.

在了普鲁士的邦法中。①

基尔克认为：国家的成长以社会实体的联合为土壤，这在普鲁士的邦法中已经得到体现。1850年普鲁士的《结社法令》宣称保证结社和集会自由权利就是明证。1869年，北德意志联邦同盟通过《工商业管理法》也废除了对工人的结社禁令。②

近代德国法律思想的走向，是在不断突破个人主义思想的基础上向团体主义的开拓性生长。对“联合体”（Verbandseinheit）的理解，是在法学对共同体的本质进行探讨的过程中逐渐演绎成熟的。人无往不置于社会实体之下，基尔克在1902年率先提出，“对于法学而言，联合体本质的问题已不是前提性问题，而是核心问题”。他在论述“法人”（juristische Person）何以恰如独立的人类、为权利义务主体时，反思“一切共同体权利最多只是多数人共同的权利，一切共同体秩序只是各个个体之间的各种关系缠绕而成的网”这种基于个人主义思想产生的概念。如果是这样的话，国家的权利主体又是谁呢？个人主义的社会理念在逻辑上的演绎恰恰导致了整个建筑的基础性危机。因此，必须承认在个体人格中（Einzelpersoenlichkeit）孕育了团体人格（Verbandspersoenlichkeit）。但是，这种团体人格的完善，“必须在极其巨大的努力之下且没有经常性的反弹时，才可能使得有机组织体的独立性人格（die selbstaendige Persoenlichkeit des organisirten Ganzen）迈向巅峰”。每个人的存在本身是由各个有生命的组织体组成的，抛去影响个人的群体、国家、职业共同体以及形形色色的协会和合作社，个体的独立性将所剩无几。团体与个人在精神上的相互交融使生命在生物学和社会学意义上都是被作为共同体的团体塑造的。因而，“作为整体本身和作为更高级别整体的部分的自然人的双重性质相应，法律必须分化为两大分支，我们称之为个体法（Individualrecht）和社会法（Sozialrecht）”。

基尔克的法律思想对德国的法律界以及立法者产生的冲击是巨大的。他关于《德国民法典》缺乏“一滴社会之油”的批判在德国社会振聋发

① 奥托·基尔克．私法的社会任务——基尔克法学文选．刘志阳，张小丹，译．北京：中国法制出版社，2017：21-22.

② Siehe (Hrsg) Thomas Blanke. Kollektives Arbeitsrecht Quellentexte-zur Geschichte des Arbeitsrechts in Deutschland I, Rowohlt, S. 60.

聘，对后来者产生了强烈的社会影响。

（二）辛茨海默的社会自治思想及对立法的影响①

辛茨海默本人的学术思想来源较为多元：在法学方法上，他深受法律社会学家 Eugen Ehrlich 的影响，形成了强烈的法律社会学思维（die rechtssoziologische Methode）。在价值取向上，他也受马克思主义和社会主义的影响，因此他对劳动者的权利始终十分关注。同时他也受到了基尔克的思想的影响，他的社会自治思想有许多来源于基尔克的自治（Autonomie）理论。

1916 年辛茨海默的名著《集体劳动法——法律领域内的社会自决思想》提出在集体劳动法②领域落实社会自决的思想。他的“法律领域的社会自决思想”包括两个方面的内容：第一是在法律领域的自治与直接立法（die autonomie und unmittelbare Rechtsbildung），第二是两个相辅相成的概念即“社会议会制”（sozialen Parlamentarismus）和“社会自治”（sozialen Selbsverwaltung）。

针对当时法律无法处理团体协约的法律问题，从而造成社会问题及社会压力的现象，辛茨海默批评了议会制政府立法的弱点。他认为，

> 传统的立法程序太过于僵化与刻板，以至于法律经常在刚生效就已过时。从法律需求到具体的法律规定是如此的遥远，因而法律与社会之间经常存在矛盾，仅仅通过立法根本不能满足社会的需求。③

要解决这些社会问题，有什么样更好的方式呢？辛茨海默引用了基尔克的研究成果。基尔克研究了德国合作社的历史，认为德国历史上的行会、农业协会等等都存在自治的法规，于是将自治（Autonomie）的概念发

---

① 本部分内容来源于本书作者的博士学位论文。吴文芳. 从私人自治到劳资团体自治——德国团体协约法律制度研究. 北京：中国人民大学，2009.

② 该书中研究的集体劳动法，主要是团体协约法。Hugo Sinzheimer. Ein Arbeitstarifvertrag-Die Idee der sozialen Selbstbestimmung im Recht，München und Leipzig，1916.

③ Hugo Sinzheimer. Ein Arbeitstarifvertrag-Die Idee der sozialen Selbstbestimmung im Recht，München und Leipzig，1916，S. 181－186.

展为“通过组织化的共同体、组织化的社团的自治法规（autonomischen Rechtssetzung）”①。辛茨海默指出，“基尔克认识到法律创造的自由的价值具有自我管理的力量”。于是，由社会直接立法（unmittelbare Rechtsbildung）实现社会自治是解决前述社会问题的最好方法。最好的例证就是劳资团体约定的团体协约，虽然法律没有承认团体协约的特殊地位，但辛茨海默认为，应当按照社会直接立法的方式塑造的社会力量，也就是团体协约双方构建的法律关系，应取得和国家法同样的效果。从德国社会发展的实践来说，他认为，团体协约的发展实质上已经是社会自决在法律领域的大范围落实，只不过落后于社会的法律不肯去承认它罢了。② 因此，他提出，应当承认团体签订的协约具有法律的性质。这就是今天德国团体协约法上法规性效力的理论起源。辛茨海默认为，在国家，特别是议会制的国家发生结构化变革的今天，“社会直接立法”理论代表了法律思想发展的基本方向。他多次公开表示对国家立法和国家权力的不信任，主张“社会自决思想”的目的也是分散国家的集中立法（die gesamten Rechtsbildung）。③

对于“社会议会制”与“社会自治”，辛茨海默认为，“社会力量并不愿意仅仅作为一种原子被法律和管理机构控制，它们希望得到自治与自由”。随着工业化的发展，这种渴望“社会自主”的趋势就愈加明显。他指出，为了保证社会内部争论自由进行，必须鼓励社会团体按照议会的方式组织起来，这就是“社会议会制”。而劳资团体形成的“劳动共同体”正是“社会议会制”的一种模式，它建立在生产利益的基础上，目的是提高生产率、减少生产消耗，从而从社会角度规划生产进程，以此实现最大限度的社会和谐与发展。既然已经出现了“劳动共同体”的形式，法律上就必须予以认可。不仅如此，法律还应予以推广，将劳资合作模式推广到

---

① Hugo Sinzheimer. Ein Arbeitstarifvertrag-Die Idee der sozialen Selbstbestimmung im Recht，München und Leipzig，1916，S. 181.

② Hugo Sinzheimer. Ein Arbeitstarifvertrag-Die Idee der sozialen Selbstbestimmung im Recht，München und Leipzig，1916，S. 186.

③ Klaus L. Alberecht. Hugo Sinzheimer in der Weimarer Nationalversammlung，Sein Beitrag zum wirtschaftlichen Rätesystem und zu den arbeits und wirtschaftsrechtlichen Grundrechten der Reichsverfassung，Inaugural Dissertation zur Erlangung des Doktogrades der Rechtswissenschaftilichen Fakultät der Johann Wolfgang Goethe-Universität zu Frankfurt am Main，1970. S. 102－103.

社会团体之间的广泛合作。[①] 如果说“社会直接立法”是辛茨海默对团体协约作为社会自治手段的法律思考，那么“社会议会制”是后来在《魏玛宪法》中规定的“劳动会议”与“经济会议”的直接思想渊源。

辛茨海默的思想中有以下三点特征值得特别关注：第一，他对国家立法始终保持警惕，认为欲解决经济生活中的问题的国家立法往往和社会相脱节，不但不能解决，反而制造更大的社会问题，因此，由社会团体自我立法，通过“社会自治”分散国家的集中立法是化解该悖论的最佳方式；第二，他认为劳资合作模式代表了社会团体合作与“社会议会制”的发展方向，法律应当反映这一趋势促进“自治”的发展；第三，他对社会的关注远远要超越同时期的其他法学家，究其原因一方面是他作为律师经常接触工会等社会团体，对社会发展有敏锐的认识，另一方面是法律社会学的方法论使他的法学理论不容易拘泥于僵化的传统理论框架。

二、“团体协约”法律保障的论证[②]

雇主组织的进一步发展与产业性的团体协约大规模签订息息相关。团体协约成为德国产业关系领域的主要规范基础，工会的斗争是主要动因，然而雇主组织的配合与社会思想的渲染等因素也不容忽视。最终团体协约走向了制度保障，这为20世纪之后德国成长为重要的团体自治国家奠定了思想与制度基础，也为雇主组织的长期独立化、主体化提供了制度保障。

20世纪初直到二战前，德国雇主协会的发展与团体协约之法律效力的塑造存在着紧密联系。在雇主组织内部，掌握话语权的大雇主对团体协议的经济兴趣与工会的社会压力和社会观念的转变一起，促进了作为雇主代表的雇主协会将签订团体协约、换取工业和平作为重要的任务。而同时期团体协约的法律效力在理论上及立法中被确认，也使代表雇主签订团体协约成为雇主协会的重要功能，从而为雇主协会的勃兴创造了

---

① Hannspeter Riedel, Der Rätegedanke in den Anfängen in Weimarer Republik und seine Ausspägung in Art. 165 WRV, SS. 52 - 82//孟钟捷. 德国1920年企业代表会法发生史. 北京：社会科学文献出版社，2008：176.

② 本部分内容来源于本书作者前期论文。吴文芳. 德国集体合同“债权性效力”与“法规性效力”之研究. 法商研究，2010 (2).

契机。

（一）团体协约的债权性效力的论证

关于团体协约的债权性效力的论证经过了司法—理论相互影响的过程。团体协约对人的效力范围直接决定了承担违约责任的主体。按照德意志帝国法院的判决，团体协约等同于一般的私法合同，当一方违反合同时，另一方可以依照《德国民法典》请求损害赔偿。不过根据当时的诸种理论，承担团体协约违约责任的主体各不相同。代理理论认为，由于团体的每个个人都直接受合同约束，因此违约责任应当由单独的个人承担，团体则不承担任何责任。按照组合理论，团体和个人都应当承担违约责任。团体理论的支持者则认为，由于协约的签订主体是团体，理论上只有团体能够承担违约责任。不过，团体理论也不得不承认，由于德国工会并无法人资格，按照《德国民法典》第 54 条关于“无权利能力社团，适用关于合伙的规定。基于以此种社团的名义对第三人实施的法律行为，行为人亲自负责任。二人以上实施行为的，行为人作为连带债务人负责任”的规定，适用组合理论确认违约责任的主体更为合适。据此，工会会员与行为人和工会都应当对违约承担无限责任。①

按照组合理论与团体理论在违约责任上的一致观点，个人与团体都应为违约承担责任。然而，团体在多大的范围内承担责任？辛茨海默提出了“影响义务”的学说。他认为，团体对违反团体协约的成员负有影响义务，如果团体不履行其义务或疏忽履行，则其对成员的违约也负有法律责任。例如，工会成员违反和平义务举行罢工，则工会的影响义务是：第一，工会不能组织其成员罢工，也不能强化这种行为（例如保护罢工线，支付罢工费用，等等）；第二，工会在所有的情况下都应该尽力阻止成员参加罢工，（例如管教野猫罢工的发起者，剥夺工会中罢工者的会员资格）。不过，当时要履行“影响义务”在法律上的最大阻碍在于《工商业管理条例》第 153 条禁止社团对其成员实行纪律化的管理。后来德国团体协约立法吸收了辛茨海默的观点，“影响义务”理论在现代德国团体协约法中仍

① Albert Hüglin. Der Tarifvertrag zwinschen Arbetisgebern und Arbeitnehmern in Deutschland//Münscher Volkswirkschaftliche Studien，hrsg. L. Brentano，76. Stück，Stuttgart /Berlin，1906，S. 241//Peter Ullmann. Tarifverträge und Tarifpolitik in Deutschland bis 1914，Lang，1977，S. 109.

然有效。

（二）团体协约的强制性效力的成形

团体协约的强制性效力（Unabdingbarkeit der Tarifverträge）是团体协约相关法律问题中最具有争议性的话题，按照辛茨海默的话来说，是团体协议作为劳动规范合同“生死攸关的问题”①。它包括如下几个问题：第一，团体协约的内容是否自动地成为受团体协约约束的个人劳动合同的条款？第二，违反团体协约的劳动合同是否有效？第三，个人能否在劳动合同中排除团体协约的适用？如果说，承认团体协约的私法效力，是法律开始从原来“个人”的单向性思维扩展到“团体”，赋予团体和私人平等的法律地位，那么，承认团体协约的强制性效力，即意味着在社会的某些领域，团体意志优先于个人意志。于是，代表雇主的雇主协会，它的组织意志将取得优先于个别雇主的意见的效力。在这里，私法的个人主义思维受到了限制，私人社会中的一种新兴的法律理念开始产生。

围绕团体协约的强制性效力的争议不仅体现在100年前——当时团体协约的强制性效力尚未确定，甚至在今天，虽各国劳动法基本上已经接受了团体协约法的这一基本规则，它也一直是热议的中心。许多学者主张团体协约的强制性效力具有“妨碍个人自由”“侵害私法自治”的弊端，要求立法去除这一特殊规定，改由个人自由决定是否适用团体协约。

作为“德国劳动法之父”的辛茨海默不断地从私法的惯性思维中一步步地跳出。从一开始仅仅将团体协约视为“合作的劳动规范合同”（korporative Arbeitsnormenvertrag）到后来告别个人化的私法模式，将团体协约视为社会自治的有效方式，辛茨海默一直尝试为当时完全处在私法体系中的劳动法找到新的法律理论。② 在私法的框架内，一个违反团体协约的个人劳动合同应当是有效的，人们最多可以认为，团体协约可能在挑战个人劳动合同的效力，但无法令人信服地将其解释成无效。

在经过长久的讨论后，法学家认为，如果不在法律上建立特别的规则，在私法的框架内根本不可能解决团体协约的绝对效力问题。在这种情

---

① Hugo Sinzheimer，Der korporative Arbeitsnormenvertrag，Teil 2，Leipzig，1908，S. 66.

② Sandro Blanke. Soziales Recht oder kollective Privatautonomie?. Mohr Siebeck，Tübingen，2005，SS. 12 - 35.

况下，法学家联合起来，要求制定团体协约法的呼声越来越高。1908 年在卡尔斯鲁尔举行的第 29 届德国法学家协会大会在详细的辩论后通过表决，推荐团体协约的法律规则。1910 年大会上，该协会上交给德国商业法院协会大会一个相似的声明。同样，在帝国议会中的法学家也提出团体协约立法的提案。1918 年 12 月 23 日，威廉皇帝退位后获得政权的人民代表委员会（Der Rat der Volksbeauftragten）通过法案《团体协约规定》"Verordnung über Tarifverträge"（TVVO）。该法案是德国关于团体协约的第一个法律规范，第一次在法律上保证了规范劳动关系双方劳动条件的团体协约之效力的独立性以及强制约束力。

三、雇主组织的主要职能与社会影响

（一）签订团体协约

通过社会运动与社会思潮的发展，雇主认识到"劳工的人格尊严与雇主在团体协约上的利益紧密联系"。现实压力与经济上的利益促进了社会观念的变更，雇主因而愿意结社，通过签订团体协约来解决劳动条件等问题。① 从 19 世纪 90 年代中期到 1912 年期间，雇主组织与工会通过签订团体协约实现了工业和平，适用于超过 21 万家的企业与逾 200 万名的劳动者。德国建筑工业雇主组织与建筑工人工会、冶金业雇主组织与冶金工人工会分别于 1899 年、1906 年缔结了第一份全国性的团体协约。此时虽然团体协约在法律上没有获得拘束力，但团体协约的数目仍然急剧增长。1906 年雇主组织与工会间签订了总共 3 000～4 000 份团体协约，到 1913 年增长到大约 12 500 份，涉及 20 多万家企业中的大约 200 万名雇员。1913 年 16.5%的从事工业劳动的就业人员以及 36.4%的自由工会会员，通过工资协议确定了他们的工资条件，更为重要的是，在这些协议中，有 79.5%的是未经罢工就签约的。② 这充分说明，雇主已认识到组织起来签订团体协议对于生产秩序稳定的重要意义。

---

① Peter Ullmann. Tarifverträge und Tarifpolitik in Deutschland bis 1914，Lang，1977，SS. 159 - 170.

② Siehe（Hrsg）Thomas Blanke. Kollektives Arbeitsrecht Quellentexte-zur Geschichte des Arbeitsrechts in Deutschland I，Rowohlt，S. 31.

（二）推动职业培训制度的完善

除了在集体谈判中发挥重要作用，德国雇主组织的高度协调化对德国工人的职业培训制度也产生了影响。经由雇主组织雇主之间形成了管制性竞争结构，企业之间的联合性行动限制了劳动力的频繁市场流动，从而使雇主更愿意为雇员提供职业培训。这在 19 世纪早期的德国雇主组织发展中已经见到雏形，而在 20 世纪德国学徒制的完善中，雇主组织的作用更加明显。[①]

从 19 世纪中期到 20 世纪初期，德国雇主组织发展背景的社会进路是：前私法自治阶段→个人自治→团体形成与发展→团体协约的实践。这个发展脉络伴随着工人的不懈斗争，同时也伴随着雇主与具有民主思想的工会活动家的理性推动，从而引导了劳工与雇主两大阶级的妥协与合作，团体协约作为重要的斗争妥协形式成为工会与雇主组织的奋斗目标。然而，有一点必须注意的是，德国经验表明，雇主组织的成立是相当被动的，只有劳动者团体形成强势的社会利益集团，给予雇主压力后，“社会团体”的思想与法律理论才有创新的空间，否则无异于无源之水、无本之木。

第三节　现代德国雇主组织协调劳动关系之法律制度

在资本主义多样性构架中，德国被认为是协调市场经济的典范，其雇佣关系的主要特征是组织良好的工会和雇主组织规制工作条件等各个方面，包括产业层面集体谈判、员工正式参与企业决策以限制特权、保护就业、制定以产业为基础的培训计划来培养满足特定行业和特定企业所需技能的劳动力。[②] 这一切与一战前奠定的“社会团体”思想有极大的关系。在宪法上确认“劳资团体自治”以及导入团体协约的强制性效力，划分了国家和社会团体在各自领域的权力边界。因此在欧洲，合作主义方法主要

① 王星．技能形成的社会建构．北京：社会科学文献出版社，2014：53.

② 常凯，Fang Lee Cooke，Greg J. Bamber，Russell D. Lansbury，Nick Wailes，Chris F. Wright．国际比较雇佣关系——国家规制与全球变革．朱飞，孙兆阳，等译．北京：中国劳动社会保障出版社，2016：180.

用来分析政府与社会或经济利益集团如工会、雇主协会及行会之间的权力与利益安排。[①] 在国家之外的制度化劳资团体以“社会伙伴”关系稳定存在，是德国“合作主义”模式的核心特征。

一、宪法层面的制度——“劳资团体自治”之保障

辛茨海默的社会自治思想作为德国劳动法的思想传统，不仅影响了《魏玛宪法》，对德国《基本法》也有重要的影响。虽然团体协约自治（Tarifautonomie）没有在德国《基本法》中出现，但德国联邦宪法法院的解说以及学说的发展，确立了德国《基本法》第9条第3款为劳资团体自治的宪法来源，也是德国团体协约法最重要的法律渊源。到目前为止，德国现行的《团体协约法》以及劳工斗争法都没有超过德国宪法法院就该条所作的宪法解释，可见德国《基本法》之于劳资团体自治的重要性。[②] 德国联邦宪法法院认为，“团体协约自治”是宪法托付工会及雇主及其组织在同盟自由的范围内，以保护和改善劳动、经济条件为目的（Wahrung und Förderung der Arbeits- und Wirtschaftsbedingungen），在劳动生活的范围内享有的管辖权。[③]

劳资团体自治的以下几个方面十分重要。第一，团体协约自治实现的手段是工会与雇主或雇主团体之间签订有利于处于隶属地位的雇员的团体协约。[④] 第二，团体协约双方就工资与劳动条件自行达成协议，国家对此不予干涉。[⑤] 换言之，国家在劳动生活中放弃（freilassen）国家法的手段（Rechtsordnung），任凭力量相当的劳资双方通过团体协约的方式加以约定。[⑥] 第三，在谈判过程中利益相对方有权采取必要的斗争手段。[⑦] 德国

---

① Adam. Corporatism and Comparative Politics: Is there a New Century of Corporatism, pp. 17－19.

② Manfred Weiss, Marlene Schmidt. Labour Law and Industrial Relations in Germany, Aspen Publ., 2008, p. 136.

③ 黄程贯. 劳动法. 台北：空中大学，2001：156.

④ BVerfGE 84，212，229.

⑤ BVerfGE 44，322，340.

⑥ BVerfGE 34，307，316.

⑦ BVerfGE 4，106；18，26；50，337；57，246；58，247；BAG vom 10. Juni 1980 AP Nr. 64 zu Art. 9 GG Arbeitskampf.

联邦劳动法院认为，如果集体谈判中没有对对手的施压手段，团体谈判无异于“集体行乞”① (kollektive Betteln)，因此，包括罢工在内的劳资斗争权也在德国《基本法》的保护之列。

通过宪法落实“劳资团体自治”，德国的劳工团体与雇主团体获得了在劳动领域的“社会自治权”。正因为如此，德国社会被表述为“法团主义”、“协调型市场经济”(CME) 或奥尔多自由主义 (ordo-liberal)，其最根本的特征就是工会与雇主组织协同基础上的社会市场经济。②

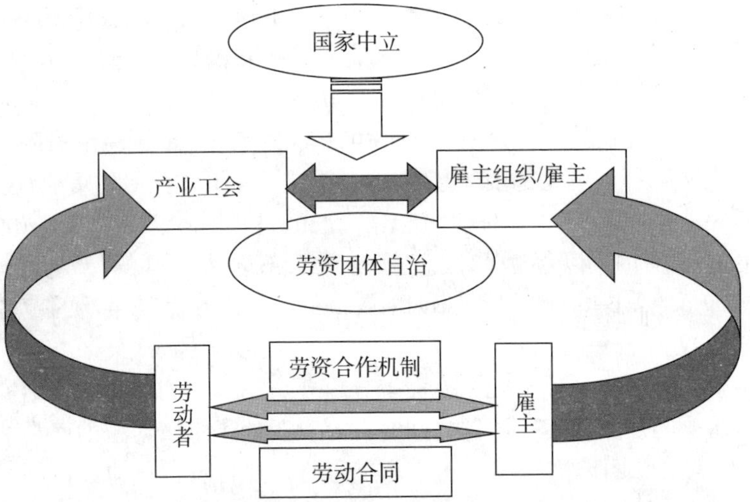

图 2-1　德国劳资关系中的法律调整格局示意图

二、落实德国《基本法》的《团体协约法》

根据德国联邦宪法法院的解释，在德国宪法法院所谓“核心领域”的范围内，德国《基本法》第 9 条第 3 款是劳资团体自治制度的唯一的，也是最高的保护法。在德国宪法法院所谈到的“核心领域”外，《团体协约法》以及德国联邦劳动法院通过判决确立了劳资团体自治领域的具体制度。《团体协约法》与德国联邦宪法法院和德国劳动法院所作成的一系列

① BAG, 1 AZR 364/97.

② J. Beson, Y. Zhu, H. Gospel. Employers' Associations in Asia: Employer Collective Action. Routledge, 2017, p. 32.

判决中，确立了以特定团体为核心的团体协约以及劳动斗争法律制度，这些法律与判决背后所蕴含的深意是，只有工会与雇主组织中的特定团体能够充当劳资团体自治的主体，劳工为保护和改善劳动和经济条件所进行的劳工斗争只能在工会的组织下进行。“工会”与“雇主团体”在劳资团体自治允许的法律斗争中成为了劳资两方的代表团体，建立在团体主义理念基础上的德国团体协约自治制度已经定型。

三、现代德国雇主组织法律地位保障机制

（一）德国雇主组织的准入机制

1. 德国《基本法》保障的同盟自由权

劳资团体自治得以建构的基础是德国《基本法》第 9 条第 3 款保障的同盟自由基本权，包括“积极同盟自由权”与“消极同盟自由基本权”两个方面，而并非该条第 1 款所规定的一般的结社自由。德国《基本法》第 9 条第 3 款规定的“劳资团体自治”之内涵是劳方与资方在该领域自治与自决，国家权力不应对此加以干涉，而公法上的组织需要通过政府的认可设立或者由国家强制设立，在设立时就已经处于政府的监控之下①，因此，为了自治目标而成立的劳方或资方团体应当是一个私法上的团体。该团体应当为私人自愿的联合。自治的团体无论如何不能将自己建立在强迫他人意志的基础上。换言之，“团体自治”的前提是在法治国的框架下，以尊重“个人意思自由”为起点而成立组织。

2. 准入实质条件

德国没有专门的协会法，关于协会的具体框架是在《德国民法典》中加以规定的。在该部分中，总的法律概念是社团，协会包含在其中。②

① 按照德国法的通说，通过国家强制设立的同业公会、工商联合会以及地方性有专门目的的协会都应该被排除在社团之外，因为它们并不是通过团体成员的自由决定而成立的私法组织。不过在德国法上也有一个例外——依据《手工业条例》(Handwerkordnung-HandwO) 第 54 条第 3 款第 1 项，手工业同业公会依法可以具有团体协约主体资格。这是德国法在实践中的例外。Wilhelm Dütz. Arbeitsrecht，5. Auflage 1999，C. H. Beck，Rn. 459.

② 郑春荣. 论德国对经济界协会与商会的监督//吴敬琏，江平. 洪范评论：第 3 卷第 1 辑. 北京：中国政法大学出版社，2006.

《德国民法典》的社团部分第 21 条至第 79 条包含关于社团的建立、结构和会员权利方面的规定，这些规定把社团分为营利性社团和非营利性社团，规定了非营利性社团需要通过在主管的地方法院登记而取得法人资格，而营利性社团需要由国家授权才能取得权利能力、获得法人资格。在协会内部管理方面，第 26 条规定协会必须有理事会（董事会）；第 27 条规定理事会必须由全体会员大会民主选举任命；第 32 条规定作出决议需要全体会员大会多数票通过；第 33 条规定修改协会章程需要四分之三多数票通过，修改协会宗旨需要全体会员同意；第 37 条保护的是少数派，因为十分之一的会员就可以要求召开全体会员大会。《德国民法典》也只是提出了关于协会的最低要求，协会在契约自由的框架内也有自己的活动余地。①

对于作为非营利性社团的雇主组织来说，取得法人资格需要符合《德国民法典》第 56、57 条的规定，即：社员数至少达到 7 名，社团的章程必须包含宗旨、名称和社团的所在地，并应予登记。《德国民法典》第 58 条还具体规定了章程需要包含的内容，如社员的入社与退社，社员应否以及应缴纳何种社员费，理事会的选任，召集全体会员大会的条件、方法以及决议的备案等；第 59 条则规定了由理事会申报社团的登记事宜，申报需要附章程的正副本、理事会选任的文书副本，另外还需至少 7 名协会成员的签名以及章程设立的日期。在地方法院登记后，协会被冠以“已登记社团”（e. V.）的附注。因此，《德国民法典》给予协会的是注册协会的形式至少需要有 7 个志同道合者、一个必须包含协会宗旨的章程以及法定必备内容，就可以在地方法院注册。②

注册的协会与未注册的协会的区别在于法律责任：未注册的协会承担法律责任的财产不局限于协会的财产，还包括协会中的行为人的私有财产，相反，注册协会的理事会并不以他们的私有财产为协会可能产生的债务承担责任，这就是说，协会一经注册就由“自然人”成为了“法人”。德国协会的法律形式绝大多数都是注册协会，也有个别例外，例如政党和工会等。③ 但雇主组织一般是《德国民法典》第 21 条意义上的注册社团，以其财产承担法律责任。

---

①③ 郑春荣. 德国商会与协会辨析. 德国研究，2000（11）.

② BGB §§ 21 - 79.

3. 雇主团体的法律能力

（1）诉讼能力：1919年《德国民法典》废除了第61条第2款（当局对社团成立有监控权力）后，工会仍然没有登记取得权利能力。[①] 但后来的立法者以及司法判例对工会的法律地位作出了规定。德国《劳动法院法》[②]（Arbeitsgerichtsgesetz-ArbGG）弥补了工会诉讼能力上的缺陷，于第10条规定，工会、雇主联合会及其联盟，在劳动法院领域具有完全的当事人能力。

（2）团体协约能力：德国《团体协约法》第2条第1款规定，团体协约的当事人为工会、单个雇主以及雇主组织。按照该条的规定，有能力签订团体协约的在劳方只能是工会，在资方可以是雇主或雇主组织。劳方或资方的其他组织都不具备签订团体协约的能力（Tarifähigkeit）。如下图[③]所示。

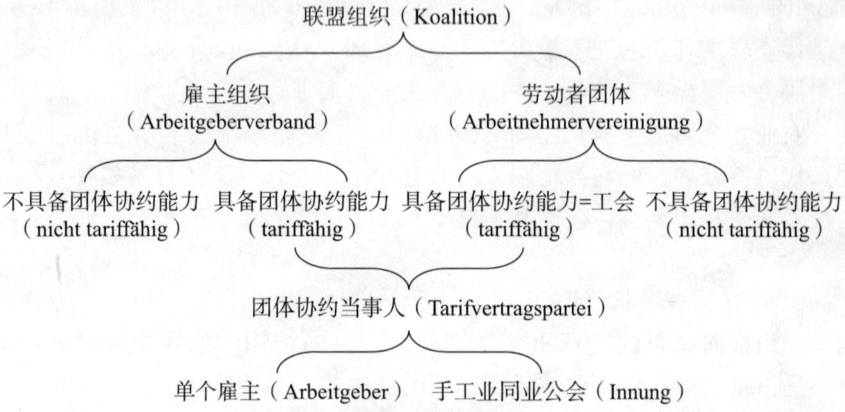

图2-2 德国团体协约能力示意图

① 对此，梅迪库斯分析说：工会采取了很多技术性手段，如设立有权利能力的资和公司或者将财产转托给一个可靠的自然人受托人，基本能够弥补无权利能力的法律缺陷，因而工会在旧法废除后不屑于经登记取得权利能力。梅迪库斯. 德国民法总论. 邵建东，译. 北京：法律出版社，2000：857.

② 邵建东教授翻译的梅迪库斯《德国民法总论》中将Arbeitsgerichtsgesetz翻译为《劳动诉讼法》，可能出于该法规范了劳资纠纷法律程序的考虑，但本书作者认为，如果按照字面将该法翻译为《劳动法院法》，在汉语文法和理解上都不存在问题。更改字面表达的翻译往往使阅读译稿的人难以按图索骥查找原文，因此，本书翻译为《劳动法院法》，即邵建东教授所译的《劳动诉讼法》。

③ Hromadka Maschmann. Arbeitsrecht Band 2，Springer 2000，S. 14.

（二）德国雇主协会的组织结构特点

1. 层峰组织（Peak Organization）

德国雇主组织的第一大特点是它拥有层峰组织结构。所谓层峰组织，在字面上描述的是从基层往上逐级传导利益并以实体化机构落实层级的组织结构中，作为层峰组织结构中的顶层机构，由于拥有强大的协会网络，保证处于底端的意愿和声音能够逐层向上传递，同时为政策的下达和落实提供支撑，也为这些组织整合基层利益、参与政府决策提供了坚实的体系保障。然而，在顶层机构之外的其他层峰组织的会员，即一般性的雇主组织，往往以集体谈判为主要职能。

根据德国《基本法》第19条第3款结合第9条第1款，有法人资格的利益团体就有权组成“协会的联合会”。德国联邦雇主协会联合总会（Bundesvereinigung der Deutschen Arbeitgeberverbände，以下简称BDA）就是代表雇主利益的处于最尖端的组织。BDA从1949年建立的联邦德国雇主协会发展而来，涉及全德国所有工业、商业、手工业、银行、保险事业、农业和交通运输等行业和经济部门。它是德国工会联合会的社会伙伴，代表资方利益。它与德国工会联合会一样，自己不签订劳资协议，而是代表雇主总体利益，提出基本框架和要求。

2. 组成和结构

BDA在这一伞状（Peak Organization）结构的顶端（apex），这个结构呈现出横向和纵向的双重交叉结构。在纵向结构中的雇主协会或联合会，是由单个或相似产业或经济部门的雇主或雇主协会组成的，它们处于纵向结构的不同层级中。如金属产业的雇主可以加入某地区金属工业雇主协会，各地区的金属工业雇主协会在联邦层面组成全国性的金属工业协会的雇主联合会。

在横向结构上，组织原则是地理性而非功能性或产业性的。在某一特定地区（通常是一个州）的所有类型的雇主协会属于某个地区或州联合会。这些联合会也是联邦雇主协会联合总会的成员，这些联合会本身就具有自己的纵向组织结构，见图2-3。

3. 雇主组织的会员

BDA的会员不仅包括工业领域的雇主协会，也包括银行、保险、交通、商业、手工业以及农业的雇主协会。尽管没有官方的数据，但可靠数据表明BDA为德国60%到80%的企业发声。

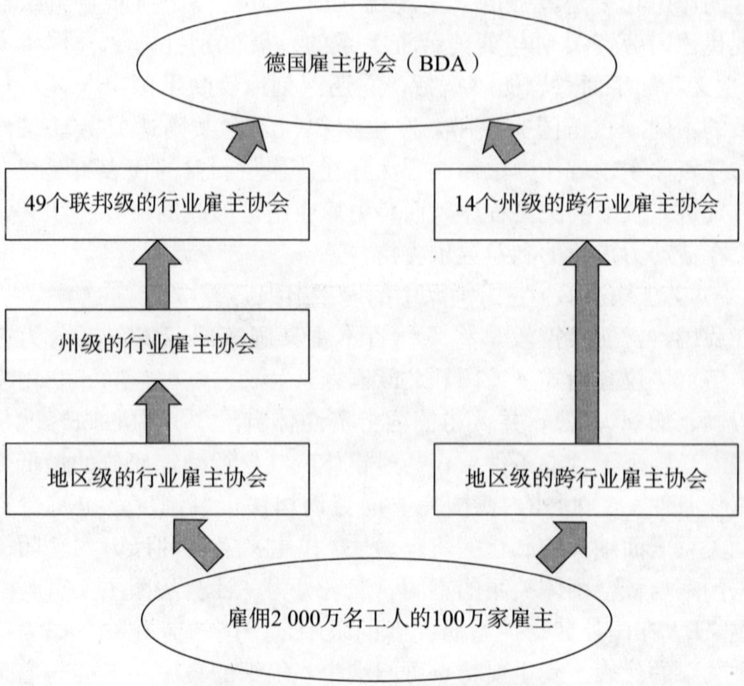

图 2－3　德国雇主协会组织结构图

BDA的会员包括14个跨行业的雇主协会和49个行业、商业、金融服务、交通、手工业、服务和农业领域的雇主。大约有100万家雇主拥有2 000万名工人，直接或间接地通过他们的代表机构与BDA联系。① 具体有多少雇主加入雇主协会，准确数据难以获得，但可以估计的是雇主入会比例比劳工入会比例高得多，制造业、银行业、保险业的入会率约为80%，工业部门的比例还要高一些，例如化学工业的入会比例高达100%。②

四、雇主组织履行职能的法律保障机制

与其他工业化国家不同，现代德国并未建立有法律依据的、固定模式的三方协商机制。颇具研究意义的是，在所有的工业化国家中德国的雇主

① 德国雇主协会总会网站．[2017－06－02]．http://www.arbeitgeber.de.

② 张丽琴．欧洲集体谈判研究．北京：中国政法大学出版社，2016：131.

组织起的作用几乎是最强的，呈现出“弱三方协商—强雇主组织”的特征。现代德国劳资关系与英美劳资关系的发展区别并非“合作主义”与“多元主义”的字面意思能够概括，它还深刻地反映了国家与社会权力分配体系的不同。在德国宪法中，雇主组织与工会共同达成劳动条件的协议，在劳资关系领域作为法律渊源而存在。雇主利益的代表不是以政党政治的方式进入政治的决策程序，而是由雇主结盟形成的层峰组织——BDA为雇主在劳动力市场的利益寻求支持。

（一）劳、资、政[①]三方关系中的雇主组织

在我国，常凯教授较早将发达资本主义国家的劳资关系分为三种模式——劳资协议自治式（德国和北欧国家）、家族式（日本）、自由多元模式（美国、加拿大等），并认为德国劳资团体自治“其中心内容就是劳资双方在不受国家干预的条件下，通过集体谈判自行确定雇员的最低劳动报酬和工作条件”[②]。此外，德国完善的劳动司法审判制度，也将劳资协议和劳动关系全面纳入法制化的轨道。[③] 合作主义又被翻译为“法团主义”，且根据国家与社会团体关系的不同，又区分为“社会法团主义”与“国家法团主义”。在国外劳动关系研究者的眼中，德国的劳资关系作为“社会法团主义”的代表，其主要特点可归纳为：组织的集中；工会与雇主组织之间力量（和权利）的平衡；法团主义；不受国家干预；法院制度。[④] 可见，所谓“社会法团主义”强调劳方与资方的紧密合作，从而在法律的框架下实现自治。从“国家—社会”的视角观察，无论是“合作主义”还是“多元主义”，均是“以社团形式组织起来的民间社会的利益同国家的决策结构联系起来的制度安排”[⑤]。雇主组织在劳、资、政三方关系中的地位、职能是本书关注的重点。

---

① 这里的“政”实际上为“国家”的简称，包括国家的立法、行政以及司法等所有机构，并非仅指行政机关。

②③ 常凯. 劳动关系·劳动者·劳权——当代中国的劳动问题. 北京：中国劳动出版社，1995：531.

④ 约里斯·范·鲁塞弗尔达特，耶勒·菲瑟. 欧洲劳资关系——传统与转变. 北京：世界知识出版社，2000：152.

⑤ Philippe C. Schmitter. Still the Century of Corporatism?. The Review of Politics. Vol. 36，No. 1，1974，pp. 86，93－94.

(二) 主要职能及保障机制

在合作主义模式下，德国雇主组织在劳、资、政三方关系中履行下列主要职能。

1. 宏观层面：BDA 代表雇主利益对国家立法、决策施加影响

(1) 雇主组织对国家立法、决策施加影响的法律依据。

在德国，劳、资、政三方协商机制并无专门性的法律保障。但是雇主组织在立法层面对国家立法、决策施加影响有明确制度性保障，其基本法律依据主要为《联邦议院议事规则》、《联邦各部议事规程》以及相关法规。在与国家的关系中，BDA 宏观上起到作为利益团体（Interessengruppen）的作用，对国家立法与决策施加各种精神的、物质的影响，而不准备通过接受政府责任而直接参与政治进程。① 尽管“联合会、协会、团体”（Verband）和“利益团体”这两个词在德国《基本法》中没有出现过，但《基本法》第 9 条中“社团”（Verein）、“协会”（Gesellschaft）和“联合会”（Vereinigung）的表述，在实质上代表了德国社会对“劳资团体自治”的认可，即德国社会清楚认识到多元主义政党政治中政党过度竞争或竞争不完善的弊端，希望通过强化社会团体的组织力量对政治立法、决策提出建议、批评。

根据德国《基本法》的规定，在德国联邦层面有权提出法律草案的机构包括联邦机构、联邦议院与联邦参议院。法律草案的通过与我国的一样要经过“三读”，即在联邦议院全体大会上三次审议表决。联邦议院提出的法律草案由专门委员会（Ausschuß）负责起草，专门委员会的设置与政府各部设置大致对等。《联邦议院议事规则》《联邦各部议事规程》规定，专门委员会在起草法律草案时可以听取利益代表方的意见。《联邦议院议事规则》附件 2 规范了利益代表协会的登记程序，即协会作为利益团体必须进入联邦议院每年公布的利益代表公开目录中。专门委员会只能在该目录名单中选取利益代表方征询意见。代表企业的四个最高联合会，即德国工业联邦联合会（BDI）、BDA、德国工商大会（DIHT）和德国中小企业联合总会（ZDH），都通过登记进入该名单。BDA 主要代表的利益范围是德国企业在劳动力市场上的利益。通过以利益团体的身份参与立法程序，BDA 与国家机构建立起了体制化的联系渠道。

---

① 顾俊礼. 德国的利益集团. 德国研究，2000 (2).

《联邦议院议事规则》第70条 公开听证会

(1) 为获取咨询对象的信息，专门委员会可以公开征询专家、利益代表团体以及其他被询问个人的意见。……

《联邦议院议事规则》附件二 协会与利益代表人的登记

(1) 联邦议院主席主管协会名单公开目录的注册事项，协会是指在联邦议院以及联邦政府代表相关利益人的协会；

(2) 只有在本名单中注册的利益代表人并且完成以下事项才能参加利益代表人的听证：

协会名称与住址

董事会及高级管理层组成

协会的利益范围

成员数量

代表处的名称以及在联邦议院与联邦政府的办事处的地址

……

(3) 列入利益代表人协会名单并不意味着协会对参加公众听证会有法定请求权；

(4) 本目录名单每年在联邦议院公报中由议院主席公布。

《联邦各部议事规程》第47条

(1) 政府各部在起草法令时，草案应尽早递交给地区协会的层峰组织。

……

(2) 如联邦部委就草案举行口头听证会，地区协会的层峰组织有权利先于国家层面的层峰组织发表意见。

(2) 雇主组织参与立法、决策的主要方式。

第一，雇主组织参与立法的主要方式。

由于联邦政治机构相关法律并未限定雇主组织参与协商的方式，因而雇主组织在立法中的协商以实用主义为原则，不拘泥于形式，目标是工会与雇主组织等利益相关团体充分参与立法的探讨。在联邦德国成立早期，甚至有完全由工会与雇主组织拟定法律草案后交议会通过的情况。

雇主组织参与立法的主要方式有以下几种。

1) 政府部门先制定出法律草案初稿，后根据与社会团体的沟通进行修改。如1970年代中期，德国联邦议院拟制定规范企业委员会实施产业民主的《职工参与决定法》时，激起全国性大辩论。经雇主联合会和工会的协商与广泛、深入的对话，该法于1976年顺利颁行。

2）社会团体一方先向政府提出法律意向，政府再和另一方社会团体协调意见，最终形成法律草案报送联邦议院。

3）联邦政府将法律草案完全交给劳资团体双方协商起草。1969年出台的《解雇保护法》（Kuendigungschutzgesetz）就是典型的例子：当时联邦政府将《解雇保护法》的立法内容完全交由BDA与德国工会联合会两家团体协商确定，这份经双方协商确定的法律草案几乎原封不动交联邦议院讨论通过。①

第二，雇主组织参与国家决策的主要方式。

BDA影响政府决策的手段，包括正面建议和咨询、直接游说和间接游说、抗议和诉讼。其施加政治影响的重点对象是议会、政府和政党。BDA与联邦议员在联邦议院接待室见面并恳谈是法律保障的基本途径。BDA与各行政部门有经常的、法定的日常接触，主要接触对象首先是各部的专业报告人，其次是有关的部长。而BDA的高层在政府制定有关经济与劳资问题的重要决策时，也有可能与联邦总理进行高层会谈，向联邦总理当面陈述自己的意见和主张。

在制订有关社会政治、劳动法律、培训政策与社会保障等相关法律与政策，保护雇主在财产权、共同参与权、职业培训等权益方面，BDA发挥了重要作用。例如，1996年1月科尔政府组织的《保障就业和投资环境联盟》就咨询了经济界的主要团体包括BDA；1998年11月施罗德政府为解决长期居高不下的失业问题而组成的三方“圆桌会议”中也包括了BDA以及德国工业联合会和德国工会联合会。② 联邦总理所倡议设立的“劳工教育和竞争力联盟”，以三方形式分专题小组对经济政策、劳动政策

① 对于《解雇保护法》的立法效果，学界、政界与劳工界有不同看法。有观点认为，由于该法律仅由劳资团体协商确定，而劳资团体又因为利益对立在大多数问题上难以达成一致，故立法没有实现应有的规范性，而是仅提出了一些简单的原则，后期解雇保护司法中的裁判难题大都由联邦劳动法院以判例的形式解决。董嘉骊. 德国的三方协商机制. 工会博览，2001（8）.

② 顾礼俊. 德国的利益集团. 德国研究，2000（1）.

和社会福利政策进行讨论，形成直接影响国家政策和立法的建议时，BDA与德国工会联合会分别代表资方与劳方参与讨论。

2. 中观层面：雇主组织与工会的“社会伙伴关系”

BDA对其会员来说，只是一个协调机构，为其会员提供劳工政策方面的建议，推动统一战线中雇主与工会的关系。对于雇主协会和联合会本身而言，需要BDA作为自身利益的代表。BDA的会员——许多产业雇主联合会或地区雇主联合会，在产业或地区层级举行集体谈判，并签订具有强制性效力的团体协约，从而塑造了德国工会与雇主组织间著称于世的“社会伙伴关系”。正如BDA自己的声明：

> 强有力的雇主协会确保《德国基本法》所载的社会伙伴关系取得成功，保障我国公平的工作条件。具体而言，社会伙伴关系在现代和灵活的集体协议部署中的表现为，劳动立法可适用性和致力于参与社会自治。①

(1)“社会伙伴关系”的宪法与法律保障。

在德国《基本法》的框架中，劳资团体自治的核心是劳资双方谈判、签订团体协约。围绕着团体协约签订产生的前期问题如团体成立及组织方式、团体谈判的程序以及后期可能发生的劳工斗争等，都属于劳资团体自治法律应当解决的问题。

在《团体协约法》中立法者并没有确定团体协约的规范权限，因而按照德国《基本法》的规定，只有“劳动与经济条件”属于团体协约的规范权限。这一规定在字面上表达了两重意思：第一，不能限制团体协约当事人对劳动和经济条件规范的权利；第二，该范围不能被逾越，即超过“劳动和经济条件”，如政治问题、私人生活领域问题等，当然属于劳资团体自治绝对禁止规范的领域。然而关于“劳动与经济条件”的范围如何；“劳动条件”尚可理解，团体协约是否可以约定“经济条件”、经济条件与劳动条件是否相关、或者是劳动条件的反面②，迄今在学说上与司法中仍有争议。德国《基本法》第14条规定的雇主营业自由权与第9条第3款规定的劳资团体自治制度之间存在的直接冲突，需要宪法法院加以明确，但一般认为劳方利用劳工斗争的手段干涉雇主进行某一特定的投资活动或

① http://www.arbeitgeber.de，最后访问日期：2017-04-13。

② Hromadka Maschmann. Arbeitsrecht Band 2，Springer 2000，S. 81.

者阻止雇主合理地调整生产计划是违法的。①

（2）“社会伙伴关系”的双重内涵。

在研究工业关系的学者看来，“社会伙伴关系”侧重于正式规则的劳资博弈，特别指多雇主产业层面的集体谈判的德国模式的类型。例如，托纳（Turner）把“社会伙伴关系”称为“有组织性的强大雇主（在雇主组织中）和雇员（在工会和工作委员会中）之间谈判关系的联系……从全面的集体谈判和工厂层面的协调，到职业培训和联邦、州和地方政府关于政策的讨论”②。在这一定义中，显然学者将雇主组织与工会的“社会伙伴关系”提升到了对整个国家与社会产生影响的高度。不过，本书在引用“社会伙伴关系”时，希望强调的并非雇主组织在“职业培训和联邦、州和地方政府关于政策的讨论”，而是雇主组织与工会的关系、雇主组织在集体谈判中的主要作用。

在工业关系的制度性研究领域，不能期望正式规则对劳资关系的规范能够一劳永逸地解决劳资关系领域的所有问题。相反，这些规则以“制度复杂性”（Institutional Complexity）为标志。③ 由于资本—劳动的冲突属性，遵守正式的制度化规则仅是一方面，更重要的是劳资双方寻求平衡的妥协。因而，在工业关系这个领域内，平衡制度复杂性的一种方法是形成集体行动者，他们能够寻求在具有相互冲突和互补的目标的竞争团体的情况下，平衡好分配性谈判和共同解决问题。在这个前提下，“社会伙伴关系”的重点在于社会伙伴关系框架允许雇主组织与工会进行有效的互动，并向其成员证明集体谈判结果的正当性，从而可期待制度的稳定。④

---

① Thomas Dietrich. Unternehmernfreiheit und Arbeitsrecht im Sozialstaat，AuR 2007，S. 69.

② Turner，L.. Fighting for Partnership：Labor and Politics in Unified Germany. Ithaca，NY：Cornell University Press，1998，p. 2.

③ Greenwood，R.，Raynard，M.，Kodeih，F.，Micelotta，E. R. and Lounsbury，M.. Institutional Complexity and Organizational Responses. Academy of Management Annals. 5 (1)，2011，pp. 317－371.

④ Behrens，M.，Helfen，M.. The Foundations of Social Partnership. British Journal of Industrial Relations，54 (2)，2016，pp. 334－357.

（3）“社会伙伴关系”下的集体谈判。

德国工会与雇主组织的“社会伙伴关系”为产业性的集体谈判奠定了良好基础。自1953年《团体协约法》颁布以来，除少数公务员和自由职业者以外，几乎全部工人、大多数职员的工资、薪金是由工会与雇主组织通过每年的集体谈判以团体协约的方式确定的。

尽管BDA并不参与谈判，但其对集体谈判过程的协调、指导为集体谈判的关键性因素，起到了重要作用。例如，20世纪50年代德国劳资双方工资集体谈判的理论基础是“劳动生产率主导型”的工资政策，核心是将名义工资的增长与国民经济劳动生产率的提高挂钩，并且工资的增长低于劳动生产率的增长。①

德国雇主组织在学徒培训方面起了非常重要的作用，这与雇主组织和工会在“社会伙伴关系”下的集体谈判有密切关联。雇主组织与工会、政府经常就某一工业或职业的培训与资质设定标准或程序展开谈判，其他行业协会/组织（如德国工商大会）或者一些公有部门的类似机构探讨细节以保证培训的真正实施。在这种安排下，广泛的职业技能培训执行得非常好，从而使企业切实体会到多雇主联合的好处，从而更愿意加入雇主组织。②

（4）“社会伙伴关系”在德国面临的压力与发展。

自20世纪90年代以来，随着全球化的不断深入以及资本主义国家经济的恶化，“社会伙伴关系”也陷入危机。总结起来它面临着三方面的压力：第一是在社会层面，工会的入会率逐年下降，从曾经1952年的42.9%一路狂跌，到2018年公布的入会率只有16.5%③；团体协约覆盖面越来越低，能够约束的雇主数量越来越少，覆盖的雇员数量也越来越

① 之后德国工资政策根据经济形式有调整，如1960年代后期联邦德国宏观经济发展鉴定委员会提出了“成本水平不变的工资政策”，以保证雇员的名义工资的增长率与国民经济劳动生产率的提高和预测的物价上涨率相适应。张丽琴．欧洲集体谈判研究．北京：中国政法大学出版社，2016：132.

② J. Beson，Y. Zhu，H. Gospel. Employers' Associations in Asia：Employer Collective Action. Routledge，2017，p. 25.

③ 数据来源：经合组织官网，http：//stats. oecd. org/Index. aspx? Data Set Code=TUD.

少，因而愿意参与集体谈判的雇主协会越来越少。① 第二是在立法层面，劳动法领域的“解除管制”早已成为政府和学界热议的话题，并且在德国已经开始有劳资团体自治对个体劳动关系“解除管制”的迹象。第三是在学理层面，德国法学界关于劳资团体自治侵害“个人自由”、侵害“企业自主”、加大劳动成本等等指责不绝于耳。② 在国内，对德国劳动法的研究也经常披露德国的劳资关系与用工制度的僵化，强调德国劳动法正在走向解除规制③，似乎以劳资团体自治及劳工参与合作为核心的德国模式已经走到尽头。

2015年，德国柏林自由大学学者马库斯·赫尔芬（Markus Helfen）对142家德国雇主组织进行了调查研究，发现，组织特征（如成员密度）以及与工会交往的正面经历解释了为什么雇主组织会遵守“社会伙伴关系”的规范。结合对政治和组织制度的分析，该调查者发现，雇主对“社会伙伴关系”的正面评价，与它们在近期和工会进行集体谈判时相互作用方面的正向经历、对该组织活动领域更为广泛的定义以及双方长期的合作历史有关。较新的研究数据表明，作为德国资本主义的一个重要概念，“社会伙伴关系”在德国雇主协会阵营内的支持者似乎比通常假定的要多得多。由调研数据也可以看出，虽然社会伙伴关系已经在雇主阵营内成为有争议的参照系，但可以取代社会伙伴关系、作为占主导地位的规范的另一套思想并未出现。如果没有替代者，并且现有的多雇主谈判保留了雇主的集体利益代表的作用，那么“社会伙伴关系”就有很大的机会存在，至少在制造业的某些传统核心部门内，或者可能还在公共部门内部。④

---

① 德国联邦劳动与社会保障部的统计数据.［2016－01－25］. http://www.bmas.de/coremedia/generator/25382.

② 近年来，德国劳动法领域的讨论热点就是劳动法的所谓“去管制”(Deregulierung) 问题，在“去管制”问题上，劳动法专家大致可分为左中右三派，有学者坚决赞同劳动法的“去管制”，也有学者坚决反对“去管制”，一部分学者则尝试调和“去管制”与现存的劳动法制度间的矛盾。

③ 比较典型的是有学者批评德国僵化的劳资关系与用工制度，认为这种方式带来了较高的失业率、劳动力和资本流失。与此同时，这种报道还往往强调美国因在劳动法领域的弹性而保持了较低的失业率和较好的经济发展。可见，在分析中预设了强烈的新自由主义价值倾向。http://news.sohu.com/20080227/n255384916.shtml.

④ Behrens，M.，Helfen，M.. The Foundations of Social Partnership. *British Journal of Industrial Relations*，54 (2)，2016，pp. 334－357.

3. 微观层面：德国雇主组织的内部治理与介入微观劳动关系

（1）雇主利益异质化层面的多元化服务。

雇主组织并不仅仅是雇主利益集聚的产物，相反，雇主利益具有固有的异质性，雇主利益冲突也可能瓦解雇主的团结和集体行动。在这方面，德国雇主组织从一开始就具有天然的优势。大雇主由于在雇主组织中起主导作用，因而其脱离雇主组织寻求独立的团体协约的动力不强，雇主组织瓦解的可能性较其他国家的要小一些。了解雇主组织内部所包含利益的多样性，将使雇主组织通过采取一系列不同的激励措施进行重塑，以尽可能多地满足雇主寻求的多样化服务。根据施尔娃与施罗德（Silvia and Schroeder）的说法，德国的雇主组织官员已经学会通过提供选择性激励，例如法律服务、人事咨询、罢工保险和游说来吸引和留住各类雇主。①

为应对会员数量下降、组织力量减弱、财政来源减少的危机，德国部分雇主组织允许其成员在不被集体协议束缚的情况下加入组织，并提供信息、法律咨询等服务。其他组织成立了新的组织，专门服务这类不完全会员。近期，雇主组织内部的紧张情况有所缓解。②

（2）参与劳动争议司法程序。

在实践中，集体劳动争议调解程序开始于一方或双方的申请，或者谈判破裂时。调解机构由争议的雇主组织和工会的相同数量代表所组成，并选出一个主席。德国法严守宪法上的劳资团体自治模式，对于凡属于劳资团体应当自己决定的事项，国家法保持绝对的低调与克制。为了更好地处理双方的谈判僵局，双方在签订集体合同时一般会纳入一个程序性的争议解决条款，这个条款也会要求当事人在处理争议期间保持和平。只有双方当事人同意，才能将争议提交仲裁，仲裁裁决一旦作出就对双方当事人具有约束力。德国法上并不存在强制性的仲裁机制。在个别劳动争议案件的司法程序中，雇主组织可能通过选任荣誉法官制度进入争议解决机制。劳

---

① Silvia S. and Schroeder W.. Why are German Employers' Associations Declining? Arguments and Evidence. Comparative Political Studies 40 (12), 2007, pp. 1433 - 1459.

② 常凯，Fang Lee Cooke，Greg J. Bamber，Russell D. Lansbury，Nick Wailes，Chris F. Wright. 国际比较雇佣关系——国家规制与全球变革. 朱飞，孙兆阳，等译. 北京：中国劳动社会保障出版社，2016：183.

动法院荣誉法官由最高劳动行政部门依据劳资团体双方提供的推荐名单决定，雇主组织能够通过这种方式将雇主较为信任的专家推选进荣誉法官名单，使案件的裁判具有更高的社会公信力，而且有利于争议的友好、和平解决。

第四节　德国雇主组织协调劳动关系时的法律保障对我国的启示

一、“社会自治”的理念对我国处理劳资关系的启示

自 1978 年改革开放后，我国从总体性国家向“国家—社会”二元结构转型，开始出现了培育私人自治的土壤。特别是在 1986 年《民法通则》颁布之后，学术界对私人自治的探讨渐多，但对社会自治的重视程度还不高。虽然“社会法”已经进入了法学界的研究领域，但对社会法的研究大多集中于以公法手段干预私法领域以实现对弱者利益的保护，没有将社会自治作为社会法的重要内容。而社会自治的最主要特征就是辛茨海默（Sinzheimer）所说的“社会团体通过自我立法实现自我管理”。德国的劳资团体自治，就非常有效地实现了自我立法与自我管理，从而成功地解决了劳资领域的社会问题。

如果把社会自治放在更深远的背景即市民社会与政治国家的理论模式中去理解可以得到对其内涵更深刻的阐述。市民社会理论在学理上的分野就渊源来说主要是两种理论模式①：第一种是洛克—康德式的“市民社会先于或外在于国家”的架构，强调市民社会对政治国家权力的警惕与限制。但由于过分强调市民社会外在于国家，该种理论模式在某种意义上否定了国家及其建制对于市民社会的意义。这种无政府主义的导向，容易构成对市民社会本身的破坏。19 世纪末、20 世纪初西方社会两极分化、贫富悬殊、劳动者与企业主对立、生产者与消费者对立等严重社会问题，最终证明了近代自由主义理论的先在缺陷。因此，国家开始了对私人自治的大规模干预，“市民社会”绝不可能通过发展而取代政治国家。因此，原

---

① 邓正来. 国家与市民社会——一种社会理论的研究路径. 北京：中央编译出版社，1999：77-98.

初的私人自治不可能通过自治实现对政治国家的参与和对扩张的公权力的制衡。历史也证明了政治国家权力的不断膨胀性。另外一种则是黑格尔的“国家高于市民社会”的架构，强调国家对市民社会的渗透或统合的政治性。20世纪一系列集权国家的出现导致本国市民社会被完全湮没，即使是在所谓的“宪政民主”国家，国家权力也大大膨胀。正是在这种背景下，市民社会与政治国家的紧张关系不断凸显。表面上看，市民社会的观念所对应的现实是一个不受国家干预而独立存在的私人自治领域，实际上，这一观念背后却包含着人们试图克服市场社会的内在矛盾——公与私之间的深刻对立——的理论企图。如何解决这一矛盾是市民社会理论的核心问题。无论不同时代的不同思想家对市民社会作如何的理解，他们实质上都是为了表达对这一内在矛盾的关切并试图提供解决的理论途径。[①] 这一哲学命题在法学上的深刻反映，就是“私人自治”和“国家强制”之间的矛盾。这也是我们理解社会自治产生的重要理论背景。

在这个背景下就很容易理解社会自治（主要是劳资团体自治）对于社会法的重要意义。正是由于公与私之间存在深刻的对立，幻想仅通过私人自治或国家强制力的干预化解社会问题，基本上是“不可能完成之任务”。对我国劳资关系政策有启示意义的是，如何在保证执政党和政府对劳动关系的有效干预与管控的同时，运用法律制度培育雇主组织这类社会团体，在一定程度上勾连“公”与“私”，从而实现紧靠政府管控劳资关系不能实现的目标。

二、强大的雇主组织与和谐劳动关系的关联

在德国模式中，雇主组织享有的特殊地位是通过自下而上的竞争性过程形成的而非国家指定的。虽关于竞争性社团的设立在国家法中并无禁止性规定，但已形成的社团力量强大，已获得国家支持或承认，从而拥有丰厚的经济、政治和社会资本，新兴社团无法通过竞争撼动其垄断性或主宰性地位。这种模式又被称为“社会法团主义”[②]。与之相对，孕育国家法

① 陈晏清，王新生．市民社会观念的当代演变及其意义．南开学报（哲学社会科学版），2001（6）．

② 张长东，顾昕．从国家法团主义到社会法团主义——中国市场转型过程中国家与行业协会关系的演变．东岳论丛，2015（2）．

团主义的政治体制则具有集中化、威权主义的特征。① 中国雇主组织中的一元——工商联也具有法团主义社团的某种等级形式、非竞争性以及与国家有密切关系等特征，尽管中国的国家与社会关系并不完全符合“国家法团主义”的界定，但其与德国模式之间的区分还是明显的。

在德国强大的雇主组织与工会之间的“社会伙伴关系”及其法律保障机制能够保证双方合作，以解决劳资领域的绝大部分问题，国家协调劳动关系的压力并不大。在我国，不论是工商联还是企联，与政府之间的关系比德国的雇主组织与政府的关系要密切得多，但这并不影响政府扶持强大的雇主组织参与劳动关系协调。从我国现有的决策机制来看，我国同样作为人民团体的工会与工商联能在国家提供的参政议政平台以及三方机制下充分代表劳动者或企业的利益而进行良好的信息沟通与对话，国家在此基础上保留劳资政策的最后决定权，是符合我国国情的较优选择。

① Philippe C. Schmitter. Still the Century of Corporatism?. The Review of Politics. Vol. 36，No. 1，1974，pp. 85－131.

法律科学文库

第三章　多元主义模式下英美雇主组织的法律保障机制及其启示

第一节　英国雇主组织的发展及其法律保障机制

一、集体谈判兴盛期英国雇主组织的制度保障

19世纪70年代第二次工业革命后，英国逐渐被德国、美国等国家后来居上，其工业霸权和海外市场均受到新兴国家的挑战。由于经济萧条，劳资矛盾加剧，促使政府对劳资关系领域的自由放任主义进行调整，实行多重干预。雇主面对劳资关系的变化，也开始调整自己的结社目标和策略。最终，劳、资、政三大主体的互动，奠定了英国雇主组织发展的路径。该时期确定的各项制度的合力运作为雇主组织的功能发挥提供了空间。

(一) 英国雇主组织转变的社会思想与影响

1. 多元主义理论的历史起点

尽管多元主义在劳动关系领域中的运用相对较晚，通常认为是 20 世纪中期的事情，但英国政治中的多元论在 20 世纪初已经产生了重要影响。多元论的主流观点认为，国家的主权传统上是被认定的，且以对大量半自治的团体和协会之权利的法律认可为条件。“多元的世界更像是一个联邦共和国而不是一个帝国或者一个王国”，多元主义理论更多地被用来理解国家的重要性：“公民属于国家，但是同时他们也属于其他团体。”在多元主义的视野下，国家的权威并没有超越形成公民集体最直接环境的团体和协会的权利，这些团体产生了社会关系的网络和维持个人身份和社会整合的联系，正如迪尔凯姆的名言所说，“只有在国家与个人之间插入一系列的次级团体，国家才能得到支持”。国家对传统的权利和自由是危险的，如霍布斯在《利维坦》中隐喻的，只有团体地位是维持个体自由和支持社会稳定的前提。

在引入英国多元主义的社会思潮时，有必要将它与德国同时期的“团体”思潮作些对比。英国多元主义思潮来源于英国的宪政民主传统，政治上的多元主义催生了其他领域多元主义的精细化，这也是后期劳动关系领域多元主义的思想起源。英国的政治体制决定了代议制民主的方式，可以限制少数人的狭隘要求，且能够避免多数人的暴政。多元主义中的利益集团采取集体行动，从而获取政治上的利益保证，使代表雇主组织与工会的利益团体作为“多元”中的“一元”，于社会的政治系统中，通过代议制民主维护自身利益。然而，德国法语境下的“团体”思潮，并没有预设宪政体制下以国家为裁判者或参与者的大背景，而是直接将“团体”作为分割国家权力的主体。换言之，多元主义的和谐格局是以尊重国家的立法权为前提的，而德国的“团体”意识认为团体的权力先于国家的，因而团体可以在某些治理权方面与国家平起平坐，这也为后来“多元主义”与“合作主义”、“法团主义”的分野奠定了基础。

2. 新自由主义：英国政府劳资政策的思想基础

英国社会从 19 世纪中期以来开始反思自由放任主义，转变政府干预劳资关系的手段、方式。而在该转变过程中新自由主义思潮发挥了积极的推动作用。一些知识分子目睹社会弊病与阶级冲突，发表了一些切中时弊的著作，激发了有社会责任感的学者质疑自由放任主义及功利主义观念，促进对自由放任主义的普遍反思，最终促成了“新自由主义”[①] 理论体系的形成。新自由主义的代表人物牛津大学的托马斯·格林对自由的性质以及国家的作用和功能作了新的诠释：一方面，他论证了国家干预的合理性；另一方面，他又强调必须保障个人自由的实现。[②] 新自由主义者认为，当前国家最关键的问题是消除贫困、缓和劳资双方激烈的冲突和矛盾、安定社会。到1911年，关于政府在劳资关系中的作用，普遍认为“劳资纠纷的处理和解决不能仅靠劳资双方，现在应该关注的，不应停留在政府是否应该更多地干预，而应细化到政府应当采取何种方式去干预”[③]。

随着新自由主义思想的发展，英国政府积极通过劳动立法对劳资关系进行调整和干预：在劳动安全卫生基准方面，先后分别于1891年、1895年、1901年颁布了三部《工厂法》，进行了详尽的规定；在工业伤害赔偿制度方面，1880年的《雇主责任法》明确规定了雇主应当承担工作场所的安全责任；之后随着1897年《工伤赔偿法》的施行，较为完善的工伤保障制度建立。

英国政府在劳资关系中对自己重新定位对其雇主组织的发展有长远的影响。当劳资冲突发生时，国家与政府在多大程度上应当介入劳资争议的解决，对应着雇主组织发展的空间。国家介入越多，雇主组织的作用越弱，对雇主结社的动力机制产生负面的影响越多。

---

① 19世纪70年代，英国经济危机严重，为适应新的政治要求，T. H. 格林首先提出了既坚持英国自由主义传统，又实施国家干预，充分发挥国家作用的新理论。19世纪90年代以后，英国自由党内外很多自称“集体主义者”的激进知识分子，主张建立平等、合作的新社会，要求国家在减少日益严重的失业和贫困现象方面发挥决定性作用。他们从格林的著作中寻找行动的理论依据，“新自由主义”成为他们所推崇的理论的代名词。此时的新自由主义事实上是New Liberalism，因为新自由主义对“自由”的解释与古典自由主义的相比有了显著的不同。他们提出自由应该是制度框架内的自由，而不是放任自流。20世纪70年代随着“福利国家”政策的破产，新自由主义（New Liberalism）的影响渐趋衰微。此时以哈耶克为首的朝圣山学社逐渐兴起，提出以恢复古典自由主义为主要内容的新古典自由主义（neo-liberalism），后被简称为新自由主义，而之前的New Liberalism被直接称为自由主义以示区别。

② 吴春华. 西方政治思想史. 天津：天津人民出版社，2005：355.

③ 郭婷婷. 论盛极而衰的英国劳资关系. 南京：南京大学，2011.

（二）英国雇主组织发展中的制度要素

1. 集体谈判：雇主组织与工会的合作

集体谈判一词最先在1891年被费边社领导人韦伯夫妇所使用，他们认为："直到最近，集体谈判跟仲裁和调解之间没有明显差别，哪些早期著作中所谓的仲裁或调解大多数同组织有序的集体谈判没什么两样。"① 现代英国劳动关系学家对这种观点颇为认同，艾伦·福克斯（Alan Fox）指出，"事实上这种形式（调解和仲裁）……成为大不列颠集体谈判的主要形式"。19世纪中叶之前，国家试图通过立法介入对劳资关系的调解和仲裁，但在自由放任主义盛行下的英国这并未得到推崇。

19世纪60年代，英国诺丁汉袜业集体谈判取得成果，成果之一是成立一个由雇主协会和工会各选出的六名代表组成的、以规范诺丁汉袜业劳资关系为己任的常务委员会。在该委员会成立的六年中，没有出现任何集体劳动冲突，该委员会成为劳资双方交换看法和意见的场所。这一引入"雇主组织与工会合作"的集体谈判机制的成功实践成为英国工业集体谈判的示范。1871年《工会法》的通过，使工会的法律地位得到确认与保护。1875年《雇主与工人法》将"主仆"关系重新界定为平等的"雇佣关系"，从而使工会与雇主对于集体谈判都产生了浓厚的兴趣。新模式下工会致力于集体谈判，而雇主结社的发展，在一定程度上均衡了劳资力量，使双方激烈对抗的成本增加，劳资双方解决冲突的需求促进了集体谈判的形成。对于雇主而言，通过结社参加集体谈判避免罢工影响生产秩序，此外，批量化的协议也省却了单独达成协议的成本，有利于提高生产效率。

1898年，英国工程业雇主组织和工会签订全国性集体协议，该协议承认工会在集体谈判中的作用，确定了集体谈判的内容，制定了避免争端的程序。这个协议成为英国劳动关系史上最著名的协议，也是英国集体谈判历史上涉及范围最广泛的协议。② 由此，英国集体谈判的两个等级逐渐形成：一是全国或区域、产业范围的多雇主谈判，分别是雇主联合会和国家级工会的谈判，涵盖特定产业或二级产业的雇员。二是企业水平的单个雇主与企业工会间的谈判。在20世纪末期，英国雇主组织开始走上劳资

---

① 刘金源．英国近代劳资关系研究．南京：南京大学出版社，2012：262.

② 刘彩凤．英国劳动关系的发展——工会、集体谈判与劳动争议处理．当代经济研究，2010（3）.

关系协调的舞台并逐渐发挥重要作用。

2. 国家介入集体劳资关系：自愿主义基础上之利益争议调解

与德国形成鲜明对比的是，英国政府对劳资冲突的介入自19世纪开始就相对主动与强势。在德国同时期，从未形成政府介入劳资冲突的正式渠道和制度，在劳资冲突的解决中有影响的是较为偏向雇主的帝国法院判决，而英国法官同时期的判例同样偏向雇主。但可以认为，在对劳资冲突的干预方面，英国《调解法》的影响为多元主义劳资关系埋下了种子，也为英国雇主组织的作用空间划定了范围。

当劳资谈判陷入僵局时，政府是否能直接干预、推动劳资双方的妥协与合作，是政府在集体劳动争议的解决中“该走多远”的重要问题。在19世纪后期劳资冲突激烈的社会背景下，英国政府为缓解劳资冲突，抛出了规定法定冷却期和合法约束性条件的强制仲裁方案，在全社会被广泛讨论。最终，强制性仲裁的做法因必将导致工厂主的抵制以及劳工与政府之间的对立而被否定，法律强调只有在劳资双方同意接受的情形下政府才能进行一定程度的干预，其定位只能是作为私人集体谈判体系的补充。基于上述认知，支持自愿主义的英国《调解法》于1896年出台。①

尽管法律赋予政府干预劳资冲突的权力并非前所未有，但是具有里程碑式的宣誓意义，即劳资关系不应被视为私人事件，而是国家关注的重要领域。正因为如此，并未规定强制调解的英国《调解法》，从一开始就遭到许多雇主及工会的反对。工会认为政府调解和仲裁的工资标准不考虑工人的利益，过分保护雇主的财产权；雇主却认为政府干预劳资关系是对私人企业权利的不正当侵害；雇主联合会认为雇主有权对抗劳工运动，同时反对政府干预雇主的对抗。② 不过，雇主的反对没有改变政府的态度，1905年英国自由党接管政府后，劳资纠纷的解决力度有所加强。温斯顿·丘吉尔在上台后，推动了调解机构的建立。至此，政府干预重要的劳资冲突已成为英国社会的共识。

3. 集体协议的效力问题被排除出法律领域

在目前的中文资料，甚至大多数英文资料中，对于英国集体“君子协定”的来源都语焉不详，而同时期的德国却于1918年确认了团体协约的“强制性与债权性”法律效力。

---

①② 郭婷婷. 论盛极而衰的英国劳资关系. 南京：南京大学，2011.

在《工业仲裁法（西澳大利亚）》（1912—1935年）中，仲裁庭所作的裁决有司法效力，应当作为一个普遍适用的规则。在True v. Amalgamated Collieries of Western Australia，Limited，[1940] A.C.537一案中，Privy Council作出裁决，主张：

> 集体协议和工业裁决不受雇佣合同各方的合同约束。每一个合同，如果声称更改或取消集体协议和工业裁决的效力，应当在不影响其他条款的前提下视为该条款无效。每个工人都应当有权利被雇主根据集体协议或工业裁决支付报酬，即使有任何合同或虚假合同与集体协议相反，工人也可以要求恢复工资，但……为收回这一数额而采取的这一行动必须在诉讼起因发生之日起十二个月内开始，他才可以获得该数额。

英国著名的劳动法学家奥托·卡恩-费罗德（Otto. Kahn-Freund）[①]对英国法中集体协议不具有强制效力曾提出批判。他指出，雇佣合同中的工资条款应当被视为根据集体协议签订的条款，这是集体性工资和劳工运动共存的特点，其他一些在强者面前保护社会弱者的其他法律规则也具有该特征（如租房立法等）。英国法在认定集体协议的规范效力上的滞后，很快将导致法律状态无法令人满意的结果。究其原因，他分析到，这与普通法的保守性质有很大的关系。普通法在合同自由上的限制通常具有纯粹的禁令性质：仅要求不能实施某种行为，它禁止但不主张；它有兴趣防止一个令人讨厌的性质的契约关系，而非制定合同必须遵守的积极政策。[②]

英国集体协议缺乏规范效力，直接导致英国工会与雇主组织签订的集体协议的社会效果要弱于德国的，从而也影响了之后劳资双方结社的动

---

① 奥托·卡恩-费罗德教授本人的思想来源与德国劳动法有紧密的关系。作为德国犹太人，他曾在二战前魏玛共和国的劳动法庭担任法官，与被誉为德国劳动法之父的Hugo Sinzheimer教授有师生之谊。Hugo Sinzheimer教授在劳动关系及劳动法领域的学术观点对Kahn-Freund产生了重大的影响。自成为英国剑桥大学的劳动法教授后，他所推动的影响英国集体协议关系的理论，其思想来源、价值判断均来源于Sinzheimer。Ruth Dukes. Constitutionalizing Employment Relations：Sinzheimer，Kahn-Freund，and the Role of Labour Law. Journal of Law and Society. Volume 35，Issue 3，p.357.

② Kahn Freund. Collective Agreements. Modern Law Review. Vol.4，No.3，Jan.，1941，pp.225-228.

力。特别是在现代全球集体谈判式微以来，英国工会不能保持对雇主的社会压力，而签订的集体协议又没有强制性法律效力，导致雇主结社的动力也相应削弱，雇主组织大量解体。后文将讨论这一问题。

(三) 雇主组织的主要职能与社会影响

当集体谈判在英国成为重要的劳资关系协调工具后，雇主组织取得了长足的发展。据官方统计，在 1895 年有 335 个雇主组织，到 1898 年时增至 675 个，而到了 1914 年时已经增长到 1 498 个。[①] 英国雇主组织在从事集体谈判过程中，也注意通过参与政治影响立法。但是，在学徒培训与职业培训制度的建立中，雇主组织在一战前就很少发挥作用。[②]

二、现代英国雇主组织协调劳资关系之法律体系

(一) 现代英国集体协议与集体谈判中的制度因素

与德国相比，进入 20 世纪后英国劳资关系的变化较为曲折，而与此相应的社会思想也经历了一定的变化。20 世纪 50 年代之前，劳动力密集的传统制造业在英国经济中所占的比例较大，就业较为充分。1916 年，以惠特利为主席的劳动关系委员会通过调查，肯定了集体谈判在确定基本工资和工作条件，从而实现“工业自治”方面的核心地位。随后，英国许多行业与地区建立了由雇主组织和工会代表组成的联合劳资谈判委员会，称为“联合工业理事会 ”，甚至公共部门也建立起类似的联合谈判机构，称为“惠特利委员会”。从这一时期开始，直到 1950 年，这种基于产业或区域的多雇主集体谈判模式成为英国私营企业大部分雇员确定基本合同条款的主要方法，因而雇主组织在 50 年代中达到了组织的顶峰。[③]

好景不长，在 20 世纪 50 年代后，曾经兴盛的“工会—雇主组织”的谈判方式逐渐衰落，雇主结盟的动力机制被破坏，其结果是雇主组织空心化与去实体化，导致英国雇主组织在现代劳资关系协调中的影响急剧下

① 约里斯·范·鲁塞弗尔达特. 欧洲劳资关系——传统与转变. 北京：世界知识出版社，2000：25.

② J. Beson，Y. Zhu，H. Gospel. Employers' Associations in Asia：Employer Collective Action. Routledge，2017，pp. 25 - 28.

③ 刘彩凤. 英国劳动关系的发——工会、集体谈判与劳动争议处理. 当代经济研究，2010 (3).

跌。本书作者在研究中搜集到的多本英国劳动法与劳动关系著作中，发现对“雇主组织”的描述相对于对工会的阐述而言几乎可以忽略不计。无论就向雇主提供咨询建议来说，还是就集体谈判而言，雇主组织的重要性都急速下降。

1. 无法律效力的集体协议——“君子协定”说[①]

英国法是集体协议“君子协定”说的代表。作为集体协议的起源国，英国的法律对集体协商与集体协议机制的规范可以被视为大多数欧洲工业国的例外。[②] 实际上，英国法对集体协议“君子协定”的解读并不是其一贯的立场。二战之前，英国的集体协议还被认为是体现了当事人合同意图的协议。[③] 不过，英国的法律人士倾向于认为集体协议从未直接在法庭上强制实施，因而从未对集体协议本身开展过研究。1954 年，被誉为英国劳动法之父的 Otto. Kahn-Freund 教授发表了著名的《法律框架》(Legal Framework) 一文，使 20 世纪后半叶的英国集体劳动法的内容逐渐清晰。在该文中，Otto. Kahn-Freund 教授提出，英国法中集体协议缺乏法律支持来源于英国法律人缺乏创设集体谈判“法律关系”的意图（而“法律关系”概念本身就是大陆法系概念而不是英国概念），因此集体协议不具有合同的性质，不产生法律上的拘束力，只是具有道德约束力的君子协定 (Gentleman's Agreement)。[④] 这一阐述奠定了英国法将集体协议视为君子协定的理论基础，并且在 1969 年为一则著名判例[⑤]所采用后，成为英国集体协议法上最具影响的学说。

英国法不将集体协议的效力纳入法律规制的轨道，原因在于其对集体协议的履行采“自愿主义”(Voluntarism)。按照 Otto Kahn-Freund 的经典阐释，英国的自由放任主义由三个层面的含义构成：其一，劳动标准、

---

① 吴文芳. 从混沌到自治——中国集体合同效力的图景解说. 学术月刊，2014 (3).

② Simon Deakin. The Legal Framework of Employment Relations. Centre for Business Research. University of Cambridge Working Paper，No. 349.

③ Roy Lewis. Collective Agreements：The Kahn-Freund Legacy. The Modern Law Review. Vol. 42，No. 6，Nov.，1979，p. 613.

④ Otto Kahn Freund. Legal Framework//Allan Flanders and Hugh Clegg. The System of Industrial Relations in Britain. Oxford：Blackwell，1954，p. 45.

⑤ Ford Motor Co. Ltd. v. Amalgamated Union of Engineering and Foundry Workers [1969] 2 QB 303.

解雇保护等个别劳动关系的主要内容由集体谈判达成，国家法并不干预；其二，劳资双方通过集体谈判，达成集体协议，法律的目的是帮助各方达成和解而不是对当事人强加意志；其三，"自治优先原则"，即只有在当事人以自愿解决方式不能达成和解时，法律才能介入。①

基于"君子协定说"，英国法对集体协议之效力的态度是：(1) 集体协议要取得法律上的效力，必须经个体劳动合同援引，归入个人劳动合同才能取得合同法上可强制执行的法律效力；(2) 法律不能阻止单个雇员与他们的雇主签订不同于集体协议的条款，这直接导致集体协议完全可能被劳资双方抛弃；(3) 英国法通过豁免工会或个人组织罢工的侵权责任，保证了劳资双方在产业行动方面的自由。② 19 世纪至 20 世纪早期，英国工会通过劳资斗争，在集体行动中获取了相对于雇主组织更有优势的社会影响力，从而有助于具有道义责任的"君子协定"的实施，因此，集体协议虽不具有法律上的约束力，但通过扩大工会的实际影响力，集体协议仍能被劳资双方自觉执行。没有法律约束力的集体协议，其履行力度与劳资团体，特别是工会的社会实力紧密相关，而工会的社会实力又可以因外部环境如劳资关系的紧张与劳资斗争的加强规制而被削弱。

2. 新自由主义 (Neo-liberalism) 政策下集体谈判的衰落

(1) 劳动关系的变化。

20 世纪后期，信息技术革命引发了全球新经济的浪潮。传统劳动用工巨变，外包业务、非固定工作场所办公逐渐盛行，加之英国传统制造业在全球化发展中不断地外迁、衰落，传统的以制造业为基础的劳资关系协调面临困难与挑战，工会在组织集体谈判、劳资斗争过程中，组织化的难度不断加大。英国工会的罢工自由被大大削弱，由此而带来了集体谈判重心从产业不断向企业层面下移，集体协议覆盖面急剧收缩。

(2) 新自由主义的劳资政策。

自 20 世纪 70 年代后，新自由主义 (Neo-liberalism) 成为英国政府奉行的主要政策。在英国政府看来，工会的强制性权力被认为是不公平的法律特权，正如哈耶克所说，"只有收回 3/4 世纪以来的特权才能找到拯救英国的方法"。工会与劳工立法被认为是对雇主和雇员的市场关系的扭曲，

① Otto Kahn Freund. Labor and the Law. 3rd edn.. Stevens & Sons, p. 15.

② Simon Deakin. The Legal Framework of Employment Relations, No. 376.

为了使自由市场发挥作用，国家必须退出交易、放松管制、削弱工会的权力。[①] 立法很快反映出价值观的转变，皇家委员会推动英国政府于1972年出台了《劳动关系实施规则》，加剧了集体谈判向单雇主谈判模式的转换。在1990年的《雇佣法》(Employment Acts)、1984年的《工会法》(Trade Union Act 1984)、1993年的《工会改革与雇佣权利法》(Trade Union Reform and Employment Rights Act 1993) 以及1992年的《工会与劳工关系巩固法案》[Trade Union and Labour Relations (Consolidation) Act 1992] 等法律中，英国政府将豁免工会或个人组织罢工的法律责任的范围逐渐限缩，例如1980年代撒切尔政府引入立法要求所有罢工必须在举行前实施投票表决，从而强制性地将罢工延迟到投票表决之时，并且取消了一些被排除于传统的劳资关系之外的责任豁免情形，削弱了劳资团体自由施加社会制裁的关键因素，而这些关键因素正是所谓“自愿”体系的基石。

3. 雇主组织衰落的内部动因

从20世纪50年代开始，英国集体谈判的重心不断下移。1980年代是一个分水岭，企业层面的集体谈判覆盖雇员数已明显高于雇主组织代表的多雇主集体谈判的覆盖雇员数。1989年行业工会与雇主组织的集体谈判失败，自此雇主组织代表多雇主谈判的机制逐渐被基于企业水平的集体谈判取代。根据调查，1984—1990年间，企业中参加雇主组织的人数占比从22%下降到13%；在1990—1998年的调查中，会员人数占比又有下降。到1998年，在工作场所劳资调查 (the Workplace Industrial Relations Survey) 中，只有8%的受访者认为雇主组织代表其会员利益与工会进行谈判。[②]

雇主利益具有固有的异质性，这种利益冲突可能瓦解雇主的团结和集体行动。与德国的情况不同，英国的雇主组织在处理雇主组织的内部冲突方面成效甚微，并没有像德国雇主组织一样处理好劳动力市场上的竞争事项，从而导致竞争影响了集体谈判方面的合作。此外，在英国雇主组织中，大雇主并没有发挥主导作用，因而一旦利益冲突发生，大雇主反而更不愿意受到雇主组织约束，而是希望在工资、工业条件与工作方式等方面拥有更大的自主权。

---

① 史蒂芬·哈迪. 英国劳动法与劳资关系. 陈融，译. 北京：商务印书馆，2012：49.

② 同①308.

（二）现代英国雇主组织的法律主体地位

1. 英国雇主组织的主要特点

多元主义是一种复杂的理论综合体，其定位至少包括三个维度——权力配置状态、经验民主理论与政策制定过程、国家与社会关系，其背后的思想根源是公民社会与国家相分离，民间组织为公民提供自由选择的机会，并对政府进行监督，最终引导社会走向规范的多元民主。多元主义思想家赞成多社团共存的局面，他们将社团看成是所有多元社会的一个有机组成部分。① 在这种理念的影响下，英国的雇主组织呈现出明显的多元主义特征，主要体现为以下几个方面。②

第一，雇主组织的成立以工商业企业自主自愿的联合为基础，雇主组织为私人社团性质的民间性组织，大部分是非营利性法人，而小规模的雇主协会又以非法人化的任意团体居多。

第二，组织内部完全自治，政府对雇主组织的内部事务不进行干涉。

第三，雇主组织的经费来源为入会企业所缴纳的会费或收入所得，此外还包括办理国家委托承办的事项所收取的委托费或事业费。

第四，雇主组织没有层峰组织，组织与入会企业之间纯粹是劳动力市场上的服务与被服务、代表与被代表的授权服务关系。

第五，国家对雇主组织的规制强于对普通社团的规制。

2. 英国雇主组织的代表性组织

英国主要的全国性雇主组织是英国工业联合会（the Confederation of Industry，CBI），成立于 1965 年，早期由当时的英国雇主联合会、英国工业联合会和英国工业协会合并而成。CBI 是拥有英国皇家宪章③（Royal Charter）的特许成立的非营利性会员制组织。CBI 的成员是跨越所有规模和行业的 19 万家企业，总共雇用了近 700 万名雇员，约占私营部门从业人员的三分之一。

---

① Nilsbet，Robert. Community Power. Oxford：Oxford University Press，1962.

② 肖海军. 商会法律制度研究. 北京：中国人民大学出版社，2010：127.

③ 皇家宪章是由英国皇室签发的正式文书，以保证某一个体、组织或公共机构在国家中拥有特定地位和权益，并规定其义务和责任，与相关法律条款一道保障有关机构的独立性和公正性。

（1）英国工业联合会的结构。①

CBI由9个地区委员会，苏格兰、威尔士和北爱尔兰的3个州委员会，以及9个基于主题的政策常务委员会，一个代表中小型企业的企业论坛和一个贸易协会理事会（代表行业协会成员）组成。如下图所示。

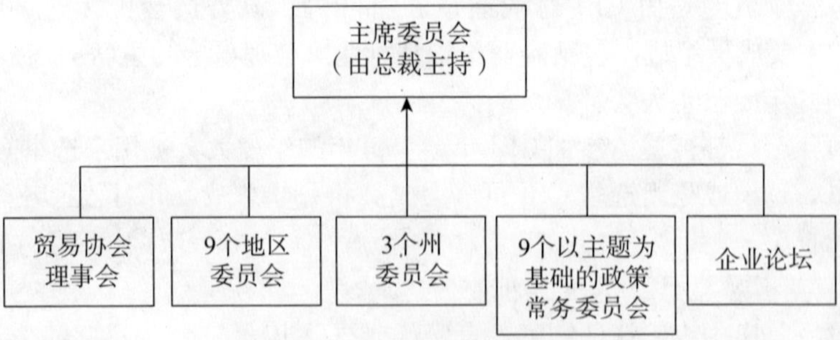

图3-1　英国工业联合会结构图

（2）CBI主席委员会（Chairs' Committee）确定政策立场。

CBI的政策立场是由主席委员会确定的，主席委员会的成员为各地区和州理事会，以及以主题为基础的政策常务委员会、企业论坛和贸易协会理事会。主席委员会每年举行四次会议，分别由各常务委员会和地区委员会组成。

主席委员会通过调研、组成工作组、开展1-2-1和圆桌会议等来确保代表CBI成员的观点。政策专家和专门的经理团队经常与成员保持联系，向它们提供优先事项的咨询。这是一个严格的、持续的进程，旨在实现强有力的成员授权。当然，对不同问题成员可能有不同的观点。CBI的重要作用是寻求共识，通过广泛的支持来为政府提供可行的解决方案。

（3）CBI董事会（CBI Board）负责有关业务活动的决策。

CBI的战略和财务决定由CBI董事会决定，由CBI总裁主持，其他四名非执行董事提供支持和指导。CBI董事会由审计委员会协助，由4名非执行董事中的3人担任主席。与公司治理最佳实践相一致，CBI董事会的非执行人员提供独立的判断和专业知识，并对董事会的执行人员构成建设性的挑战。

① 英国劳资联合会的官方网站.［2016-01-25］. www.cbi.org.uk.

CBI 的日常管理工作由总干事负责，由负责政策和竞选的副总干事、商业副总干事、办公厅主任和公司通信主任组成的执行委员会提供支持。

总裁委员会（the President's Committee）是 CBI 总裁的顾问机构。

总裁委员会是由 CBI 总裁邀请和召开的。该委员会由多达 80 个的 CBI 的主要成员组成，包括企业论坛和行业协会理事会的主席。

（4）年度股东大会。

每年会员都被邀请参加 CBI 年会。每年的年度大会被用来选举 CBI 的审计员，选举或重新选举 CBI 董事会成员和 CBI 总裁，并对各种各样的决议进行投票。

3. 英国雇主结社的准入机制

第一，雇主组织认证制度：自愿认证与退出。

英国 1992 年的《工会与劳工关系巩固法案》推出一项“工会与雇主组织认证制度”，工会和雇主组织被列入认证名录完全是出于自愿的。一个工会或雇主组织必须提出申请才会被列入认证名录，并缴纳法定费用。雇主组织因列入名录而获得的好处并不如工会因此获得的好处多，但二者都能够获得的一个共同好处是保护组织名称。

《工会与劳工关系巩固法案》第 122 条规定，英国的雇主组织“全部或主要由符合一项或多项特征的雇主或个体业主”组成。第 124 条则列举了认证官员（Certification Officer）对申请表中的组织章程、组织人员名单、办公地址等进行审查，决定是否同意录入登记名录。如果出现法案中规定的特殊情况，如组织名称相同等，则认证官员不予登记。①

已进入名录的雇主组织如果经过认证官员认证不是雇主组织，则可以退出；认证官员需要提前 28 天向该组织发送提示，自愿退出或由认证官员同意退出的除外。② 该法案 2004 年修正案的第 126 条提到，如果组织申请认证在名录中失败或者被认证官员要求退出名录的，组织可以向劳工上诉法庭对认证官员提起诉讼。

第二，雇主组织的法律地位。

英国的雇主组织的法律地位与工会的不同。没有经过上述特定注

---

① Trade Union and Labour Relations (Consolidation) Act 1992 第 122 条。

② Trade Union and Labour Relations (Consolidation) Act 1992 第 124 条。

册登记，也就是说没有列入名单的雇主组织，其法律主体地位必须是法人团体。但是经过特定注册登记的雇主组织可能是法人团体，也可能是非法人团体。如果它是非法人团体，那么它和工会一样拥有准法人地位。①

第三，对雇主组织的监管。

雇主组织是否无论被列入名录，必须遵守适当的监管机制。所有工会和雇主组织（不论列入名录与否）必须向文书管理官提交年度报告，该报告必须含有一定的最低限度的信息和账目。不以适当形式提交年度报告是一项刑事犯罪。认证官员有权调查工会和雇主组织的财务，其权力是由 1993 年《工会与劳工权利法》赋予的。②

三、“多元主义”模式下英国雇主组织的职能

在全球化的劳工关系发展背景下，市场和资本的全球化冲破了福利和劳动的画地为牢，劳动力商品化卷土重来，集中化的集体谈判在西方市场经济国家岌岌可危。如果说集体化的集体谈判在德国主要体现为从中央层级往产业层级退缩，则在英国可谓土崩瓦解，占主导地位的多雇主谈判体制完全转变为单一雇主谈判体制。雇主组织作为工会的对手，其职能与工会的命运紧密相连，而工会正在衰落，自然雇主组织在管理雇主应对罢工和协调停工方面的作用将减弱。从逻辑上说，雇主组织活动的焦点应当从主要协调雇主利益转变为代表独立雇主的利益。

（一）显著变化：集体谈判领域的功能集聚衰落

20 世纪 70 年代后，越来越多的英国雇主从产业级的集体谈判中退出，企业级集体谈判逐渐取得主导地位。成立于 1965 年的以检讨雇佣关系问题为任务的唐纳文皇家委员会主张企业层面的劳资协商应当制度化，以削弱全国性多雇主协商的影响，同时消除企业内集体协议不受规制所造成的混乱状态。雇主组织与工会接受这一建议，导致企业层面的集体协商得到大力支持；加之英国法律不认可集体协议的强制性效力，不能阻

① 史蒂芬·哈迪. 英国劳动法与劳资关系. 陈融，译. 北京：商务印书馆，2012：38.

② 琳达·狄更斯，聂尔伦. 英国劳资关系调整机构的变迁. 英中协会，译. 叶静漪，审校. 北京：北京大学出版社，2007：98－108.

止个人与企业作出和集体协议不同的约定，于是集体谈判的意义进一步降低。从 70 年代中期开始，英国大部分民营部门的集体谈判变成了分散化协商。

从英国认证官员的年度报告中可以发现一个显而易见的趋势，即工会和雇主组织的数量在逐年减少。越来越多的雇主组织要求从名录中撤销，其理由是它们的主要目的已经不再是调整雇主和劳工之间的关系。随着全国性和部门性集体谈判的减少，这些雇主组织正在重组为行业协会，不再卷入任何有关劳资关系的事项中。2015—2016 年度英国认证官员的年度报告显示，雇主组织的数量持续减少。1983 年列入名录的雇主组织有 375 个，而到 2015—2016 年度结束，名录上也仅有 92 个雇主组织。在此年度期间，有 2 家雇主组织从名录中退出。①

（二）为会员提供个性化的服务

雇主组织的职能与私人服务相结合绝不是一种全新的现象，正如有学者指出的那样，中小企业通常尤其依赖于雇主组织提供的关于劳资关系问题的权威信息和建议。② 一个更新的发展是，雇主组织在收取服务费的基础上，越来越多地为非会员提供个体服务。雇主组织已经将自己的角色塑造成众多中小企业就业咨询和服务的私人提供者，这些中小企业没有自己“内部”的人力资源功能，并无法与日益增强的雇佣关系法律复杂性作斗争。③ 此外，更大规模的企业更有可能对抗工会，同时也拥有内部雇佣关系专家，因而它们更有可能继续支持传统公共物品规则。这里的矛盾之处在于，谈判的持续分散化降低了对这些大企业加入雇主组织的激励性，从而鼓励雇主组织提供更多的私人服务来吸引新成员，而这些新成员往往是小企业。④

---

① Annual Report of the Certification offer，2016.

② Gladstone A.. Employer Associations in Comparative Perspective：Functions and Activities//Windmuller J. and Gladstone A.. Employer Associations and Industrial Relations：A Comparative Study. Oxford：Clarendon Press，1984，pp. 24 - 43.

③ Traxler F.. Employer Organisations//Blyton P.，et al.. The Sage Handbook of Industrial Relations. London：Sage，2008，pp. 225 - 238.

④ M. Barry，A. Wilkinson. Reconceptualising Employer Associations under Evolving Employment Relations：Countervailing Power Revisited. Work，Employment and Society，2011，25 (1)：149 - 162.

还是以英国工业联合会为例，其官方主页对自己的职能宣传如下：

影响

通过利用我们成员的集体力量，我们在威斯敏斯特、英国、欧盟和海外的政策中心创造了一股强大的力量——保持商业的核心地位。我们成功地塑造了企业需要抓住机遇、解决增长障碍的企业政策

洞察力

在英国政府以外的最大的政策团队中，我们为成员提供了丰富的跨部门专业知识，帮助他们的企业成长——从市场领先的调查、预测和分析，到对政策变化的实际支持和建议，以及影响商业成功的问题

渠道

我们无与伦比的网络使会员能够与资深商业和政治领袖、潜在客户和供应商见面和聆听。我们的地方、国家和国际会议和活动让成员们相互联系，分享想法、经验和新的市场机会——为他们提供竞争和繁荣所需的联系

(三) 在政治体系中代表雇主发声

有研究还表明，基于雇主组织受到的挑战，雇主组织已经将他们的关注焦点向外扩展，特别是在游说、意见形成和发展政治影响方面。[①]以最大的雇主组织英国工业联合会（CBI）为例：作为雇主代表，其不限于为雇主的劳动力市场利益服务，而是转型为雇主的商业利益代表组织，它为会员提供卓有成效的游说活动，这些活动不但发生在国家一级，也发生在州一级。在政府和议会的日常会议上和媒体上，CBI反复宣传会员的观点，从而为英国工业界提供阐述、解决工业、经济、财政、商业、劳动、社会、法律和技术问题的基本政策和方法，同时为提供工业界意见的人们提供全国性舞台，收集关于经济和社会发展的对策、建议。

---

① Bell S.. Australian Business Associations: New Opportunities and Challenges. Australian Journal of Management, 2011, 19 (2): 137 - 158.

第二节　美国雇主组织协调劳动关系的法律保障

美国雇主组织虽在近代曾有所发展，特别是在工会运动风起云涌时曾昙花一现，但在现代又如明日黄花，在美国社会几乎不见踪迹。总体上看，美国的雇主组织，在影响力方面与“合作主义”模式下之德国雇主组织不可同日而语，即使与“多元主义”模式下的英国雇主组织相比，其发展也可谓微不足道。

一、工业化早期美国雇主组织化中的法律制度

美国是建立在纯粹经济理性自由主义基础之上的资本主义国家，自由放任（laissez-faire）属于美国人的教义与座右铭，深入美国人的灵魂。作为奉行“司法至上”的联邦制国家，美国的政府对劳资关系的介入较少，早期司法判例对工会运动的定性决定了劳资关系的主要形态。雇主结社在对雇主极为有利的法律与社会氛围中并无必要，因而在第一次工业革命时期（18～19 世纪），美国雇主的组织化几乎无所建树。

（一）结社自由与工会斗争手段的违法性并存

1. 宪法第一修正案与结社自由

美国是普通法系国家，其宪法没有明文规定结社自由，也没有一部专门的关于雇主结社的法律。美国宪法第一修正案对“结社自由”作出了相关规定：“联邦议会不得立法建立宗教，不得立法禁止宗教活动自由；不得立法剥夺言论自由和出版自由；不得剥夺人民以和平方式机会或者向政府请愿要求申冤的权利。”虽然宪法第一修正案对自由结社的规定模糊，但是在美国这样一个推崇自由和民主思想的国家的公民的心目中，结社是人的天然的权利，政府无权干涉。[①] 因而，工人结社与雇主结社的合法性从来不是美国法关注的对象。相对于英国与德国的公民在结社权利的享有上经过相当长的斗争，美国公民享有的结社环境最宽松。然而，宽松的环境并未孕育出强大的工会与雇主组织。

---

① 托克维尔．论美国的民主．北京：商务印书馆，1988：639．

2. 刑事指控在劳资冲突中的运用

费城的制鞋工人于1792年成立了美国历史上第一个劳工组织，该工会后演变成稳定的熟练皮匠工联合会并一直存在至1806年。美国历史上第一次将刑事共谋罪运用于指控工会罢工的是Commonwealth v. Pullis一案。在该案中，法官并未指责工会建立违法，但强调工人在特定工资下拒绝工作以及试图阻止其他人在低工资条件下工作成立刑事共谋罪。1842年，在马萨诸塞州的历史性判决中，该州最高法院法官对刑事共谋罪的适用范围进行了限制，没有非法意图或非法手段的罢工行为被法庭接受。自此，19世纪下半叶用刑事共谋罪惩罚工会罢工的情况逐渐减少，直到19世纪80年代后期，以刑事共谋罪起诉工会罢工的案例十分罕见。工会运动在此期间取得了一定的进展，同时也给了雇主结社的压力。

3. 民事禁令的产生

19世纪下半叶，美国城市化与工业化突飞猛进，劳资冲突加剧。美国政府秉承一贯的保守主义原则，对此无立法与其他安排。美国各级法院则在早期刑事共谋罪不再沿用之后，于普通法“明显的侵权原则”基础上发展出针对工会罢工的“民事禁令”。相较于刑事指控民事禁令在对抗工会罢工方面的作用更加普遍。与刑事诉讼的旷日持久不同，民事禁令根据固定格式的宣誓书就可以迅速取得，而宣誓书只被提交给法官一方而不通知雇员因而其真实性难以被质疑。

（二）雇主结社的情况

由于工会罢工在美国法中的严重违法性，工会运动在19世纪的美国并未取得长足的发展，雇主并未感受到真正的劳资斗争压力，也没有结社的动力。20世纪初，研究美国雇主组织的著名学者Clarence E. Bonnett指出，尽管有些雇主结社的运动在19世纪中期出现萌芽，在1885年之前，实无必要对美国的雇主组织进行深入研究。①

---

① Clarence E. Bonnett. Employers' Associations in the United States: A Study of Typical Associations. The Macmillan Company, 1922, p. 21.

二、美国雇主组织协调劳资关系的法律环境

（一）缺乏团体意识的契约自由与个人主义

与传统的欧洲国家相比，宗教文化上清教在前工业化时代一直是支配美国社会传统价值体系的一项准则，清教徒比其他基督教徒更重视私德，提倡修身、禁欲、诚实、追求社会和谐。自由主义和个人主义始终被认为是新大陆社会前进和发展的原动力，自由竞争的市场经济成为了美国社会的基本体制，也是美国法律作用的关键。法律发挥的作用在于促进市场高效率地运作，契约自由与个人主义作为当时法律制度的出发点和最后归宿，奠定了美国社会思想的根本。①

类似于欧洲的“社会团体”意识在美国无处生长，同一时期德国学者基尔克和辛茨海默主张的“社会团体和社会法”在美国缺乏社会基础，在知识界与政府也难觅知音。20 世纪初，德国学者桑巴特曾在《为什么美国没有社会主义》一书中分析美国作为最发达的资本主义国家却没有产生社会主义的原因。他说道，美国的城市并非自发形成，而是根据理性原则建立的，一切共同体（Gemeinschaft）的痕迹都消除了，纯粹的社会（Gesellschaft）建立了起来。②

（二）美国雇主结社的动力机制

1. 工会运动对雇主的压力

自 19 世纪末，美国工会运动取得了显著的发展，工人组织和罢工活动蓬勃发展，随之而来的是严重的“工运问题”（labor troubles）。1880 年代美国著名的劳工组织“劳工骑士团”（Knights of Labor）达到了发展的最高峰，美国劳联（the American Federation of Labor）的会员也自 1880 年代开始稳定增长，尽管在 19 世纪末期略有颓势，但 20 世纪初期又取得了迅速发展。1921 年美国劳联覆盖了近 400 万名会员，其中包括 36 247个地方工会、941 个地方贸易与联邦工会、110 个国家与国际工会、937 个城市中心点、49 个联邦州协会、783 个地方理事会与 5 个部门。工会的发展代表着工人组织化程度不断提升，其斗争能力也不断加强。工会

① 吴文芳. 美国法中效率与公平的价值转型. 云南大学学报，2008 (7).

② 维尔纳·桑巴特. 为什么美国没有社会主义. 王明璐，译. 上海：上海世纪出版社，2005：12.

不仅有地方组织，也有联邦组织甚至国际组织，一旦发生罢工，在谈判中长期训练有素的工会专家能够对付不同类型的雇主，他们在工资与劳动力供需等劳动经济学知识方面具有压倒性的优势。

表 3-1　美国罢工与闭厂的数量（1916—1920 年）①

数量＼年份	1916	1917	1918	1919	1920	总计
全年开始的罢工和闭厂的数量	2 789	4 450	3 353	3 569	3 167	18 328
有报道参与人数的罢工和闭厂的数量	2 667	2 325	2 151	2 609	2 044	11 796
全年参加罢工和闭厂的人数	1 599 917	1 227 254	1 239 989	4 154 420	1 416 581	9 638 161
有报道持续天数的罢工和闭厂的数量	2 116	1 435	1 709	1 853	1 362	8 475
全年罢工和闭厂的持续的总天数	49 680	26 981	29 895	62 930	48 880	218 366
平均持续天数	23	18	18	34	36	24

数据来源：The Monthly Labor Review（U.S. Bureau of Labor Statistics），1921.7，pp. 162-181.

对于单个雇主而言，如果不加入雇主组织，不利因素主要体现在以下几个方面：第一，对罢工策略知之甚少，如罢工的公众性、法律救济如“民事禁令”的申请、如何建立不受工会影响的工人团队等，而工会组织罢工都是有备而来的。第二，与大型工会就劳工问题谈判时，就协议工资的计算与确定等各种影响因素及其权重等专业问题，需要专人投入大量时间才能弄清楚。第三，尽管通过民事禁令可以瓦解一部分罢工，然而美国司法程序中的高昂律师费以及搜集证据的费用也足以让雇主破产。②

2. 好斗的雇主组织与“工联主义”的工会

美国工会与欧洲工会的根本性区别在于其大多主张工联主义，工联主义本质上是行业意识（trade-conscious）而非阶级意识（class-conscious）。

① Clarence E. Bonnett. Employers' Associations in the United States：A Study of Typical Association. The Macmillan Company，1922，p. 29.

② Ibid.，p. 19.

到19世纪初期，具有社会主义倾向的工会仅有美国劳工联合会（American Labor Union），这是一个在美国西部具有社会主义倾向的工会，但会员人数很少，所以它几乎不具有影响力。美国工会主要关注的是为特定工人争取到更多好处，包括更高工资、更短工作时间、更好的劳动条件，而不会顾及特定主体以外的其他工人，同时也一般不会有政治与社会考虑，除非这种考虑与经济目标直接相关。这与美国劳动者接受资本主义组织和工资制度以及产权和契约的约束相关，美国劳动者甚至认为如若前者并不正当，那也是不可避免的。工联只是一种讨价还价的制度，并主要通过集体谈判来达成其目标。① 正如一位美国早期劳动联盟领袖阿道夫·斯拉特瑟（Adolph Strasser）所言，“我们没有终极目标，我们在一天又一天地生活着，我们只为眼前的目标而奋斗。”著名的矿工领袖约翰·米切尔（John Mitchell）的研究很能代表普通工人的观点：“工会会员，是国家政府的一部分……与政府政策的决定权力部分地交织在一起。工会运动在这个国家里要能够取得进展，就必须认同政府”②。

工联主义倾向的工会放弃政治化的诉求，使劳资斗争与欧洲的相比，缺乏长期组织化和行动的宏大目标，因而对雇主产生的压力也相对要小很多。在欧洲雇主担忧工会的政治诉求而情愿主动让步，而美国雇主结社主要是为了与工会在罢工等问题上斗争到底，意图彻底击垮工会。

3. 集体协议不具有强制性效力

对于雇主而言，其与工会签订的集体协议越是具有法律上的强制性，雇主越倾向于通过签订集体协议来约束劳工的罢工行为。关于美国集体协议的法律效力，与德国的早期情况相似，都经历三种观点的变迁。③ 第一种观点认为集体协议是利他合同，即雇员是第三方受益者；第二种观点认为集体协议是两个双务合同，即分别在雇主或雇主组织与工会之间、雇主与工人之间签订的合同，但第一份合同并非第二份合同的组成部分。第三

---

① 理查德·海曼. 解析欧洲工会运动——在市场、阶级和社会之间. 吴建平，译. 北京：中国工人出版社，2015：10.

② John Mitchell. Organized Labor：Its Problems，Purposes and Ideals and the Present and Future of American Wage Earners. Philadelphia，1903，p. 219//维尔纳·桑巴特. 为什么美国没有社会主义. 王明璐，译. 上海：上海世纪出版社，2005：26.

③ Archibald Cox. The Legal Nature of Collective Bargaining Agreement. Michigan Law Review，57，1958，pp. 1-36.

种观点认为集体协议的性质为信托，在普通法中，工会负有信义义务，持有雇主的承诺而让雇员获益。

对于美国法院而言，这三种观点对法官有各自的影响。美国联邦最高法院曾在J. I Case Co. v. National Labor Relations Board案中认为雇员在集体协议中是第三方受益人①，但这种观点在实务中饱受批评。但无论如何，美国法与英国法同样，并没有发展出集体协议的强制性效力理论，这对于工会签订集体协议的热情有一定的影响，削弱了谈判型雇主组织的存在基础。

（三）美国雇主结社的主要情况

在19世纪初期，英国、德国的集体谈判制度已经成为协调劳资关系的主要方式，而美国法院严格地管制工会活动，工人要求提高工资和改善劳动条件的工会活动往往被判决侵害了雇主的财产权，因而工人需要承担民事责任，同时，保护工人结社权和劳动条件的法律又因被法院宣布违宪而无效。② 因此，与老牌的资本主义国家的雇主不同，美国雇主结社的最主要动因并非与工会谈判，而是希望通过结社在罢工运动中形成合力击败工会。到19世纪20年代，美国各种各样的雇主组织达到了将近2 000个，其成立都与工会罢工施加的压力有关。工会谈判只在地方层面达成，中央层面的集体协议只是凤毛麟角，这个显著特征与美国雇主的组织化发展关联极大，导致了美国雇主组织在20世纪之后的消亡。

与致力于集体谈判而产生的各行业或地区性的欧洲雇主组织不同，美国的雇主组织由于目标多元，其类型非常多样，主要有以下几类。③

第一类是谈判型的雇主组织。这类组织又可细分为两类。（1）有明确谈判对手的雇主组织：以当时的炉灶创始人国防协会（Stove Founder's National Defense Association）为代表，其中央委员会是国际铸工工会（International Molders' Union）在全国的谈判对手，但在地方上也设有地区委员会。（2）仲裁或调解型的雇主组织：有些谈判型雇主组

① 321 U.S. 332//柯振兴. 美国劳动法. 北京：中国政法大学出版社，2014：29.

② 吴文芳. 美国法中效率与公平的价值转型. 云南大学学报，2008 (7).

③ Clarence E. Bonnett. Employers' Associations in the United States: A Study of Typical Associations. The Macmillan Company, 1922, pp. 20 - 26.

织在内部设立了仲裁委员会，为集体谈判提供合同范本，以减少不必要的同情性罢工及其他劳工问题。也有些谈判型雇主组织成立的目的就是推动雇主和工会的和谐关系，本身即为一种仲裁机构，内部成员包括工会、劳工问题专家、雇主代表等。如，全国公民联盟（the National Civic Federation）。

第二类是好战型雇主组织。这类组织又可细分为两类。(1) 对抗罢工型。例如全国创始人协会（the National Founders' Association），其组织起来的目的就是对抗罢工，并为阻止罢工提供宣传；其权力主要集中在中央层面。(2) 极端好战型：有些极端好战型的雇主组织甚至以全面击溃工联主义为目标，以全国装配者协会（the National Erectors' Association）为代表。

第三类是紧密结合型的雇主组织，以全国五金工业协会（National Metal Trades Association）为代表，在中央层面并未进行大量对抗活动，主要在地方层面预防罢工及提供宣传。有些雇主组织在内部设立了两个部门，一个是协商部门，一个是斗争部门。此类组织例如 the United Typothetae of America。

第四类是劳动法律服务型的雇主组织，主要是为雇主罢工提供专业的法律信息与服务的雇主组织，如工业权利联盟（The League for Industrial Rights）。

三、现代美国雇主组织功能的制度保障

(一) 指导企业层面的多雇主谈判

与英国、德国的雇主组织相比，美国的雇主组织在劳资关系协调中发挥的作用不明显，美国没有国家级的雇主组织参与涉及雇佣关系的任何活动。20 世纪中期，在诸如钢铁、煤矿开采等行业，一些雇主组织参与了多雇主谈判过程。这些多雇主谈判在 20 世纪七八十年代逐渐式微，除了在建筑行业和长期支柱产业存在，几近消亡。①

---

① 常凯，Fang Lee Cooke，Greg J. Bamber，Russell D. Lansbury，Nick Wailes，Chris F. Wright. 国际比较雇佣关系——国家规制与全球变革. 朱飞，孙兆阳，等译. 北京：中国劳动社会保障出版社，2016：55-56.

（二）抑制工会运动及发展

美国的雇主组织长期以来的使命都是避免成员企业的员工联合起来组织工会。19 世纪的全国制造业厂商协会（National Association of Manufactures）也是出于这样的目的而成立的。① 此外，许多区域性商会也将避免工会成立列为其主要活动的内容。国家工作权利基金会（the National Right to Work Foundation）是支持"工作权利法"的一个重要组织。这个组织通过诉讼和游说的方式禁止工会向它们所代表的非工会会员收取会费。这些雇主组织参加到反工会的诉讼、政治游说和宣传运动之中。②

（三）服务职能

和较弱势的雇主组织相比，代表雇主的管理咨询顾问和法律公司在美国扮演着更重要的角色。管理咨询顾问在为雇主提供人力资源政策方面很积极，例如，在薪资制定上，雇主通常依赖管理咨询公司提供的薪资调查信息。管理咨询顾问和以管理为导向的法律公司，也为雇主提供盈利性质的工会回避策略培训。③

（四）在仲裁制度中的作用

在民营部门和公共部门，几乎所有的集体协议都约定了正式的多步骤的申诉程序，以权力仲裁作为最后手段。通过这些步骤，各方主体可以解决在执行与解释既有协议时的分歧。这些程序受到一项法规的保护，该法规要求工会与雇主组织共同选出独立的仲裁人。与大多数发达国家的情况相比，对正式争议仲裁的重视是美国雇佣关系的不寻常的特点之一。通过仲裁决议"私法"已经发展起来，为雇佣关系提供了一套同时适用于工会部门和非工会部门的规则。美国历史上，仲裁人的决议被法院视为最终决议，具有约束力，并不可被上诉。④

---

① 常凯，Fang Lee Cooke，Greg J. Bamber，Russell D. Lansbury，Nick Wailes，Chris F. Wright. 国际比较雇佣关系——国家规制与全球变革. 朱飞，孙兆阳，等译. 北京：中国劳动社会保障出版社，2016：55.

②③ 同①56.

④ 同①64.

第三节 英美雇主组织协调劳动关系法律制度对我国的启示

一、雇主组织在协调劳动关系中的重要作用

英美是工业化国家中奉行自由主义原则最为彻底的国家，前文已阐释美国集体劳动关系与雇主组织不发达，其法律制度对我国启示不大，本节主要聚焦于英国法律制度的影响。在劳资关系协调中，英国集体谈判的自治模式占据主体地位，国家立法长期处于保障集体谈判有序进行的辅助状态，作为英国集体谈判主体之一的雇主组织，对于劳资关系协调的重要性不言而喻。

首先，英国雇主组织通过参与集体谈判来协调英国的劳资关系。自1871年世界上第一部《工会法》确立集体谈判制度以来①，集体谈判形式的确立离不开工会与雇主组织的形成、发展。工会与雇主组织既是劳资冲突的主体代表，亦是解决劳资纠纷的主体。因而在英国特殊的背景之下，雇主组织积极参与集体谈判已然对英国劳资关系的协调起到了关键的促进作用。

其次，英国雇主组织是专注劳资问题的雇主之代表。雇主组织除了作为集体谈判纠纷解决机制的组成部分，更重要的是代表雇主的利益，而与工会进行谈判亦是为了维护雇主的利益。劳资关系的协调离不开双方主体的积极作用，与此同时，雇主组织亦能够借助其专业为其会员提供咨询、培训、信息等帮助服务，从而更好地应对劳资关系中的各种问题。在美国雇主组织的发展中，也可以看到其代表雇主的利益协调劳资关系的正面影响。

再次，英国雇主组织是社会自治的践行主体，通过与工会的共同作用来推动劳资关系的协调发展。社会自治理念早在中世纪的英国城市法中即有雏形。国家与社会团体一直处于动态的利益博弈当中，依照宪法理念，国家必然要被“关在笼子里”，而社会团体自治亦是对国家干预进行一定

① 张丽琴. 欧洲集体谈判研究——以英、德、瑞为例. 北京：中国政法大学出版社，2016：66.

限制。而在英国劳资关系的背景下，雇主组织需要的是政府充当引导集体谈判的发展与保障集体谈判正常进行的辅助角色，这完全符合自由主义的传统思想。雇主组织作为社会团体，通过发挥社会团体自治的力量，平衡与国家的利益关系，以推动劳资关系协调机制的进一步完善。

最后，英国雇主组织能够影响劳资关系立法，推动劳资关系协调机制的完善。英国的雇主组织与工会一样，能够通过政治渠道以及游说施压政府等方式影响相应的劳资政策与劳资立法，同时在譬如二战后形成的劳、资、政三方机制的贯彻当中，雇主组织经常作为一方代表出现，如最低工资标准制定委员会与调解、仲裁组成成员的选派中，必然会有雇主一方的代表参与其中，共同解决劳资纠纷以及参与法规、政策的制定。①

因而在英国雇主组织的推动下，由劳资双方通过有组织的协商来解决工资和劳动条件逐渐被劳资双方接受，政府的角色也转变为给劳资双方进行集体谈判创造条件，提供调解、仲裁等行政服务。在劳动立法的过程中，政府从以前仅邀请雇主代表转变成同时邀请工人及其代表的工会组织参加劳动立法的过程，逐步形成劳方（工会）、资方（雇主组织）和政府参加的三方协调机构（如劳资协议会等）②，以更好地协调劳资关系。

二、雇主组织有效协调劳动关系的前提法制条件

雇主组织能够参与协调劳动关系并非偶然，而是一定条件共同作用下产生的结果。

首先，雇主组织本身具备协调劳动关系的职能。在英国劳资关系的发展过程中雇主组织是逐步被接受的。雇主组织最初产生于与工会对抗的需要，是对劳工不断增加的权利和社会立法的反映。它在 19 世纪上半叶时仍旧受到排斥，通常规模不大，并且是地区性组织，甚至被称为“必要的邪恶”。然而，到 19 世纪末雇主组织在管理劳资关系方面的权力已得到充分发展，雇主组织成为与工会谈判解决工资和工作环境争议所必不可少的一部分。规模上，它已覆盖英国的大部分地区和主要行业；组织上，从以兼职或志愿员工为主、规则很少、会议很少发展到具有相当数量职员、组织结构复杂。一位英国学者充分肯定了雇主组织的重要性：“评判雇主，

---

① 张彦宁. 雇主组织在中国. 北京：企业管理出版社，2002：14.

② 刘燕斌. 国外集体谈判机制研究. 北京：中国劳动社会保障出版社，2012：6.

就是评判我们的劳资关系系统，并且实际上是评判我们整个社会，它在工业社会中占据主导地位。”① 在美国，雇主组织具备的协调劳资关系的职能要弱很多，其原因在于美国雇主组织长期并不致力于协调劳资关系，而仅仅专注瓦解工会的斗争。

其次，自由主义的社会制度保证了集体谈判的进行。英国一贯奉行自由主义的思想，而早在中世纪时已有通过获得特许状而得到国家让出的部分自治特权的历史背景，排斥国家的过度干预亦是市场经济发展的必然要求，而国会立法也秉持着这种态度，消极被动地推翻法院的不利限制，即使主动立法为劳资关系自治保驾护航。

再次，构建旨在以集体谈判为主要内容的劳资关系规范体系。英国在劳资关系规范中以集体谈判制度为核心，以劳资立法为补充，尽可能地尊重自治调节。而英国雇主组织成为协调劳资关系机制的重要组成部分，亦是在集体谈判这一制度得到充分适用的前提之下进行的。集体谈判制度的适用，需具备以下几个条件：第一，主体适格。雇主组织与工会均自身合法化之后才能够真正进行集体谈判，同时二者互相承认并具备合作的意愿。第二，制度保障。集体谈判在英国得到适用，除了因为工会与雇主组织本身积极开展集体谈判，并且在无法律强制约束力的情况下自觉维系，还因为英国政府通过立法对集体谈判制度进行保障与弥补其中的不足。第三，社会环境的适宜。通过回顾英国集体谈判整体的发展历程以及现阶段的发展趋势，不难发现集体谈判的衰弱与现今更为复杂的社会经济、政治等多方面环境因素息息相关，尤其在人力资源管理的盛行之下，企业能够通过改变内部的组织策略来减少劳资冲突解决方式的运用，排斥工会与集体谈判的干预②，其结果是进一步削弱集体谈判的作用，进而加速集体谈判的衰退。

最后，劳资关系协调机制相对明确。除集体谈判制度以外，英国政府亦引导调解、仲裁、劳动法庭等解决劳资纠纷的相应机构的建设，并明确纠纷处理的具体规则与对应内容，使雇主组织在这些机制中得以明确地参与其中，譬如英国咨询调解和仲裁局与最低工资标准制定委员会的成员中，均要有一定的雇主代表，以保证三方原则的贯彻。

---

① 巨英. 二战后英国劳资关系的政治分析. 武汉：湖北人民出版社，2010：56.

② 张建国，吕国泉. 西方主要市场经济国家集体谈判制度与实践. 北京：新华出版社，2012：126.

第四章　我国近代雇主团体之兴起、职能及法律保障

近代中国工商业的发展是在西方列强与本国封建势力的夹缝中挣扎起步的。近代民族资本家在创办大小不等的民族企业的同时，也带动起一批由知识分子实业家组成的绅商群体，组建了具有近代行业协会意义的商会。这些雇主组成的团体，从未被冠以“雇主组织”之名称，也并未以专司劳资关系协调为己任，但在实际运作过程中在劳资关系协调中发挥了类似于现代雇主组织的作用。因此，对于近代履行了部分劳资协调职能的商会组织，本章称为“雇主团体”，以示与纯粹意义上的“商会”与“雇主组织”之别。我国近代雇主团体在劳资关系协调领域曾发挥重要的作用，同时法律法规对雇主团体也有相应的规制与保障。历史经验在现代雇主组织的法律保障中存在的意义不可不察。

第一节　我国近代雇主团体的兴起

一、商人组织向现代意义劳资团体的转型：雇主团体与职业工会的分化

我国近代雇主团体是随着市场经济的兴起而产生和发展的。对于工商业企业的结社组织，历史上最初称为商业公所、同业公会、行业协会。传统的商人组织，如会馆、行会和善堂等，由于晚清以来贸易口岸被打开、传统“士农工商”阶层序位已经被打破，比较自然地开始转化为近代意义上的商会。转化的途径有二：一是由传统的行业性会馆、公所转变而来，二为新兴行业自主组建。有趣的是，传统行业性会馆、公所的分化是双向的，工商同业公会和职业工会分别成为资方和劳方的继承者。这些雇工行会的主体是雇佣工人，其宗旨与职能主要是维护工人的利益，当工会运动兴起时，它们大多转化成了工会。① 新成立的行业组织或商会明显地从一开始即排斥劳工的加入，以纯粹的商人组织为自己独立的个性。

1858 年上海振华堂洋布公所，就以近代先进的建设方式，通过提高整个行业的素养，达到振兴民族工业的目的。至“戊戌变法”时，张謇、任之善、徐润等人率先在上海设商学会，然而没过多久该商学会便因变法失败而被迫解散。1902 年，随着商业资本的发展，袁树勋在上海邀请各行业商董成立了“上海商业会议所”，被学界认定为由国人自办的近代意义上的第一家商会。

二、我国近代雇主团体的蓬勃发展

1904 年上海商务总会成立。1905 年，天津商会正式成立。在辛亥革命之后，清政府彻底倒台，封建势力瓦解，同时第一次世界大战爆发，西方列强不得不转移方向，暂时无暇于中国市场，而此刻的民族企业正逢发

① 魏文享. 雇主团体与劳资关系——近代工商同业公会与劳资纠纷的处理. 安徽史学，2005 (5).

展的良好时机，各自相应的商会组织当即顺势而上，组织数量以及规模较之先前有了很大突破，除蒙、藏地区外，从沿海到内地，从通商大埠到中小城市，直至乡镇，都普遍建立了商会。据史料显示，1908 年，全国已有 58 个总商会（其中 9 个建于海外）和 223 个分会。① 1912 年商会总数猛增至 998 所，会董人数有 23 795 人，会员人数达 20 万人。② 有学者根据史料估计这一时期的商会总数可能超过 2 000 所。③ 1914 年，上海召开了中华全国商会第一次代表大会，成立了中国历史上第一个全国性的商会总机构——中华全国商会联合会。该年全国各地建立的商会、总商会达到 1 099 个。1930 年商会增至 2 046 个。④ 随着民族工商业的发展，商会组织开始向基层发展，社会影响力越来越大，同时，由于劳资矛盾频繁，商会作为代表雇主的重要团体在协调劳资矛盾方面逐渐发挥作用。

三、我国近代雇主团体主体地位之法律保障

1899 年，《拟中国建立商业会章程》是中国近代历史上第一个关于商会的民间拟定章程，也是中国近代商会最早的自律性规范。

1904 年，根据商部的意见，清廷谕令颁布了《奏定商会简明章程》《商会章程附则六条》。此两项法律文件成为商会成立的法律依据。⑤

《章程》共 26 条，对商会的性质、组织、职能、经费来源、公牍程式、自治权和会员身份作了较为简略的规定，明确商会“以保护商业、开通商情，为一定之宗旨”，“在各省各埠设立商会，以为众商之脉络”。《章程》规定商会的主要责任有纤悉商情、禀陈商务要事、责在保商、代商申理各事等几个方面。⑥

1915 年北洋政府颁布《商会法》《商会法实施细则》。1918 年又颁布

① 中国商会发展历程. 中国民商，2014 (7).

② 虞和平. 商会与早期中国现代化. 上海：上海人民出版社，1993：76.

③ 朱英. 辛亥革命时期新式商人社团研究. 北京：中国人民大学出版社，1991：51.

④ 徐鼎新. 旧中国商会溯源. 中国社会经济史研究，1983 (1).

⑤ 肖海军. 商会法律制度研究. 北京：中国人民大学出版社. 2010：40.

⑥ 肖海军. 论我国商会制度的源起、演变与现状. 北方法学，2007 (9).

《工商同业公会规则》《工商同业公会规则实行办法》，明确要求商会与总商会的设立必须经过地方最高行政长官的核准。自此，商会的发展受政府控制趋严。

1929 年，南京国民政府颁布《工商同业公会法》，对雇主团体进一步强制性规范，同时也推动了民间社团的自治化、稳定化发展。

《工商同业公会法》以维护同业利益及矫正弊害为宗旨，其主要职能是，“办理政府及行业协会委办的事务；办理同业主调查研究事项；兴办同业劳工教育及公益事项；仲裁行户间纠纷；协调行户对外诉讼”。

在《工商同业公会法》中，立法者已经注意到雇主团体的职业培训功能，并期待通过法律保障来促进发展。

第二节　近代中国的劳资矛盾及雇主团体的介入

近代中国社会的专制体系并非僵硬的等级结构，而是在国家与社会之间存在着一定的权力真空。尽管从清末开始，国家权力一直试图向下控制社会，但一直未能奏效。民国后军阀混战，市政秩序的破坏伴随着政府权力的失范，民间商会弥补了这一权力真空，以其自治性规则规范了地方社会治理。本研究团队搜寻到上海南汇商会、杭州商会、南浔商会等多家民间性商会通过介入劳资矛盾解决机制，发挥了雇主组织作用的史料。作为一种新型的近代工商社团组织，近代民间商会具有强大的自我管理机制，甚至能通过劳资矛盾的协调解决来维护劳资和平，充分展示了中国传统社会民间社团在劳资自治领域的潜力。

一、雇主团体发展的动因：对抗力量

促进市场转变的雇佣关系同样会使劳资双方的矛盾愈发明显——商界的迅速崛起与工人工会的壮大密不可分，劳资问题也逐步走至台前。在传统会馆、公所向同业公会转化的过程中，雇主对同业公会保持着控制权。与此同时，产业工人则谋求职业工会的建立。随着资本主义工商业的发展，工人的结社意识不断增强，不少行业的工人联合起来另组工会或新的公所。1920 年 5 月，《新青年》杂志曾对各地劳动状况进行调查，其中详细记载了上海、

南京两市的雇工行会从传统行会转化为职业工会的情况。①

面对工运高潮，同业公会作为雇主组织，竭力压制工会的组织及活动。在上海新药业药房职工成立工会时，新药业同业公会理事长即不允单独成立。新亚药厂雇用的 82 名女工组成工会后，新药业同业公会居然根据该厂资本家许冠群来函的要求，报请市商会转国民党市党部加以取缔。1925 年 8 月，天津宝成纱厂一女工因不守厂规被罚，引起全厂工人罢工。天津棉业公会立即致函天津商会和天津警察厅、直隶省长，要求予以严惩。警察厅及直隶省长则表示，当负责办理、严加管束。在此类事件中，同业公会往往借助行业的影响力，集合商会之支持，给地方政府以压力，联合行业、商会及国家权力机关之力量来压制工人的罢工及抵抗运动。②

中华全国总工会早期汇编的"中国工运史料"中，存有大量的关于在工人罢工中雇主团体破坏职业工会的资料。如广东土木建筑工人大罢工中，包工的东家行害怕工人团结之后力量持续壮大，遂纠集私人倡办建筑总商行，派人冒充工人呈请官厅立案，试图抢先主导局面，而工人同时要求增加工资。劳资双方交涉失败后工人举行罢工运动，而当时作为政府代表的公安局通常袒护资方，甚至强行逮捕罢工工人若干，使双方的矛盾加剧、深化。工人在持续罢工的同时静坐警察局表示抗议，东家行于此期间损失惨重，只得继续求助于政府，直到警察厅古厅长出面调停，召集东家行与西友团代表在省公署举行会议，三方协商共同解决劳资争议问题，最终资方东家行被迫同意工人的要求，此次罢工运动才落下帷幕。③

二、雇主团体在劳资矛盾解决中之作为

(一) 观察政府在劳资矛盾中的态度

雇主团体在劳资纠纷中具有很强的计算理性，它们深知劳资纠纷中的关键角色是地方政府。一方面，政府对群体性事件怀有恐惧，所以往往给

① 新青年，第 7 卷第 6 号（劳动纪念号），1920 - 05 - 01.

② 魏文享. 雇主团体与劳资关系——近代工商同业公会与劳资纠纷的处理. 安徽史学，2005 (5).

③ 中华全国总工会中国工人运动史研究室. 中国工运史料. 北京：工人出版社，1980：17 - 18.

资方施压，要求其满足劳方要求，望常息事宁人。例如，在杭州发生过多起政府敦促资方改善工人工作环境、提高工人工资待遇、保障工人节假日休息，干预资方破产裁员。① 另一方面，政府的态度相当微妙，它始终对劳方抱有戒备心理，当事态严重时，它很可能转而镇压工人。而雇主团体在劳资矛盾的协调中，善于观察政府的行为，从而在协助解决劳资矛盾的过程中最大化雇主的利益。

（二）参与解决劳资矛盾

一般而言，如劳资矛盾系权利争议，商会通过与政府联系的特殊渠道传递信息。以杭州商会为例：在大世界茶部、西湖影院解雇员工纠纷案中，商会查明后向政府汇报大世界茶部被解雇的员工是临时工、西湖影院已支付解雇费、属于合法解雇。②

大规模的劳资冲突发生时，民国商会体现出较强的危机处理能力，并且能为劳资矛盾的规范治理向政府建言献策。如 1947 年，在杭州第二次抢米风潮中，当时市政府唯恐事态扩大后危及其统治，所以在对策（该对策公示并见报）中表示不姑息罢工③，而中央政府和国防部也十分关切杭州此次抢米风潮，担心事件与中国共产党领导的工人运动有关（之后证明无关）。④ 无论是各级政府还是商会，它们对劳方或明或暗的戒备、猜疑激起了工会不满，工会随后措辞强硬地回应抢米风潮与劳资纠纷是“一事两者不相连”。而商会此时向政府提出的应对劳资纠纷的建议是：第一，劳资双方发生纠纷应先请求政府调解，不得自由行动；第二，凡未经调解而擅自怠工，或停厂情事，由政府查明为首滋事者移送法院惩办；第三，怠工期间之工资不得给付；第四，如因纠纷而发生之损失，查明肇事原因属于何方，责成肇事为首者负责赔偿。⑤

某些情况下，商会也起到了劝说资方让步的作用。例如，按照传统商业惯例，在每年的端午、中秋和年终部分季节性行业会大量裁员，所以浴

①② 杭州市档案馆未刊档案 L010－002－032//赵婧. 杭州市商会研究（1945—1949）. 杭州：杭州师范大学，2003：42.

③ 杭市米店多为打毁. 申报. 1947－05－03//赵婧. 杭州市商会研究（1945—1949）. 杭州：杭州师范大学，2003：42.

④⑤ 杭州市档案馆未刊档案 L003－002－379//赵婧. 杭州市商会研究（1945—1949）. 杭州：杭州师范大学，2003：42.

业职工会代表工人向资方呼吁“本劳资互惠之精神，维持原额，共度时艰”，并呈请政府。商会对此表示同意并向浴业同业公会转发政府批文：“免失业人增加，共维社会秩序，请各业务必体念时艰，勉力维持原状，毋得借故裁减工友。”①

（三）参与对个体劳动争议的调解

当个体劳动争议发生时，劳资双方往往并不将争议诉诸政府，而是希望由劳、资、政三方组成相应的调解组织予以调解。例如，南浔镇方大全药店因经营困难以及经理对店伙计的蛮横，引发了较大的劳资纠纷。为解决纠纷，南浔药业公会出面首先召集会议，并邀请了县党部代表、南浔商会代表、工友代表、药业公会代表、药业总会代表等十人参与调解，最后谈判的结果是劳资双方的利益得到平衡，纠纷和平解决，维持了劳资双方的妥协与和平。在解决纠纷过程中，“县政府的分支机构——区公所”被劳资纠纷双方刻意“回避”，这充分反映了民间性雇主团体对社会的自我管理力量。②

第三节 近代雇主团体参与劳动争议解决机制的法律保障

一、雇主团体参与劳动争议调解的法律保障

1928年5月《劳资争议处理法》颁布，1932年3月修订。《劳资争议处理法》规定，行政官署在劳资争议发生时，经当事人申请，应召集调解委员会调解之，经调解而无结果者，应付仲裁委员会仲裁。劳资争议之调解机关，为劳资调解委员会。该委员会设委员5人或7人，由主管行政官署指派1人或3人、当事人双方各选定两人组成，并由主管行政官署代表中1人担任该调解委员会主席。如果同一劳资争议事件有两个以上主管行政官署，并且在同一省区，则由省政府指派调解委员会主席；但如果不在同一省区，则由工商部指定主席。③

① 杭州市档案馆未刊档案L010-002-043//赵婧．杭州市商会研究（1945—1949）．杭州：杭州师范大学，2003：42.

② 潘中祥，周志永．民国南浔商会研究（1921—1937）．浙江档案，2016（4）．

③ 谢振民．中华民国立法史：下册．北京：中国政法大学出版社，2000：1133.

在该法实际适用中，调解委员会资方代表通常由所属同业公会排除的代表担任，劳方则通常由工会，政府部门的代表主要为社会局部门代表，司法院在有关司法解释中也提出，劳资争议调解仲裁委员会雇主方面应由雇主所组织之同业公会推定之 3/4。①

二、代表雇主参与对关于利益事项的争议之强制仲裁

在《劳资争议处理法》中，关于权利事项的争议与关于利益事项的争议分别适用不同的争议解决程序。关于权利事项的争议是指劳资双方在适用和理解法定的权利或者已经生效的集体协议中的权利义务条款时产生的争议；关于利益事项的争议是指在确定劳资双方的权利义务或者修改现有权利义务过程中发生的争议。在当时的法律中，关于权利事项之劳资争议属于法律上之问题，属于普通法院之管辖范围，不适用仲裁程序。仲裁是在关于利益事项之劳资争议经调解不成立后，始得适用的处理程序。

劳资争议仲裁委员会为劳资争议之法定仲裁机关。该仲裁委员会由仲裁委员 5 人组成，分别是省政府（或特别市政府）代表 1 人、省党部（或特别市党部）代表 1 人、地方法院院长或其代表 1 人、与争议无直接利害关系之劳资双方代表各 1 人。仲裁委员会开会时，主席由各该管省政府或特别市政府代表担任。如果争议事件不在同一省区或同一市区，则主席由工商部指定。②

雇主团体参与劳资争议仲裁，主要方式为推定若干仲裁员进入仲裁委员会，之后政府可以在该委员会仲裁员名单中选择进入仲裁庭的人员。相关法律规定，“雇主团体应在每年 6 月将其所推定的仲裁委员 15 至 30 人呈报给各该主管的省政府或特别市政府以备选用。”③ 以 1927—1931 年上海为例，罢工停业案件与所涉工厂与职工数逐年变化如下。

① 魏文享. 雇主团体与劳资关系——近代工商同业公会与劳资纠纷的处理. 安徽史学，2005 (5).

② 谢振民. 中华民国立法史：下册. 北京：中国政法大学出版社，2000：1131.

③ 同②1138.

表 4-1　上海市罢工停业案件数（1927—1931 年）①

年份 / 月份	民国 16 年 (1927)	民国 17 年 (1928)	民国 18 年 (1929)	民国 19 年 (1930)	民国 20 年 (1931)	总计
1 月	13	7	11	5	8	44
2 月	8	8	6	4	9	35
3 月	22	8	5	9	10	54
4 月	16	12	13	7	14	62
5 月	4	7	11	9	11	42
6 月	4	4	17	7	5	37
7 月	2	9	11	7	10	39
8 月	5	9	8	7	14	43
9 月	16	8	7	8	13	52
10 月	8	12	8	12	12	52
11 月	12	22	6	4	10	54
12 月	7	12	5	8	6	38
案件总计	117	118	108	87	122	552

表 4-2　上海市罢工停业关系厂号数（1927—1931 年）②

年份 / 月份	民国 16 年 (1927)	民国 17 年 (1928)	民国 18 年 (1929)	民国 19 年 (1930)	民国 20 年 (1931)	总计
1 月	370	1 045	13	5	8	1 441
2 月	6 007	120	7	5	9	6 148
3 月	4 022	146	5	63	79	4 315
4 月	259	109	80	14	222	684
5 月	72	425	287	215	1 369	2 368

① 数据来源：上海市政府社会局．近十五年来上海之罢工停业．北京：中华书局，1933：61。

② 同①62.

续前表

年份 / 月份	民国16年（1927）	民国17年（1928）	民国18年（1929）	民国19年（1930）	民国20年（1931）	总计
6月	110	101	310	31	33	585
7月	35	202	106	9	10	362
8月	7	381	84	32	53	557
9月	91	834	80	28	13	1 046
10月	63	185	8	96	12	364
11月	29	1 318	26	5	10	1 388
12月	633	567	5	169	7	1 381
案件总计	11 698	5 433	1 011	672	1 825	20 639

表4-3　上海市罢工停业关系职工数（1927—1931年）①

年份 / 月份	民国16年（1927）	民国17年（1928）	民国18年（1929）	民国19年（1930）	民国20年（1931）	总计
1月	13 333	10 782	6 793	1 639	9 552	42 099
2月	425 795	7 265	3 157	2 060	1 937	440 214
3月	329 000	65 713	3 078	15 382	2 570	415 743
4月	21 760	4 670	2 173	4 313	17 766	50 682
5月	1 294	3 098	3 173	6 164	11 245	24 974
6月	11 371	65 212	10 002	4 463	4 668	95 716
7月	1 800	6 229	15 081	7 369	3 687	34 166
8月	11 164	13 518	8 480	3 973	5 479	42 614
9月	38 957	5 992	2 689	3 820	5 336	56 794
10月	5 356	6 617	3 857	8 247	1 981	26 058
11月	14 159	8 631	6 093	2 353	2 117	33 353

① 数据来源：上海市政府社会局. 近十五年来上海之罢工停业. 北京：中华书局，1933：63。

续前表

月份＼年份	民国16年(1927)	民国17年(1928)	民国18年(1929)	民国19年(1930)	民国20年(1931)	总计
12月	7 300	6 836	981	4 347	7 850	27 314
职工总计	881 289	204 563	65 557	64 130	74 188	1 289 727

史料显示，在《劳资争议处理法》颁布后，上海罢工停业次数大体呈现逐年下降的趋势，罢工停业所关系的工厂数和工人数较《劳资争议处理法》公布、实施以前更有了大幅度的降低。①

三、代表雇主签订集体协议的法律保障

南京国民政府于1930年颁布《团体协约法》，该法第1条规定，“称团体协约者，谓雇主或有法人资格之雇主团体与有法人资格之工人团体，以规定劳动关系为目的，所缔结之书面契约”；并且规定了雇主团体有权代表雇主签订集体协议。同时，该法又对雇主团体的代表权限的合法来源作了规范：“劳资团体之代表机关，非依其团体章程之规定，或依其团员大会或代表大会之决议，或受其团体全团团员各个所授予特别书面之委任，不得以其团体之名义缔结团体协约。”从当时法律实施的效果看，在一定范围内，同业公会参与下的劳资协议可对本行业资方进行约束，有利于减少一些小的劳资纠纷，保持企业生产经营的正常进行。此外，大多数协约的达成对劳资双方均有利。

小　　结

近代中国雇主团体在发展过程中，已经从一般的商会团体中逐渐发育出代表雇主维护劳动力市场利益的功能。在北洋政府时期，同业公会往往以雇主团体的经济、政治等多方面优势，对工人罢工及结社的行为予以压制，并要求政府对此予以支持。由于当时国家尚未建立劳资争议协调的法

① 邓慧明．南京国民政府劳动争议立法研究．上海：华东政法大学，2007：25.

律机制，劳资双方最后自发地以签订集体协议来化解冲突的现象逐渐出现。南京国民政府通过《工商同业公会法》对雇主团体的法律主体地位予以法律确认与保障，又试图通过《工会法》《劳资争议处理法》《团体协约法》对劳资团体加以调控，以期在此基础之上建立劳、资、政三方协商机制。在这种解决机制之中，雇主团体作为资方代表，代表本行业与工人代表进行谈判，签订劳资团体协约成为解决劳资冲突的重要途径。

第五章 劳动关系三方协商机制与中国框架

劳动关系三方协调机制既是理念也是制度，为两者之集合。三方机制起源于市场经济国家劳资关系调整的实践，后为国际劳工组织所认可及大力提倡，已经演化成一种国际劳工标准，为大多数国家所采用。广义上的劳动关系三方协商机制，包括在经济、社会政策以及协调劳动关系方面三方共同协商的所有交往和活动。[①] 因而，在成熟的市场经济国家，以专门的所谓“三方协商”为名的机制很少，而建立在三方协商与合作基础上、体现雇主组织与工会就劳资关系治理政策的谈判与协商，且受到国家的支持的制度颇为成熟。狭义的三方机制，仅指协调劳动关系或劳动法律体系中的三方参与与协商机制。我国的劳动立法与劳动政策中，形式上也强调与重视三方机制的作用，在劳动法体系的各个不同层面均引入了三方机制，包括在国家与地方层面建立的

① 张荣芳，王桦宇. 劳动关系中的“三方机制”研究//珞珈法学论坛：第 4 卷. 武汉：武汉大学出版社，2005.

“协调劳动关系三方会议制度”、在政府积极主导下的集体协商制度以及在劳动争议调解、仲裁中的三方机制。但是从广义的三方机制来看，我国劳资关系治理的三方性原则通过宪法及其相应的实施机制，实际上得到更为充分的体现。这些更高层次的制度性安排，从雇主组织角度，是通过作为人民团体的工商联的软性调控进行的。

第一节　劳动关系三方协商机制的价值基点

一、工业民主作为三方协商机制的根本动因

三方机制的建立是民主思想的体现。政府作为社会的决策者，在通过决策决定利益分配的过程中，应该允许被决策影响的主体通过相应的渠道表达自己的利益诉求，并应致力于在决策中体现这些利益诉求，因此，就政府关于劳动问题的决策与立法而言，应允许劳方和资方参与其中，将代议制民主的经验运用于工业领域，劳方代理人工会和资方代理人雇主组织代表劳资双方参与政府有关劳动问题的决策与立法过程。虽然政府必须放弃一些决策权力以及权力行使的便利性，但劳方和资方对政府所实施政策的支持度将大幅增加，有利于实现社会和谐。通过三方协商，政府也可以把矛盾转移出去，让劳资团体共同分担和化解劳资冲突。①

二、国家权力—社会权利的再平衡是三方协商机制的价值目标

资本的大生产必然导致资本集中，资本集中又促进劳工团结，组成工会予以抗争，因而劳资之间的阶级冲突成为资本主义发展过程中的根本矛盾。资本主义的不断改良，实质就是化解劳资冲突与对立的制度化。三方机制背后的理论来源是合作主义②（Corporatism），即在市场经济劳资关系冲突背景下强调主要利益集团之间的制度化合作的机制。成熟市场经济

① 李丽林，袁青川. 国际比较视野下的中国劳动关系三方协商机制、现状与问题. 中国人民大学学报，2011（5）.

② 郑秉文. 论合作主义理论中的福利政制. 社会科学论坛，2005（11）.

国家在劳资冲突背景下衍生出两大类制度模式：一为资方和劳方组织力量强大且反对国家介入，以德国宪法确认“劳资团体自治”的社会法团主义为代表；二为力量零散且较为多元的劳资双方在政府安排下，建立制度性的协商机制的多元主义，以英美为代表。其他发达国家的制度模式多在两造之间，大体上实现了国家权力与社会权利的平衡。政府、雇主和劳工三方通过达成妥协与共识而建立的三方伙伴关系实现了主要利益集团之间的制度性合作。在这个意义上，所谓“合作主义”不是政府与组织之间的权力安排模式，而是在处理劳资关系过程中“主要利益集团”开展制度性合作的思想根源。无论采“多元主义”还是采“合作主义”政府与劳资团体之间关系的不同模式，都在一定程度体现了“合作主义”的思想内涵。研究资本主义福利国家的R. 米什拉认为，合作主义福利制度以三方伙伴合作为主要内容，使之成为“缓和阶级矛盾与社会冲突、制衡利益集团、维持社会稳定的一个必然的社会历史阶段”①。

尽管各国三方机制的模式区别很大，但在工业民主传统较为深厚的合作主义国家，工会与雇主组织享有的自治权很大，即使很少有以“三方协商”命名的制度，仍然被认为是较好地实现了三方机制的目标。以德国为例：德国宪法保障的“劳资团体自治”模式将国家在劳资领域的立法权与管理权让渡给劳资双方，但在法律法规制定与政策调整等方面，雇主组织与工会在联邦政府的立法和决策程序中的有效参与保证了三方协商的实现。在广大的发展中国家，国家在劳资领域的权力明显优于劳资双方，政府过度干预劳资事务、单方决定劳资权利义务的分配，从而导致劳资双方的社会权利不断萎缩。三方机制为国家主导的劳资关系模式增加了资方与劳方共同参与的价值，也蕴含着通过法制化有效调整劳资领域的国家权力与社会权利失衡的目标。

① R. 米什拉. 资本主义社会的福利国家. 郑秉文，等译. 北京：法律出版社，2003：135.

第二节 国际劳工组织三方机制的内容与特征

一、国际劳工组织规范三方机制的主要文件

在国际劳工组织（ILO）的正式文件中，三方协商被表述为“国家（通常以政府作为代表）、雇主和工人之间，就制定或实施社会政策而进行的所有交往”①，也称为“三方主义”（Tripartism）、“三方关系”或者“三方性”。三方主义是ILO的哲学和制度基础。1919年ILO成立时，它的组织结构就实行劳、资、政三方性的原则，并通过出台国际劳工公约和建议书推动在成员方建立三方机制，以实现各方的发言权和防止劳资纷争。

1960年ILO通过第113号建议书，即《产业和国家两级主管当局与雇主组织及工人之间进行协商与合作建议书》。在该建议书中，ILO倡议各国在国家及产业层级建立政、劳、资三方协商机制。同时，ILO认为这一机制的建立渠道多样，可由劳资双方自愿建立，或通过立法和政策积极推动。此外，ILO强调协商对话机制的建立不应影响原有的集体谈判功能的实现。1976年，ILO又通过了第144号公约，即《三方协商促进履行国际劳工标准公约》。在该公约中，ILO明确规定三方机制是指政府、雇主和工人之间，就制定和实施经济、社会政策而进行的所有交往活动，即由政府、工会与雇主组织通过一定的组织机构和运作机制共同处理涉及劳动关系的问题。1996年、2002年与2008年，ILO分别通过《关于国家层级经济与社会政策的三方协商办法》、《关于三方主义和社会对话的决议》和《关于争取公平全球化的社会正义宣言》，为经济全球化与经济危机的背景下发展社会民主，促进政、劳、资三方合作，化解经济发展与社会正义之间的张力而提出建议。

① 国际劳工组织．国家一级有关经济与社会政策的三方协商．日内瓦国际劳工局，1996：2.

二、三方机制的主要法律特征

根据ILO的公约、建议书和文件的相关规定，三方机制的主要法律特征表现为如下几点。

（一）主体的多元性与多层次性

ILO在三方社会对话的机制中，对三方机制的主体的三方性提出了基本要求，包括“具备获得参与社会对话时所需要信息的技术能力的强大且独立的劳工与雇主组织；劳、资、政三方参与社会对话的政治意愿与承诺；对于组织结社自由及集体谈判权等基本权利的尊重；三方能够有能力执行协商的结果；适当的制度性支持”等。①

在ILO的模式中，三方机制的主体是国家、雇主与劳工，分别代表公共利益、资方利益与劳方利益。然而抽象主体的具体利益必须通过结社或组织的方式，以政府、雇主组织与工会为代表，通过团体或公共机构在本机制中的不同层面予以展开与协调始实现。国家以政府为代表，然而政府有逐层分级以及政府机构内部的功能区分；工会的建立存在不同级别与不同产业的结构性差异；雇主组织更因为地域、产业以及结社的动因等而错综复杂。必须保证级别和产业都有相应的制度结构匹配，才能在宏观上覆盖全部劳动关系。因而，三方机制的主体架构必须适应不同政治体制、不同的领域和阶段，且结合产业特点和地域情况，才能确认和产生适当的利益主体，从而调整和配置相应的权利义务关系，呈现出三方性基本框架下差异化和多样化的结构模式。②

（二）三方机制客体的广泛性与限定性

ILO模式中的三方机制的客体广泛，不仅包括劳资关系，更包括涉及劳资双方利益的各种经济、社会政策。三方机制客体的限定性是指各国一般规定三方机制涉及的内容仅限于与劳资关系紧密相关的各种政策协商和争议处理，且这种三方参与不得破坏合理的劳资团体自治。③ 正因为如此，ILO在1978年出台《劳工行政公约》（第150号）和《劳工行政建议

① 乔健．中国特色的三方协调机制：走向三方协商与社会对话的第一步．广东社会科学，2010（2）．

②③ 张荣芳，王桦宇．劳动关系中的“三方机制”研究//珞珈法学论坛：第4卷．武汉：武汉大学出版社，2005．

书》（第 158 号），特别强调在三方机制中，政府只是作为中立方，并不直接干预劳动关系。这凸显了三方机制维护和协调劳动两方利益，但不得以公共利益为借口架空劳资团体自治的基本价值。

（三）三方机制内容的协调性与综合性

劳、资、政三方协商应当通过三方社会对话达成。ILO 对社会对话的理解是宽泛的：在经济与社会政策层面相关利益议题上，劳、资、政三方或两方之间所进行的所有形态的谈判、协商或信息交换，都被认为是社会对话的形式。其根本法理来源于劳资双方利益磋商的志愿性和自治性，同时体现了政府在劳资关系处理中的指导作用和斡旋功能。三方机制有不同的机构设置类型，有的国家为此设置了正式的常设机构，而有的国家仅仅是为了处理某个事件而成立了非正式的临时性机构。在劳动争议纠纷解决机制中，由于三方机制的目的就是协调劳、资、政不同主体的利益，因此其内容应体现纵横平衡的利益需求而非仅仅代表劳方或资方的利益。在 ILO 模式中，三方机制的内容有三个层面，即“通过法律法规的制定和调整有可能影响劳资双方固有利益的内容；有关就业、职业培训、劳动保护、职业安全卫生、保险福利等劳动标准的全国性机构的建立或功能；经济与社会发展计划的规划与执行等方面”，三方协商也被设想扮演着劳动关系调整中的三个角色，即劳动法规、政策的制定与执行以及集体谈判、劳动争议处理，其核心是集体谈判。①

第三节　我国劳动关系三方协调机制的框架

1990 年 11 月，全国人大常委会批准了 ILO 的《三方协商促进实施国际劳工标准公约》。这是三方机制在我国制度化、法律化的开端。1994 年《劳动法》对劳动争议处理机构的组织成员从三方原则角度作出了规定，但没有涉及三方机制的建立。2001 年全国人大在当时修订的《工会法》第 34 条第 2 款中规定，“各级人民政府劳动行政部门应当会同同级工会和企业方面代表，建立劳动关系三方协商机制，共同研究解决劳动关系方

① 乔健. 中国特色的三方协调机制：走向三方协商与社会对话的第一步. 广东社会科学，2010 (2).

面的重大问题”。这是我国第一次在法律层面确认三方机制。2007 年《劳动合同法》和《劳动争议调解仲裁法》进一步明确：“县级以上人民政府劳动行政部门会同工会和企业方面代表，建立健全协调劳动关系三方机制，共同研究解决有关劳动关系的重大问题。”“县级以上人民政府劳动行政部门会同工会和企业方面代表建立协调劳动关系三方机制，共同研究解决劳动争议的重大问题。”至此，三方机制已经取得了充分的法律依据。

与其他国家的情况一样，我国既有广义上的三方机制也有狭义上的三方机制。从目前研究的情况看，法学界对于狭义上的三方机制已经有较多的关注，但是对于广义上的三方机制，特别是雇主组织和工会参与立法的问题，研究不多。

一、广义上的三方机制

广义上的三方机制的重心是国家立法层面上劳资关系的协调与对话，以凸显国家政治格局、经济利益和社会发展之间的良性互动；就价值取向而言，广义上的三方机制在维护社会利益的基础上，强调平衡与兼顾社会公平正义和经济发展效率。正因为如此，仅在劳动法体系下设计的三方机制已不足以涵盖广义上三方机制的内容。在国家立法与决策层面，劳资双方能够通过合理的机制与管道，代表各方利益参与立法的机制，本质上是三方机制的价值核心。

二、狭义上的三方机制

目前，我国狭义上的三方机制主要通过劳动法在以下三个层面展开。

（一）建立劳动关系三方协调机制，从宏观层面推动三方协商

1. 国家协调劳动关系三方会议制度

2001 年 8 月，由劳动和社会保障部、中华全国总工会、中国企联/中国企业家协会联合宣布，国家全面启动劳动关系三方（国家、企业、职工）协商机制。2001 年 11 月，三方共同联合召开“全国贯彻实施《劳动法》《工会法》，推进集体合同、劳动合同工作经验交流会”。这是三方机制建立之后的首次重大活动，标志着我国劳动关系协商协调工作开始推动并发展。

2002年8月13日，劳动和社会保障部、中华全国总工会、企联、中国企业家协会在《关于建立健全劳动关系三方协调机制的指导意见》中强调，“三方要本着相互理解、相互信任、相互支持和兼顾国家、企业、职工利益的原则，充分发挥三方协调机制的优势，在最广泛的范围内达成一致意见。要紧紧围绕本地区劳动关系方面的突出问题开展工作。根据不同时期的实际情况，突出工作重点，抓住职工普遍关心的影响劳动关系和谐稳定的全局性问题，开展工作，充分发挥三方协调机制的作用”，进一步强调了三方机制的工作内容与原则。

2015年，中共中央、国务院颁布、实施《关于构建和谐劳动关系的意见》，提出要健全协调劳动关系三方机制。《意见》中强调要加强和创新三方机制的组织建设，建立健全协调劳动关系三方委员会，由同级政府领导担任委员会主任。

2. 地方协调劳动关系三方会议制度

2001年国家协调劳动关系三方会议制度建立后，各地在省、市、县甚至街道等各个层面纷纷创建三方协商机构。目前，31个省份和新疆生产建设兵团均结合本地实际出台了贯彻落实的实施意见，出台了集体协商地方性法规或地方政府规章。根据全国总工会的统计，截至2012年年底，全国已经建立三方机制2.4万个，其中，省级32个，地级329个，县级2 590个，县及县级以上地方共建立三方机制2 951个。①

（二）集体合同与集体协商法律制度

1. 建立与完善集体协商规则

无论是在ILO的三方机制模式中还是在发达市场经济国家的劳资协调法律制度中，集体合同与集体协商法律制度都是最重要和最核心的组成，其构筑和蕴含了三方机制中对话与协商的基本含义和价值取向。在我国，国家协调劳动关系三方会议自成立后，在一段时期曾积极推动我国集体合同与集体协商制度的发展。例如，国家协调劳动关系三方会议多次会议涉及集体协商问题，分别就《集体协商规则（草案）》征求了修改意见、达成了基本共识，还联合下发了《关于进一步推行平等协商和集体合同制度的通知》、《关于贯彻实施〈集体合同规定〉的通知》和《关于进一

① 全国总工会研究室. 2012年工会组织和工会工作发展状况统计公报. 中国工运，2013（5）.

步推行工资集体协商工作的通知》等文件。《集体合同规定》中第四章也贯彻了三方原则：集体协商过程中出现合同争议，由劳动行政部门、职工代表和企业代表共同协调处理。《工资集体协商试行办法》也体现了三方机制中劳资双方地位平等以及利益平衡的立法取向。

2. 探索行业性、区域性的集体协商

针对行业性、区域性的集体协商调整劳动关系的层次更高、力度更大、范围更广的特点，《劳动合同法》规定，在县级以下区域内，建筑业、采矿业、餐饮服务业等行业可以由工会与企业方面代表订立行业性集体合同，或者订立区域性集体合同。国家协调劳动关系三方会议也下发了《关于进一步推进工资集体协商工作的通知》《关于开展区域性行业性集体协商工作的意见》，中华全国总工会下发的《关于积极开展行业性工资集体协商工作的指导意见》也要求地方对行业、区域集体协商的制度规范进行积极探索。黑龙江、上海、江苏、浙江、安徽等省（区、市）以及杭州等市的地方性法规中，均专门规定了区域性、行业性集体合同或工资集体协商。

（三）劳动争议调解、仲裁制度

2008 年《劳动争议调解仲裁法》第 8 条规定：县级以上人民政府劳动行政部门会同工会和企业方面代表建立协调劳动关系三方机制，共同研究解决劳动争议的重大问题。第 10 条第 2 款中规定：企业劳动争议调解委员会由职工代表和企业代表组成。第 19 条第 1 款中规定：劳动争议仲裁委员会由劳动行政部门代表、工会代表和企业方面代表组成。《劳动争议调解仲裁法》是劳动争议处理的专门性法律规定，它再次强调了建立三方机制的重要性，并且针对调解与仲裁委员会的人选问题突出了三方机制的利益综合性，强调应当有劳、资、政三方的代表。

第六章　我国二元化/多元化的雇主组织

与西方传统的市场经济国家的情况不同，我国劳动关系并非在工业化的自然生长中逐渐产生的市场化劳动关系，而是从计划经济体制中转型而来的。劳动关系的市场化转型同经济体制的市场化转型一样，在市场化、契约化的过程中伴随着多元化与复杂化，劳动关系在表现形式、性质类别、结构特征等方面都伴随着深刻而独特的变化。而作为代表企业的雇主组织自改革开放后在我国的产生、壮大以及作用的发挥，也有其独特的发展路径。在不同的三方机制的意义上，我国的雇主组织的类型也不尽相同。在以国家为主体锻造的三方机制中，最初的雇主组织只有企联一家，之后发展到企联/工商联二元化的雇主组织。但如果从广义来理解三方机制，那么市场中的各类行业协会、商会都可以成为雇主组织，从而使雇主组织变得多元起来。在对我国雇主组织参与劳动关系协调展开研究之前，有必要对雇主组织进行类型化的分析与检视。

第一节　二元化/多元化的我国雇主组织

一、“雇主组织”在我国的界定与内涵

（一）“雇主”概念之特征与生命力

1. “雇主”概念之特殊性

“雇主”这一概念退出劳动法的正式表述，其缘由有一定的政治意义。中华人民共和国成立伊始，《中国人民政治协商会议共同纲领》第四章“经济政策”即确立“各种社会经济成分在国营经济领导之下”的经济体制。1956年资本主义工商业的社会主义改造逐步完成，私营经济几乎绝迹，私营企业主被视为政治上的反动阶级，“雇主”一词因而被赋予了特定的政治色彩，专指资本家阶层，往往强调雇主作为剥削阶级的本质，而国有企业与集体企业的公有制属性决定了它们并非“雇主”，因而，“雇主”是“私营经济雇主”的代名词。在社会主义理论发展到社会主义市场经济理论阶段后，尽管雇主一词的剥削意味不再浓厚，但官方文件也摒弃了这一历史上具有政治意蕴的专有名词。

2. 劳动法中“雇主”概念的法律意义之变迁

在传统的法学界定中，雇主是指使用雇员劳动力的雇佣关系相对人，其有权要求雇员提供劳务并受领，且向雇员支付工资报酬的组织或自然人。1994年我国《劳动法》颁布后，“用人单位”概念取代了“雇主”，从而使“雇主”在劳动法中并不作为法定概念。

《劳动法》用“用人单位”取代“雇主”，产生了如下的效果。

其一，肯定了劳动力使用者的多重属性。不同所有制组织主体均被称为“用人单位”，代表在劳动力市场上不再区分国有、集体与私有等不同属性，从而使不同属性所有制主体在劳动法中取得平等的劳动力使用者地位。①

其二，传统法学意义上的“雇主”被割裂，分散规定在劳动法和民法中。“单位”这一概念将原雇主概念中包含的“自然人”排除，因而《劳

① 王全兴．劳动法．北京：法律出版社，2017：108.

动法》中的“用人单位”概念取代了大部分以企业形态雇用劳动力的雇主，但是个体雇主的名称得到保留并留存在民事概念中。因而，在我国民事法律中，仍然可以见到“雇主”这一表述，其内涵限于“个体雇主”或不能适用劳动法的“单位雇主”，例如在《侵权责任法》以及人身损害赔偿司法解释①中，这类“雇主”概念较为常见。另外，当涉及外国人或者对外事务中的雇佣关系时，税法、出境入境管理法等也遵从国际惯例使用了“雇主”，并未区分单位雇主与个人雇主。②

3. “雇主”概念的生命力

劳动法上“用人单位”概念不能准确体现“雇主”的内涵，且难以与国际上的“employer”概念接轨，因此在全球化劳动力市场体系下，“雇主”这一概念尽管并非劳动法上的特有概念，仍然在社会中产生了旺盛的生命力。有调查显示，根据国家工商行政管理总局的统计，在对雇主身份的认同上，仅有3%的企业对于将用人单位统称为雇主这一概念“不接受”，其中大部分为国有企业。③

“雇主”品牌在我国社会已经成为企业为雇员提供良好的工作环境、薪酬体系和学习发展等利益的重要载体，从而使“雇主”名称在社会中取得了积极、正面的良好评价。下文整理了近年来社会影响力较大的雇主品牌评选活动，“好雇主”“最佳雇主”“杰出雇主”等名词已经推动“雇主”概念具有非常接近劳动力雇佣者的内涵，在我国已经具有良好的社会理解度和接受度。因此，在当下我国政治与经济发展状态下，“雇主”一词的社会接受度已经达到了历史最佳水平。

---

① 如《最高人民法院关于审理人身损害赔偿事件适用法律若干问题的解释》第9条第1款中规定：雇员在从事雇佣活动中致人损害的，雇主应当承担赔偿责任。

② 如《个人所得税法实施条例》第5条规定：在中国境内无住所的个人，在一个纳税年度中在中国境内居住累计不超过90日的，其来源于中国境内的所得，由境外雇主支付并且不由该雇主在中国境内的机构、场所负担的部分，免予缴纳个人所得税。《中国公民出境入境管理法实施细则》第4条第5项规定：出境就业，须提交聘请、雇用单位或者雇主的聘用、雇用证明。

③ 程多生. 基于劳动关系视角的中国雇主组织发展问题研究. 北京：中国人民大学，2009：34.

表 6-1　社会影响力较大的“雇主品牌”评选活动

雇主品牌名称	主办机构	创办年份
中国杰出雇主	全球杰出雇主调研机构（Top Employers Institute）（荷兰）	1991
中国年度最佳雇主	智联招聘和北京大学企业社会责任与雇主品牌传播研究中心	2005
中国最佳雇主榜单	企联、国际人力资源管理协会	2006
中国典范雇主	前程无忧	2008
中国好雇主	太和顾问	2012

（二）“雇主组织” v. s. “企业代表组织”

在我国经济体制改革与所有制形式变迁中，非国有经济中的私营企业，包括中小型企业、个体经济甚至个人雇主，从无到有、从小到大，已经成为我国经济发展的重要组成部分和支撑力量，从而成为具有典型市场经济法律特征的“雇主”①。而在外资企业中，经营者是受聘负责经营企业的海外或国内管理人员，他们在经营管理和用工行为中代表资产所有者的利益，因此私营企业的业主和外商投资企业的高级管理人员主要构成了我国雇主阶层。② 劳动力市场化改革在国有企业的推行，特别是《劳动法》的实施，推动了国有企业与员工之间从计划经济下的行政关系向市场经济下的雇佣关系转型。作为雇佣关系中一方的各类企业在市场经济条件下取得了迅速发展，庞大的企业需要有相应的组织机构代表其在劳动力市场中的利益。在我国官方的表述中，出于对“雇主”一词的政治色彩考量，在有关劳动关系协调、企业民主管理以及劳动争议仲裁调解等事项方面，对于代表雇主的组织，较多使用了“企业代表组织”这一表述。但在许多地方性法规中，“雇主组织”一词也被多次使用。由此可见，认为“企业代表组织”为官方表述，“雇主组织”一词不具有法律依据的观点并不成立。

---

① 根据国家工商行政管理总局的统计，截止到 2017 年年底，全国登记的私营企业达到 300.55 万户，从业人员达 4 714 万人。

② 常凯. 劳权论——当代中国劳动关系的法律调整研究. 北京：中国劳动和社会保障出版社，2004：140-142.

（三）“雇主组织”概念在中国的学术意义

自1978年改革开放之后，我国劳动关系领域的改革首先要解决的是如何打破“铁饭碗”，从计划经济下的单位行政关系向市场化的劳动合同关系转型。1993年，《中共中央关于建立社会主义市场经济体制若干问题的决定》明确提出“改革劳动制度，逐步形成劳动力市场”旨在建立全国统一开放的劳动力市场。在这一方针的指引下，劳动法律与政策不断推动着劳动力市场化。在国外与国内的主要研究者看来，我国劳动关系的改革是用劳动合同规范替代了行政管理规范，雇佣劳动的商品化和短期化贯穿于我国雇佣关系的整个改革过程①，而劳动力市场化的基本标志就是以合同制为基础的“雇佣关系”的建立。因而，从劳动关系的本质角度看，我国劳动法中的“用人单位”劳动合同调整＋“个体雇主/其他雇主”民法调整的模式实质上与国际上通行的“雇主”模式差异不大。况且，在国际上通行的代表企业在劳动力市场之利益的组织，以“国际雇主组织”为名的正式机构在劳动关系协调方面占据重要的地位（International Organisation of Employers）。1971年中国恢复联合国席位之后由于历史遗留问题一直没有恢复活动。而至1983年中国正式恢复活动，企联，即当时的中国企业管理协会，应国际劳工大会要求，第一次以雇主组织的身份参与国际劳工大会。可见，在国际交流领域，我国也需要以“雇主组织”这一名称进行活动。各级企联自2001年后也在各种场合充分表明自己是中国的雇主组织。可以认为，在实务领域“雇主组织”概念已经具有充分的正当性。

在学术研究中，以“雇主组织”取代“企业代表组织”在我国还具有如下的学术意义。

第一，在劳动法与劳动关系研究领域，以“雇主组织”概念来旗帜鲜明地代表企业在劳动力市场上的利益，是学术研究精确性的需要。雇主组织的经典概念为“代表雇主在劳动力市场上的利益，而不是其他市场上的

① Eli Friedman and Ching Kwan Lee. Remaking the World of Chinese Labour：A 30-year Retrospective. British Journal of Industrial Relations，2010，48（3）. Clarke，S.，Lee，Chang-Hee&Li，Qi. Collective Consultation and Industrial Relations in China. British Journal of Industrial Relations，2004，42（2）.

商业利益"的组织[①]，"其活动包括代表雇主参与决定雇员的就业条件"[②]。而"企业代表组织"仅仅表明组织代表企业的利益，不能指明代表的是劳动力市场的利益这一特殊利益。

第二，劳动关系学、社会学甚至法学对"雇主组织"的研究均形成了全球学术话语体系，我国的劳动法研究如忽视基本学术概念的全球共识，将在国际交流方面面临更大的障碍，在学术界也难以外国学术界接受的方式"讲述中国故事"。

综上，我国"雇主组织"而非"企业代表组织"作为学术研究的重要主体，在法律依据、实务范畴以及国际交流等方面具有不可替代性。目前的研究中，需要明确的是"雇主组织"的范围。

二、"雇主组织"的二元化/多元化

将我国规范性文件对"企业代表组织"与"雇主组织"的表述梳理如下，可以看出，官方认可的"企业代表组织"或"雇主组织"，分为如下几类。

表 6-2　我国规范性文件中使用"企业代表组织"一词的统计

性质	文件名称	具体表述	颁布日期	备注
中共中央文件	中共中央、国务院关于构建和谐劳动关系的意见（中办发［2015］10号）	建立健全由人力资源社会保障部门会同工会和企业联合会、工商业联合会等企业代表组织组成的三方机制	2015.3.21	明确界定"企业联合会、工商业联合会"为企业代表组织
团体规定（据本书作者统计，中华全国总工会的文件中共计7份出	中华全国总工会关于加强协调劳动关系、切实维护职工合法权益、推动构建社会主义和谐社会的决定（总工发［2005］46号）	会同劳动保障部门和企业代表组织，建立健全三方共同负责的劳动争议预警机制	2005.12.13	未明确界定

① Traxler F.. Employer Associations, Institutions and Economic Change: A Cross-national Comparison. Industrielle Beziehungen 11 (2), 2004, pp. 42-60.

② Plowman D.. Employer Associations: Challenges and Responses. Journal of Industrial Relations 20 (3), 1978, pp. 237-262.

续前表

性质	文件名称	具体表述	颁布日期	备注
现了“企业代表组织”表述，但均没有具体界定。因篇幅所限，不再一一列出）	中华全国总工会关于积极开展行业性工资集体协商工作的指导意见（总工发［2009］31号）	由行业工会组织代表职工与同级企业代表或企业代表组织	2009.7.13	
	企业民主管理规定（总工发［2012］12号）	企业代表组织应当推动企业实行民主管理，促进企业健康发展	2012.2.13	
部委规章	企业劳动争议协商调解规定（人社部令第17号）	协调工会、企业代表组织建立企业重大集体性劳动争议应急调解协调机制	2011.11.30	2004年9月颁布的该文件是规范性文件中最早出现“企业代表组织”表述的规范性文件，且明确界定企业代表组织为企业联合会/企业家协会。其他文件均未列明企业代表组织的范围。因篇幅所限，不再将具体文件与表述一一列出
部委规范性文件（据本书作者统计，人力资源和社会保障部门的17份官方文件中共计出现无数次“企业代表组织”表述）	国家协调劳动关系三方会议制度	三方会议由劳动和社会保障部、中华全国总工会和中国企业联合会、中国企业家协会三方组成	2001.8.3	
	劳动和社会保障部、中华全国总工会、中国企业联合会、中国企业家协会关于贯彻实施《集体合同规定》的通知（劳社部函［2004］195号）	各级劳动保障行政部门、工会组织和企业联合会/企业家协会（企业代表组织）	2004.9.23	
	人力资源和社会保障部、中华全国总工会、中国企业联合会、中华全国工商业联合会关于推进实施集体合同制度攻坚计划的通知（人社部发［2014］30号）	大力支持工会提出要约，引导企业或企业代表组织主动提出要约	2014.4.14	
全国人大工作报告	全国人大常委会执法检查组关于检查《中华人民共和国工会法》实施情况的报告	各级企业协会、企业家联合会、工商联等企业代表组织	2009.10.30	明确企业代表组织包括“各级企业协会、企业家联合会、工商联”

续前表

性质	文件名称	具体表述	颁布日期	备注
法规解读	国务院法制办就《劳动合同法实施条例》答记者问	加强对政府机关工作人员、工会工作人员、企业代表组织工作人员的宣传培训	2008.9.18	
	人社部调解仲裁管理司负责人就《关于进一步加强劳动人事争议调解仲裁完善多元处理机制的意见》答记者问	发生集体劳动争议时，人社部门要会同工会、企业代表组织及时介入	2017.3.31	
地方性法规（据本书作者统计，共有37篇地方性法规使用了“企业代表组织”一词，且对企业代表组织的界定有所不同）	重庆市集体合同条例	工商业联合会、企业联合会、企业家协会、行业协会、商会等企业代表组织（以下称企业代表组织）指导、帮助用人单位订立和履行集体合同，参与集体合同争议的协调处理	2016.11.24	明确企业代表组织包括“工商业联合会、企业联合会、企业家协会、行业协会、商会”
	山东省企业工资集体协商条例	工商业联合会和企业联合会、行业协会等企业代表组织，应当引导、支持、帮助或者参与企业工资集体协商	2016.11.26	
	广州市劳动关系三方协商规定	企业代表组织由企业联合会和工商联共同出任，区没有企业联合会的，由区工商联作为企业代表组织参加会议	2015.12.23	明确界定“企业联合会和工商联”为企业代表组织
地方性法规草案	《广东省企业集体合同条例（修订草案修改二稿征求意见稿）》	企业联合会、工商业联合会、行业协会、商会等企业代表组织应当帮助企业建立健全集体协商和集体合同制度	2014.9.1	

据本书作者统计，迄今为止，我国国家层面的法规或文件中从未使用“雇主组织”这一表述，共有4个地方规范性文件与13个地方工作文件使用了“雇主组织”一词，且内涵相近但不一致。

表 6-3　我国法规或文件中使用“雇主组织”一词的统计

性质	文件名称	具体表述	颁布日期	备注
地方规范性文件（据本书作者统计，共有4篇地方规范性文件使用了“雇主组织”一词）	江西省企业工资支付暂行规定	劳动保障行政部门、工会组织、雇主组织三方要实行重点监控	2005.7.6	地方规范性文件中首次出现“雇主组织”表述
	福建省经济贸易委员会关于印发企业基础管理指南的通知	倡导建立政府、雇主组织、工会组织三方协商机制，解决劳动争议	2007.12.17	
	福州市人民政府办公厅转发市劳动保障局、市总工会、市企业与企业家联合会关于进一步落实企业工资集体协商工作意见的通知	企业与企业家联合会等雇主组织要加快建立健全县一级企联机构，解决“三方机制缺位”问题	2008.11.05	将雇主组织明确为“企业与企业家联合会”
	福建省人力资源和社会保障厅关于印发《福建省集体合同报送审查办法》的通知	签订或变更区域性、行业性集体合同的，由区域、行业的雇主组织或者工会组织按照规定报送有管辖权的人力资源和社会保障行政部门审查	2011.07.05	
地方工作文件（据本书作者统计，共有13篇地方工作文件使用了“雇主组织”一词）	中共温州市委办公室、温州市人民政府办公室关于进一步推进企业工资集体协商工作的实施意见	企业联合会、工商联作为企业和雇主组织代表，要积极引导企业经营者承担企业社会责任	2014.12.22	明确“企业联合会、工商联”为企业和“雇主组织”代表
	南昌市工业和信息化委员会关于做好南昌市第三届企业联合会/企业家协会国有控股企业会员发展征集工作的通知	企业联合会/企业家协会（以下简称市企联/企协）是企业、企业经营者的联合组织，是沟通企业与政府、企业与企业、企业与社会的桥梁，是法定代表雇主组织协调劳动关系三方机制的不可或缺的一方	2013.12.23	明确企业联合会/企业家协会为“雇主组织”

续前表

性质	文件名称	具体表述	颁布日期	备注
	辽阳县人民政府关于印发2012年全县开展工资集体协商"建制攻坚行动"实施方案的通知	企业家协会、工商联等企业代表组织要指导帮助下级组织建立和完善区域性行业性雇主组织	2012.6.15	明确提出"区域性行业性雇主组织"，且这类组织为企联或工商联的下级单位
	宁德市人民政府办公室转发市劳动和社会保障局关于深化推进协调劳动关系三方机制工作意见的通知	企业家与企业联合会要建立与其他雇主组织经常沟通联系制度，尽可能充分反映他们的意见和建议	2009.4.14	

（一）曾经一元化雇主组织：企业家协会/企联

1. 中国企联的"雇主组织"身份在国际上的影响

在国际上，中国企联于1983年以中国雇主组织身份参加国际劳工大会。中国企联作为中国雇主组织，其影响力于2001年后取得了飞跃性拓展。2001年8月，中国企联在参加国际劳工组织第13次亚太区域会议期间与日本、巴基斯坦等国的雇主组织共同发起成立亚太雇主联合会，为加强和亚太地区各国雇主组织的交流与合作奠定了基础。2003年6月，国际雇主组织在对中国企联进行长达5年的考察后，在总理事会上一致通过决议，接受中国企联作为中国雇主组织的唯一代表，中国企联成为国际雇主组织正式会员。

2. 中国企联曾作为唯一雇主组织的原因

2001年8月3日，中国企联作为国家级雇主组织与劳动和社会保障部、中华全国总工会正式建立国家协调劳动关系三方机制。同年11月三方在南京联合召开了"全国贯彻实施《劳动法》《工会法》推进集体合同劳动合同工作经验交流会"。这次会议也使中国企联和各地企联充分认识到，推进协调劳动关系三方机制、积极参与协调劳动关系工作是历史赋予企联的一项新的社会职能和使命，也是企联不同于其他行业协会和企业组织，显示企联作为雇主组织代表的唯一途径。因此，中国企联决定将三方机制和协调劳动关系作为"立会之本"和"重中之重"的工作，并于2003年第七次全国代表大会上对其章程作了修改：一是突出强调了该组织“代表企业、企业家（雇主）参加由中华人民共和国劳动和社会保障部、中华全国总工会和本会组成的国家协调劳动关系三方会议”，二是在所有企业家后面以括弧形式加上“雇主”；三是在其任务中突出了“代表企业、企业家（雇主）协调劳动关系；指导各地区、各行业企业联合会、企业家协会建立健全‘三方机制’和参加劳动关系协调工作”的职能。①

在2001年国家协调劳动关系三方会议制度建立时，在当时三方确定的会议制度中，明确约定“三方会议由劳动和社会保障部、中华全国总工会和中国企业联合会、中国企业家协会三方组成”。由此确定了中国企联作为唯一组织代表雇主参与三方会议。

在官方文件的表述中，2004年9月颁布的《劳动和社会保障部、中华全国总工会、中国企业联合会、中国企业家协会关于贯彻实施〈集体合同规定〉的通知》（劳社部函［2004］195号）是最早出现“企业代表组织”且明确界定企业代表组织为企联/企业家协会的规范性文件。从2004年以后一直到2008年，在官方文件中企业代表组织基本确定为企业联合会。

（二）二元化雇主组织：国家制度中的确认

1. 工商联作为雇主组织参与三方机制的“自下而上”与“自上而下”

工商联作为雇主组织参与三方机制是有地方实践支持的。全国工商联的专项调查显示，在天津、山东、浙江等8省市，参加三方机制的地市级工商联组织有64个，占总数的67%；参加三方机制的县（市、区）级工商联组织有64个，占总数的67%；参加三方机制的县（市、区）工商联组织有215个，占县（市、区）工商联组织的45%。在此基础上，全国工商联于2008年3月向全国政协十一届一次会议提出“关于从制度上将工商联纳入协调劳动关系三方机制提案”，明确提出工商联也应作为雇主组织参与三方会议。② 2011年之前，在国家协调劳动关系三方会议层面全国工商联并未正式加入，但在地方层面已经有多个省市以不同形式将工商联纳入地方三方机制。

中国共产党和政府对工商联作为雇主组织加入三方机制作出了充分的

---

① 中国企联章程（2003年9月）第2条、第7条。

② 全国政协十一届一次会议提案第0071号，2008。

回应。自国家协调劳动关系三方机制建立伊始，一直是中国企联作为唯一的雇主组织参与三方会议。但在三方机制迅速发展的过程中，三方的领导开始考虑中国企联作为唯一雇主组织的不足，曾明确提出希望加强雇主组织建设，将其他相关企业组织也纳入三方会议，参与协商与协调，以便更充分地体现雇主方参加劳动关系的客观需求。

工商联正式加入三方机制，是通过中国共产党的决议确定后贯彻到三方机制的正式制度中。2010 年，中共中央下发 16 号文件。在 16 号文件中，中共中央要求“充分发挥工商联在构建和谐劳动关系中的积极作用”。2011 年 7 月 4 日，国家协调劳动关系三方会议第十六次会议对其组成人员进行了调整，在人力资源和社会保障部、中华全国总工会、中国企联三个成员单位的基础上，增加全国工商联为成员单位，与中国企联共同作为雇主组织。

2. 二元化雇主组织形成正式制度

自 2008 年全国工商联在全国政协提交提案，要求加入国家协调劳动关系三方会议后，在全国层面已经开始讨论工商联在协调劳动关系方面的职能。2009 年全国人大常委会执法检查组《关于检查〈中华人民共和国工会法〉实施情况的报告》，第一次使用了“各级企业协会、企业家联合会、工商联等企业代表组织”的表述。这是在规范性文件中第一次明确承认二元化的雇主组织。2015 年，《中共中央、国务院关于构建和谐劳动关系的意见》（中办发［2015］10 号文）明确规定，“建立健全由人力资源社会保障部门会同工会和企业联合会、工商业联合会等企业代表组织组成的三方机制”。自此，在三方机制中，二元化雇主组织的格局已经基本形成。

（三）多元化雇主组织：地方性法规的补充

在二元化的雇主组织的正式制度之外，还存在着多元化的雇主组织作为补充。而多元化雇主组织的表述者并非党中央或中央政府，而是地方性法规或法规草案中。最早在 2014 年《广东省企业集体合同条例（修订草案修改二稿征求意见稿）》中就有“企业联合会、工商业联合会、行业协会、商会等企业代表组织应当帮助企业建立健全集体协商和集体合同制度”的表述，而 2016 年出台的《重庆市集体合同条例》，对企业代表组织作了“工商业联合会、企业联合会、企业家协会、行业协会、商会”的法律界定。同年 11 月出台的《山东省企业工资集体协商条例》对企业代表组织的界定则为“工商业联合会和企业联合会、行业协会”，而“商会”并未在列。除行业协会、商会等组织外，在我国对外开放的经济新体制下，在我国成立的外商协会通常具有深厚的代表企业利益的传统，这些组织在某种意义上也是雇主组织的重要类型。根据本书作者及其研究团队对德国商会的调研以及其他文献[①]的显示，德国商会在上海区域的会员已经超过 1 000 个，约占该商会在中国的会员总数的三分之一。早在 2005 年，德国商会上海代表处就被认定为世界上除德国本土外最大的德国商会之一。美国商会目前在海外有 114 家代表处，其中在中国有 6 家，分别设在北京、上海、天津、四川、广东、香港。

二元化/多元化雇主组织并存，其背后并非中央政策与地方制度之间的冲突，而是地方制度在实践中面对二元化雇主组织带来的相应制度主体缺位等难题而做的实用性尝试。在全国性制度之外，地方性法规认可“多元化雇主组织”，至少说明两个问题：第一，在国家相应制度的设计中，并没有将雇主组织二元性作为既定的、不可违反的原则确认下来，因而地方性法规的补充性规定并非违反了国家政策，而是对雇主组织界定的有益补充。这也从侧面说明，“雇主组织”在国家体制中发挥作用的方式与具体职能，仍然存在着进一步探索的空间，也代表着发展的方向。第二，在纳入体制内的三方机制中，雇主组织的二元性是从上到下得到认可的，但涉及集体协商与集体合同制度时，二元性的雇主组织已经显示出主体缺位等不足，急需其他代表雇主的社会组织来填补。

第二节　中国企联的法律主体地位及制度保障

改革开放 40 年来，我国实现了从计划经济体制向市场经济体制的全面经济转轨。与此同时，以人治为核心的全能国家逐渐转向以法治为基础的有限政府转变，一元化的单位社会转向多元化的开放社会转变，经济转轨、政府改革与社会转型平行演进、相互渗透、相互制约。[②] 2018 年 3 月

---

① 韩俊魁. 外国商会在中国的发展与治理模式比较. 经济社会发展比较研究，2012 (1).

② 王名. 社会组织论纲. 北京：社会科学文献出版社，2013：3.

我国《宪法》修改，强调了加强中国共产党在国家治理中的重要作用，但“市场经济”与“法治”仍然是中国宪法宣告的基础性制度安排。中国企联的产生、发展以及职能的转变，充分显示了企联作为社会团体，不同于党政机关，也不同于企业，面向中国经济体制、社会发展中的各种问题，利用经济转轨、政府改革以及社会转型过程中可能的资源、空间和机会，创造性地在谋求自身发展的同时为经济体制改革与劳动关系的和谐发展作出贡献。作为改革开放后成立的第一个全国性、综合性企业团体，中国企联积极行使“雇主组织”职能，在国际上充分彰显雇主组织身份，在国内力求在三方机制中发挥作用，但在发展中也面临着法律地位的困境和发展的瓶颈问题。

一、经济转轨中的社会组织：企联发展的起点

中国企联是中国企业联合会、中国企业家协会合署中文简称，是经民政部注册登记、非营利的全国性社会团体法人。中国企联独立于政府，能够自主从事各项活动；其分支组织分布于各省、自治区、直辖市、各行业、工业城市和区县，坚持民主集中制的协商原则，充当连接政府和企业的桥梁与纽带，依照法律法规代表及维护雇主的权益而不具有政治目的，协调企业与企业、企业与社会、经营者与劳动者的关系。① 中国企联前身应为1979年3月成立的中国企业管理协会。之后国家经贸委开始推广试点厂长经理负责制，成立厂长经理研究会即中国企业家协会的前身。此举为现在的中国企联、中国企业家协会的建立打下铺垫。直至1999年4月24日，经国务院同意、国家经贸委审批、民政部核准，中国企业管理协会才最终更名为现今的中国企业联合会。

（一）“旧”体制中的新思想

中国企联的产生在我国并非出于协调劳动关系的需要，而是从计划经济体制向市场经济体制转轨中经济体制改革的产物。中国企联诞生前，我国正值“文化大革命”结束，百废待兴，执政党和国家探索经济体制改革。1978年中共中央和国务院决定恢复国家经济委员会，在《关于国家经济委员会的任务、机构的通知中》明确规定“抓好工业管理和企业管理

① 中国企联章程.［2017－04－26］. http://www.cec-ceda.org.cn/.

是国家经委的一项重要任务”。中国共产党的十一届三中全会召开前夕，中共中央有关领导和京、津、沪、辽省（市）副省（市）长组成高级代表团，对日、美等国的经济和企业管理进行了考察，后在报告中指出，“与工业先进国家相比，中国在管理上的落后，比之技术上更加突出，引进先进管理技术比引进先进设备更为迫切”。为此，报告建议“成立中国企业管理协会，在国家经委领导下，研究国内外企业管理制度和经验，交流推广企业管理经验，培训企业管理干部，收集情报资料，进行国际交流”等。[①] 1978年10月31日至12月5日，在党和国家领导指示安排下，国家经委代表团对日进行访问，其任务是了解日本在二战后经济发展的经验，考察日本工业管理和企业管理的状况。代表团的团长为时任国家经委主任的袁宝华同志。日本各种协会的活动和它们在社会经济生活中的作用和贡献，给代表团领导留下了极其深刻的印象。1978年12月10日，代表团回国后，在呈送给党中央、国务院的汇报材料中写道：“代表团经过日本考察得到最重要的启示之一，就是战后日本经济之所以能够高速发展，其中一条重要经验，是充分发挥了民间组织行业协会的作用。”同时，代表团还在材料中表示，应当迅速成立相应的团体，把有关部门、研究单位、高等院校组织起来，在国家经委的领导和协调下，负责收集整理和研究国内外有关企业管理的制度、方法和经验，承担出版企业管理书刊、进行国际交流等任务。中国共产党的十一届三中全会以后，党中央、国务院先后下发一系列文件，针对经济管理体制权力过于集中的重要缺陷，提出应该大胆下放权力，让生产企业有更多的经营自主权；要精简行政机构，把它们的大部分职权交给企业。中国企联的成立，可以认为是我国改革经济管理体制的重要一步，是革除弊病的开始，从而形成了“在旧的经济体制中孕育新的经济体制，营造转变思想观念的社会氛围”。1979年3月，中国第一家综合性经济新团体——中国企业管理协会在北京正式成立。

（二）我国企联成立的目的

中国企联的建立，是高层官员思想解放的结果，也正是他们才有能力和资源动员全社会的热心力量，为企业发展服务。其中的核心就是曾任国家经济委员会与国家计划委员会主任的袁宝华。在谈到成立我国企联的目

---

① 本书编委会. 中国企协20年大事记. 北京：企业管理出版社，1999：1.

的时，他在我国企联筹备阶段曾说道：

> 成立企业联合会就是为了利用这种组织形式，发动和联合党政部门、各地方和各部门的力量，把全社会一大批热心于企业改革和企业管理的人士，包括政府机关、企业的同志和大专院校、科研单位、新闻出版部门的积极分子组织起来，共同搞好企业管理，办好企业。利用中国企联组织把大家联合起来面向企业，承担起企业管理的研究工作，收集整理国内外有关企业管理的规章制度、方法、经验，进行宣传出版工作，开办企业管理方面的各种讲座及开展企业管理培训工作，进行企业管理的国际交流活动。一句话，就是要联合各方面的力量为企业做点实事，办点单个企业自身办不到、办不了的事情。①

可见，利用社会团体形式，整合社会资源为企业的利益服务，是中国企联建立的初衷。

（三）从国家机构中剥离

中国企联发展过程中人、财、物等各项要素，得到了国家经委的大力支持。国家经委办公厅和国家计委办公厅于 1982 年颁布《关于调整经济干部培训中心建设面积的函》（经办〔1982〕129 号），通过时任中国企联领导的积极活动，为中国企联争取到集办公、教学、住宿为一体的公务活动区，从而奠定了中国企联发展的实体基础。

中国企业管理协会成立后，由几位机关工作人员兼职运行的权宜之计已不足以应付该协会成立后的大量实际工作。袁宝华曾说：中国经济总量少，政府更多管理企业有其必要性，集中力量能够立竿见影地处理问题，这是历史遗留但也会不断改革解决，中国企联正是为此而生。政府逐渐将企业生产管理交付民众团体，自己则放手而出，主要着眼于研究经济监管与制定宏观的方针政策，以提高企业自主的管理经营能力。② 国家经委党组作出决定，将中国企业管理协会办成有专职编制的事业单位法人，由国家计委负责相应经费。中国企业管理协会的编制于 1980 年 5 月 12 日由国家编制委员会正式批准下文，定了 50 人的事业编制，设立对外联络部、企业管理研究部、人才培训部、编辑出版部和办公室。③

---

① 伍子杰. 企联初创的岁月. 企业管理出版社，2007：49.

② 同①181.

③ 同①63.

二、中国企联的组织结构、内部治理及法律地位

(一) 中国企联的组织结构

1. 中国企联的组织体系

组织体系是组织存在的基础与组织力量的具体体现。正如国际雇主组织的专家吉恩·玛瑞·斯丹特（Jean Marie Standaert）所描述的，雇主组织的会员越多，体系越健全，就越具有代表性，也越具有作为雇主发言人的权威。① 在中国企联的努力和各地方企联及行业协会的支持下，中国企联已经发展成为在省一级全覆盖、在中心城市有两百多家地方企联以及三十多个全国行业性团体的中国企业界最大社会团体。

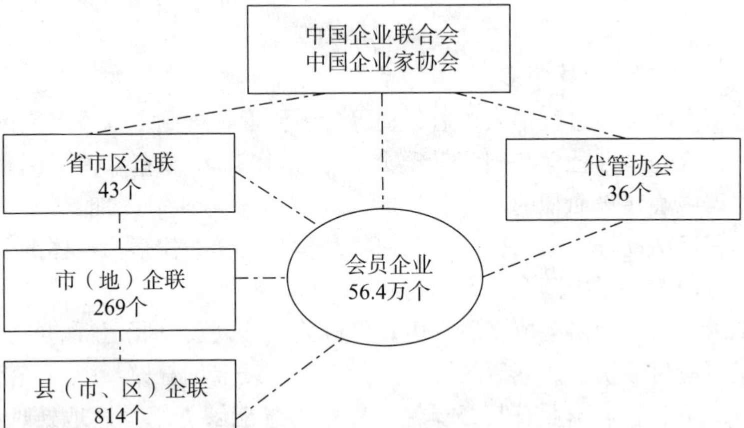

图 6-1　中国企联的组织体系②

1999 年企业管理协会更名为企业联合会后，中国企联于 1999 年 4 月提出由中国企业管理协会、中国企业家协会会同中国乡镇企业协会、中国外商投资企业协会、中国个体劳动者协会、中国民营科技实业家协会、中国女企业家协会以及中国青年企业家协会联合发起成立中国企业联合会，综合运用各企业协会的优势，有利于壮大企联的组织结构，增强企联服务

---

① Jean Marie Standaert. Governance of Employers' Organizations. ILO Subregional Office，Budapest，2004.

② 2017 年本书作者赴中国企联调研现场获取的数据。

企业的代表性。

2003年9月，中国企联召开了第七届理事会，确立参与协调劳动关系三方机制作为企联的“立会之本”，同时对企联的领导机构进行了调整：在常务理事中，扩大了企业界理事的比例；在会长的组成中，确保来自企业的副会长占绝大多数，以在各项活动中充分发挥企业副会长、企业常务理事和理事的作用，同时加强同各省、市、区和中心城市企联的联系，强化企联系统的交流与合作，增强企联系统的凝聚力。①

2. 中国企联与地方企联的关系

(1) 地方企联的自主设立。

在中国企联创立之初，曾有一些部门和地方向国家经委建议，应当由国家经委发正式文件，向国务院各部门和地方各级经委提出硬性要求，把行业和地方企联组织起来，并要求定级别、定编制、定人员，作为中国企联的分会，把团体会员、个人会员作为分会会员。这一意见被袁宝华否定，他认为企联不同于政府机关的重要所在就是企联的工作本身要由积极分子推动，才能弥补政府与企业在企业管理机制上的不足，工作才能富有挑战性，企联的活动空间才能更大。只有工作人员真正树立起为企业服务的意识，才能配合政府协同企业，共同做好为企业服务的工作。因而，中国企联自成立之后，就没有走“从上到下”的机构建立方式。实际上，是一批地方积极分子和领导骨干主动提出创建地方企联，并一同联合进行服务企业改革试点工作。京、津、沪三个直辖市的企联都成立于1979年6月至9月间，是与中国企联几乎同时或紧接着成立的；从1980年开始地方企联首先在东北三省成立，而后从东部往中部和西部延伸，到现在所有省、区、市都成立了企联。

(2) 雇主工作上的业务指导关系。

中国企联与各行业协会及地方企联的关系，不同于政府部门间的上下级领导关系，也不像中华全国总工会的“全国建立统一的中华全国总工会”②。按照中国企联领导的说法，它们之间甚至只是一种“影响”或“引导”的关系。③ 在本书作者及其研究团队与中国企联雇主部工作人员

① 陈锦华. 国事忆述. 北京：中央党史出版社，2005：247.

② 《中华人民共和国工会法》第10条。

③ 张彦宁. 西北五省市企联工作会议上的讲话纪要. 企联内部资料，2007.

访谈时，对于中国企联与地方企联的关系，雇主部工作人员坦率地说：

> 中国企联与地方、部门企联没有上下级的隶属和领导关系，它们能够独立开展业务活动。区别仅仅是我们是国家层面，它们是地方层面，但法律上中国企联和地方企联是平等的。
>
> 中国企联与地方、部门企联之间有业务指导与协作配合关系。但是，指导工作主要是指导雇主工作这一块，对于其他工作中国企联对地方企联并没有（进行）指导。

3. 中国企联的会员

（1）会员类型。

一般而言，雇主组织的会员主要是企业，但有的雇主组织也有团体会员，而联合会形式的雇主组织的会员主要是混合型的，有个体企业会员也有团体会员。中国企联的会员就是混合型的，既有单位会员，也有个人会员。由于中国企联和各级企联并非垂直领导关系，因此，各级企联和行业协会都可以在越过其下一级企联发展团体会员和企业会员。如中国企联在囊括所有省、区、市企联的同时，可以直接与市（地）级企联、县（市、区）级企联和企业直接联系。也就是说，就某个企业会员而言，它既可能是中国企联的直接会员，同时也可能是省级企联、市级企联、县级企联或行业协会的会员。

在访谈中，中国企联的同志表示：

> 目前中国企联的个人会员，即直接给中国企联交会费的企业有4 500多家。要成为中国企联的个人会员有一定的门槛条件，这主要是为了将其他企业资源留给地方，以免造成中国企联与各地企联争夺会员的局面。

（2）会员覆盖面。

在国际上，针对雇主组织会员关注两个指标；一个是覆盖面（Density），另一个则是聚合性（Cohesiveness）。第一个指标即会员覆盖面受关注的程度较高，在雇主组织的代表性指标中是重要的标志。国际上，关于雇主组织大多以其会员企业会员数所占全体雇员数的比例作为衡量其规模的标准。一般认为覆盖面越广则组织越强大。

在我国企联主要以单位会员与个体会员的数量作为统计其会员的标准，因此，很难确定企联会员所覆盖员工的数量。现有的统计数据显示，中国企联已经形成了覆盖全国的组织网络体，拥有直属企业会员近4 500

家，下属机械、轻工、纺织、商业、电子、铁道、交通、煤炭、对外经贸合作、石油、石化、化工、电力、钢铁、航空、航天、建材、有色金属等36个全国性企业团体。北京、上海、天津、重庆、辽宁、江苏、浙江、山东、河北、广东、四川、内蒙古、广西、新疆、西藏等31个省、自治区、直辖市及大连、武汉、深圳等260个工业城市（地区）的企业和企业家团体成为中国企联的单位会员。

企联的个体成员是不区分所有制性质的，即所有类型的企业，包括国有企业、民营企业、集体企业以及外资企业，都可以加入企联。许多外商投资企业协会同时也是企联的单位会员。在这一点上，企联与工商联间存在比较明显的差异是工商联的会员主要为民营企业。

（3）会员的聚合度。

在讨论雇主组织的会员问题时，聚合度指标受到的关注并不高。聚合度实际上决定着雇主组织能否团结起来追求共同利益。企业同质性越强的，如属于同一行业或规模同等大小，意味着它们之间的竞争程度越高，其相互结合产生的雇主组织更有可能采取更加有效的行动来维护雇主的利益。①

中国企联曾于2001年对全国企联的会员构成情况作出调查，在被调查的21个省、区、市和工业城市企联中，国有企业会员超过60%，而民营企业和外资企业会员仅占13%左右。早期中国企联的行政化色彩较强，其会员的“国有”性质决定了其同质性也较强。但是随着中国经济结构的变化与企联自身拓展服务范围、转变服务对象的需要，在2008年，新的调查显示，中国企联的国有企业会员仅占34.27%。② 到2018年有资料显示中国企联的成员企业中仅有15%的国有企业。中国企联的成员企业聚合度并不高，从而带来的问题是，在集体协商签订集体合同时，中国企联很难组织或说服同一行业的企业参与集体协商、代表企业签订集体合同，这些任务需要聚合度更高的行业协会来完成。

---

① J. Beson，Y. Zhu，H. Gospel. Employers' Associations in Asia：Employer Collective Action. Routledge，2017，p. 19.

② 程多生. 基于劳动关系视角的中国雇主组织发展问题研究. 北京：中国人民大学，2009：82-83.

（二）中国企联的法律地位及内部治理

1. 接受双重管理的社团法人

（1）社团法人的法律定位。

中国企联最早从国家经委分离出来，在经济体制改革的过程中，逐渐发展为社会团体，是经民政部注册登记、非营利的全国性社会团体法人。中国企联的业务主管单位是国务院国有资产监督管理委员会，社团登记管理机关是民政部。中国企联接受业务主管单位、社团登记管理机构的双重业务指导和监督管理。《民法总则》第 90 条中规定：具备法人条件，基于会员共同意愿，为公益目的或者会员共同利益等非营利目的设立的社会团体，经依法登记成立，取得社会团体法人资格。

（2）主管机关的更迭。

中国企联的主管部门的变更与国务院机构改革有关。“文化大革命”结束后，1978 年国务院恢复成立国家经济委员会，作为全国综合性宏观调控和工交系统主管部门。在时任国家经委主任袁宝华同志的支持下，中国企联设立并从国家经委独立出来，成为事业单位法人。1988 年全国人大第一次会议决定不再设国家经济委员会，国家经委职能并入国家计委。1993 年国家计委重新改名为国家经济贸易委员会。然而至 2003 年 3 月 10 日，第十届全国人大第一次会议再一次决定撤销外经贸部和国家经贸委，设立商务部等部门。这一系列的变动中，自国家经委被撤销之后，中国企联失去主管单位，国务院暂时成立企业管理指导委员会，随后又历经国家体改委、经贸委接手、经贸委再度被撤等变故，最终中国企联的主管部门变更为国有资产监督管理委员会（以下简称国资委）。

（3）体制性支持弱化——社会团体管理体制变革中的困境。

第一，体制内资源对中国企联的意义。

国资委与民政部双重管理的体制对中国企联的意义显而易见。中国企联从诞生开始就具有官方背景，其组织经费以及活动中所需的各种资源与业务主管部门息息相关。中国企联长期承担的雇主工作职能，并不像咨询、培训或出版等业务能够带来经济效益，需要主管部门给予一定的支持和帮助。另外，如果没有行政上的主管部门为中国企联带来一定的体制内资源以及象征意义上的行政级别，中国企联参与三方机制和协调劳动关系难以得到具有相当高的行政级别的工会或政府的重视。

第二，社会团体管理体制的变革。

近年来，我国社会团体管理体制正在经历深刻的变革。社团管理要从“双重管理”向“事前监管”回归，社会团体与行政机关脱钩的要求可能直接抹去中国企联的“官方”色彩。中国共产党十八大和十八大以来历届中共中央全会明确提出，加快形成政社分开、权责明确、依法自治的现代社会组织体制，推进行业协会、商会与行政机关脱钩。2015 年 7 月中共中央办公厅、国务院办公厅发布《行业协会商会与行政机关脱钩总体方案》（以下简称《脱钩方案》），限期完成社团组织与行政机关脱钩的工作。社团组织与行政机关脱钩，主要目标是解决官办社团长期以来的“红顶中介”和“二政府”角色、“靠机关吃企业”等问题，回归民间团体本色。

2015 年民政部、国家发改委下发《关于做好全国性行业协会商会与行政机关脱钩试点工作的通知》。在该通知中，脱钩工作分三步进行：“各业务主管单位按照主管全国性行业协会商会数量的 1/6 推荐参加 2015 年试点名单，主管数量不足 6 个的推荐 1 个，主管数量只有 1 个的本着自愿原则参加试点。2016 年扩大试点时，各业务主管单位按照剩余数量 1/4 左右确定试点名单。2017 年更大范围试点时，各业务主管单位按照剩余数量 1/3 左右确定试点名单。”与此同时，国家机关事务管理局、中央直属机关事务管理局印发《全国性行业协会商会脱钩改革有关行政办公用房管理办法（试行）》（国管房地〔2015〕398 号），这意味着被脱钩的社会团体原来使用的行政办公用房也将被限期收回。

中国企联在脱钩试点中，被列入第二批脱钩名单。截至 2018 年 7 月，第一批试点的 148 家全国性行业协会、商会中，有 145 家正式报送了脱钩实施方案和基本情况表。2018 年 4 月 24 日，全国性行业协会、商会第一批脱钩试点工作推进会暨第二批脱钩试点工作动员会在京召开。

第三，中国企联是否脱钩命运未卜。

尽管被列入了脱钩名单，作为在三方机制中代表企业方的组织，中国企联仍然在努力争取保留行政机关的主管关系。《关于做好全国性行业协会商会与行政机关脱钩试点工作的通知》第 2 条为不脱钩作了例外规定：个别承担特殊职能的全国性行业协会商会，经中央办公厅、国务院办公厅批准，另行制定改革办法。以此为依据，中国企联向民政部与国家发改委提交报告，主张：其一，中国企联在联合国国际劳工大会中，是中国唯一的雇主组织代表，承担了外交职能；其二，中国企联在国家劳动关系三方协商会议中作为企业代表组织，承担了协调劳动关系的特殊职能。到2019年12月为止，中国企联在管理体制上尚未与国资委脱钩，但将来是否脱钩，尚未有定论。

(4) 脱钩组织与未脱钩职能间的矛盾。

中国在从计划经济向市场经济、从全能政府转向有限政府的制度变迁过程中，尽管经济与社会等领域取得了重大的成就，但制度转型过程中的路径依赖仍然存在，即政府仍控制大部分重要的职能资源。像中国企联这样的政府推动型的社会团体，一旦被脱钩，立刻就和市场型的社会团体站在一条起跑线上。尽管在市场经济国家也强调雇主组织作为非政府组织的本质属性，但在中国经济转轨的背景下，中国企联完全脱离体制被抛向社会后，其在官方建立的劳动关系三方协商会议中的地位和影响力势必大打折扣。特别是在目前体制内强大的工会与作为“人民团体”的工商联代表劳—资的背景下，中国企联被完全市场化的后果很可能是其在三方机制中的地位不断弱化！由此而带来的后果是，在劳动关系三方协商会议层面，企业利益从上而下地传递到相应机制中的渠道越来越不畅通。当然，本书作者并非主张中国企联应当继续保持官方特色，但是在将中国企联的体制内资源渠道予以截断之前，应当对中国企联在三方机制中的地位给予充分的法律保障。

2. 内部治理

(1) 社团法人内部治理的法律要求。

《民法总则》第91条规定：设立社会团体法人应当依法制定法人章程。社会团体法人应当设会员大会或者会员代表大会等权力机构。社会团体法人应当设理事会等执行机构。理事长或者会长等负责人按照法人章程的规定担任法定代表人。在《民法总则》的设计中，对于社会团体法人仅作原则性规定，即仅规定登记、章程、权力机构、执行机构、法定代表人。监督机构不是社会团体的必设机构，因社会团体非必然为公益目的而设立，法律无理由强行要求一概设监督机构。[①] 2016年修改的《社会团体登记管理条例》增加了内部治理的规定，要求章程中载明“民主的组织管理制度，执行机构的产生程序”以及“负责人的条件和产生、罢免的程序”。

---

① 李宇. 民法总则要义：规范释论与判解集注. 北京：法律出版社，2017：271.

(2) 企联现有的内部治理结构。

2013年2月27日中国企联会员代表大会表决通过的《中国企业联合会章程》规定：会长全面领导本会工作；常务副会长协助会长领导本会工作；驻会副会长依据会长安排，分工组织协调本会有关业务工作。会长办公会由会长、常务副会长、驻会副会长、秘书长组成，是协会的决策机构。其职责主要包括研究本会发展中重大的方向性、战略性、政策性问题；研究本会系统和行业协会之间相互协调发展的重大问题等。与2008年章程相比，2013年章程删去了会长办公会的“研究涉及企业改革和发展的问题，向政府提出政策建议”的职责，这表明提出政策建议已经不再是中国企联的主要功能之一。2013年章程还规定：秘书长全面负责本会的日常工作。秘书长办公会由秘书长、常务副秘书长、副秘书长组成，是协会执行机构。

地方企联的章程规定的治理结构与中国企联的类似，绝大部分都实行会长负责制或秘书长负责制，只有少数企联实行会长和秘书长双重领导。在实行会长负责制的情况下，一般都是从地方人大、政协或地方经济、贸易部门退休的领导专职从事企联工作。在实行秘书长负责制的企联，会长一般都是在政府部门任职的领导（占2/3）或地方龙头企业的领导（占1/3），由秘书长兼常务副会长，负责日常工作。一般情况下，秘书长都是企联本身的专职工作员，所以在企联每四年或五年召开的换届大会上，常务副会长兼秘书长的人选一般都是连选连任，而会长、副会长和理事根据情况变化比较大。

(3) 企联内部治理中的主要问题。

尽管《民法总则》并未对社会团体的监督机构作出强制性要求，但一般认为比较健全的协会内部治理结构应当包括如下四个机构：第一，会员大会，由自愿加入的会员企业组成，是协会的最高机构。第二，理事会：由会员大会推选产生，是会员大会的执行机构，并向会员大会负责。理事较多的理事会可以从理事中选举产生常务理事组成常务理事会，行使理事会的职权。理事会是协会治理的核心部分，往往掌握着有关组织宗旨、发展方向、重要活动等重大问题的实际决策权。一般理事长兼任会长。第三，监事会，由会员大会或者会员代表大会选举产生，主要对理事会的决策、秘书处的活动、协会的财务管理以及会员遵守约定的情况等进行监督，提出批评和建议，需要保持相对独立性。[①] 第四，秘书处：是协会具体事务的执行机构。一般而言，对于享有自治地位的互益性社团法人而言，内部治理要实现协会的“自治权”，通过合理的结构安排和功能设置，实现内部治理机构各部门之间的分权制衡和协调配合，激发会员对协会的行动和参与，提高决策的民主和效率，并对执行机构产生有效的约束和激励，最终才能保障和提升会员的利益。

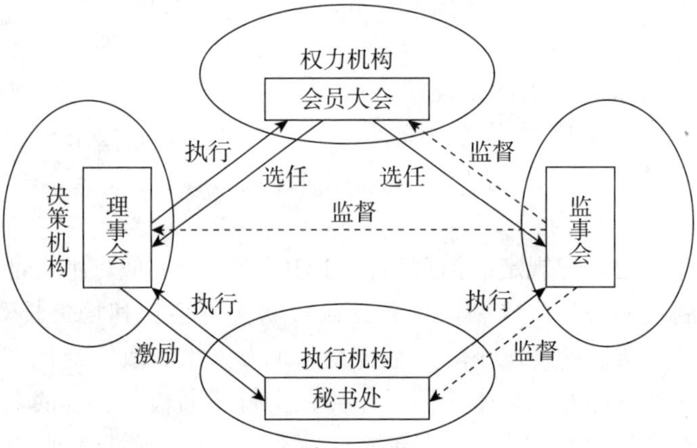

图 6－2　行业协会健全的内部治理结构[②]

其一，外部监督取代内部监督。

从现有的企联内部治理结构的设置看，监督机构并没有被列入内部治理机构，目前中国企联仍然是国资委主管的协会，国资委除主管业务外，在协会的经费、人员以及财物等方面都有审计要求。对于中国企联而言，对其监督的权力在相当大程度上仍然把握在主管机关手中。

其二，大企业与中小企业的话语权冲突。

在德国与英国的雇主组织内部关系中，可以看到大企业在雇主组织内部的作用不同，将引导组织的发展以及其在协调劳资关系方面的作用。在德国，大企业在雇主组织中的支配性地位推进了行业性的集体协商，而英国的大企业在雇主组织中的支配性地位不明显，从而导致大企业在没有太

① 王名．社会组织论纲．北京：社会科学文献出版社，2013：158.

② 部分参考李丹，等．浅议我国行业协会的治理结构．科学与管理，2007（2）。

大的工会集体行动压力时，倾向于脱离雇主组织的约束。

在我国企联的内部治理结构中，由于企联从一开始就吸引了大量的国企入会，尽管经过多年发展，企联的会员已经呈现多元化特征，但在企联的治理结构中，大企业仍然起了相当重要的作用。例如，中国企联，包括相当多的地方企联，为了吸引规模较大、经济效益较好、发展较快的企业，特别是央企和其他国企，采取了降低会费门槛、为企业提供担任协会副会长与常任理事的机会等方式。尽管协会对副会长的数量有严格限制以保证内部结构的科学性，但不可否认，大企业在企联中具有更大的发言权。当然，不能否认雇主组织不同于一般的经济型行业协会，强调协会内部的大中小企业平等，不一定有利于劳动关系的协调。特别是在我国目前雇主组织的主要作用并非集体协商与签订集体合同，企业之间的利益在三方机制中大体上是趋同的，大企业在协会中发挥主导作用，对于促进协会积极作为是有好处的。如当本书作者及其研究团队在地方调研时，相关工作人员明确表示："在我们当地的三方机制中，企联非常积极，很重要的一个原因是企联的几个大的副会长单位都是当地的大国企，它们对最低工资调整等事项非常敏感，在推动企联代表企业利益、商谈最低工资调整问题时发挥了积极作用。"

（三）企联的经费与组织建设

1. 企联的经费

按照中国企联的章程的规定，中国企联的经费主要来源包括：会费；国（境）内外团体、企业和个人的捐赠或者资助；政府资助，受委托项目的收入及其他资助；在核准的业务范围内开展活动或服务的收入；利息；其他合法收入。本书作者在调研中了解到，中国企联的收入主要由三部分构成：第一是政府补贴，其中既包括中国企联的主管机关国资委的直接补贴，也包括政府购买服务支付的费用。第二是中国企联的服务型收费。中国企联自成立开始就重视培训业务，并且在当时主管机关的帮助下建设了培训大楼，因此，培训业务迄今为止仍能为中国企联带来不少收入。除此之外中国企联为企业提供咨询或主办相关活动也产生了一定的服务型收费。第三是会费收入，即四千多家企业缴纳的会费。由于个人加入中国企联有一定的门槛，历史上中国企联的会员一直以大型国企为主，因此企业缴纳的会费也是中国企联活动的有力保障。

表 6-4　中国企联的收费标准①

序号	级别名称	会费标准（万元/年）
1	一般会员（企联系统）	0.2
2	一般会员（企业）	0.3
3	理事会成员	1.0
4	常务理事会成员	3.0
5	副会长单位	10.0

2. 企联的人员缺位问题

企联的生成路径是政府推动型的，尽管政府对各级企联的成立都起过重要作用，但企联毕竟不是政府机关，根本无法依赖体制内的正式编制来解决企联的人员短缺的问题。就中国企联自身而言，为适应三方机制建设和活动的需要，于 2001 年专门成立雇主工作部，主要负责中国企联以及各地企联参与三方机制建设和协调劳动关系工作。这是企联系统内部唯一与劳动关系工作直接相关的部门，但其工作人员也仅为 7～8 人。在省市一级企联甚至县级企联，工作人员数量极少。有数据显示，在 20 个省、区企联，共有工作人员 450 人，其中专门负责劳动关系协调等工作的人员总共只有 50 人，平均一个企联才 2.5 人。对于企联而言，所面临的问题不仅有组织体系欠缺，更主要的是在协调劳动关系过程中暴露出的人力资源不足。由此产生的连锁反应是：由于组织体系不全、人员不足，企联的信息整合能力不强，从而导致企联在正式决策机制中尽量维护企业利益的论证缺乏有说服力的信息与数据。在本书作者进行调研时所开展的访谈中，某企联工作人员说道：

> 我们手上不掌握企业劳动关系方面的数据信息，工业企业的行业经济数据一般是由行业协会搜集的，工信部主管并出资。行业协会在劳动关系这一块的信息搜集也比较弱，2016 年人社部劳科所联系我

① 数据来源：徐家良等. 社会组织的结构、体制与能力研究. 北京：中央编译出版社，2012：361。

们，希望企联联系团体会员的行业协会，提供企业在工资以及劳动力成本等方面的一些数据，企联给各个行业协会发函，但没有得到其中任何一家的回复。

正因为在劳动关系信息搜集方面能力不足，在决策机制中企联的话语权非常有限。正如本书作者在调研时某企联工作人员所谈到的：

人家劳动保障部门代表政府，本身就具有权威，而全总代表劳方，不仅享有很高的政治地位和建立了强大的组织体系，而且有充足的经费支持和人员保障。它们都至少有五六个部门上百号人与劳动关系工作有关。谈到政策，它们都有专门的政策研究部门，随时可以深入全国每个角落了解各种情况；谈到立法，它们都有法制或法律部门；谈到就业和工资，它们不仅有专门的部门，还有全国上下贯通的统计网络和系统。企联就那么七八个人、四五条枪，这个会是你去，那个问题也是你去；今天是你去，明天还是你去。在很多问题上你们说得很有道理，也很有观点，但拿不出真凭实据，也没有出具体数字和数据，人家凭什么接受你的意见和建议？①

三、地方企联的法律主体地位及制度保障

（一）地方企联的主管机关

1. 地方企联主管机关的多样性

地方企联的业务主管部门不同，与企联成立的背景关系密切。大部分地方企联隶属于当地经济（贸易）委员会或国有资产管理委员会，少数挂靠在政府机构改革后新设立的工业经济与信息局、经济发展研究中心或工交局等政府部门。以本书作者及其研究团队在上海市的调查情况为例，上海市企联的业务主管机关是上海市经信委，在各区县共计有13家区企联，这13家区企联中，大部分的业务主管机关是区商务委员会，约三分之一的业务主管机关是区经济委员会。

① 程多生. 基于劳动关系视角的中国雇主组织发展问题研究. 北京：中国人民大学，2009：84.

表 6-5　上海市及各区县企联登记信息①

组织名称	成立日期	业务主管部门	业务范围
上海市企业联合会	1979年8月23日	上海市经济和信息化委员会	开展劳动关系协调、学术研究、咨询服务、教育咨询、编辑出版及国内外交流
以下是主管机关为区商务委员会的区企联（以成立时间为序）			
上海市闵行区企业联合会	1991年3月6日	上海市闵行区商务委员会	学术研讨、经验交流、调查考察、业务培训、沟通协调、咨询服务
上海市虹口区企业联合会	1991年4月26日	上海市虹口区商务委员会	协调劳资纠纷、企业服务
上海市杨浦区企业联合会	2006年4月5日	上海市杨浦区商务委员会	业务指导、联合营销、会展推介，中介咨询，广告发布，培训交流、合作，劳动法律、经济法律服务
上海市普陀区企业联合会	2008年1月16日	上海市普陀区商务委员会	为企业开展培训、咨询、信息服务，维护企业、企业家合法权益
上海市静安区企业联合会	2008年7月21日	上海市静安区商务委员会	政策指导、协调服务、信息沟通、信息发布、业务培训、表彰评比
上海市黄浦区企业联合会	2008年4月25日	上海市黄浦区商务委员会	业务指导、信息沟通、中介咨询、广告发布、培训评选、劳动法律和经济法律服务
上海市徐汇区企业联合会	2011年5月30日	上海市徐汇区商务委员会	业务指导、联合营销、会展推介、中介咨询、专题调研、信息发布、专业培训、交流合作、评选评审、相关法律服务

① 信息来源：上海社会组织网站，http://www.shstj.gov.cn/node1/zhuzhan/index.html。

续前表

组织名称	成立日期	业务主管部门	业务范围
上海市长宁区企业联合会	2014年6月10日	上海市长宁区商务委员会	业务指导、信息咨询、广告发布、培训评选、劳动法律和经济法律服务
以下是主管机关为区经济委员会的区企联（以成立时间为序）			
上海市奉贤区企业联合会	1992年6月11日	上海市奉贤区经济委员会	调查研究、技术咨询、经验交流、培训考察、医疗休养
上海市金山区企业联合会、金山区企业家协会	1998年11月30日	上海市金山区经济委员会	总结推广企业家的先进管理经验，提高企业家的指挥决策力，保护企业家的合法权益
上海市浦东新区企业、企业家联合会	2000年5月16日	上海市浦东新区科技和经济委员会	为会员提供劳动关系协调、政策宣传、学术研讨、信息交流、调查研究、咨询服务
上海市宝山区企业联合会	2008年1月4日	上海市宝山区经济委员会	开展交流与合作、咨询、培训，为劳动关系协调、劳动法律和经济法律服务
上海崇明企业联合会	2017年2月21日	上海市崇明区经济委员会	为会员提供劳动关系协调、政策宣传、调查研究、信息交流、咨询服务、业务培训，引导会员参与家乡经济建设，维护会员的合法权益

本书作者及其研究团队在上海市企联调研时曾询问为何各区企联的主管机关有商务委员会和经济委员会的区别，上海市企联的工作人员说：

企联作为社会团体，其主管部门的差别与设立背景关系较大。主管机关为经济委员会的区企联大多数为郊区（县）企联，郊区（县）企联成立时，多数会员企业为工业企业，因此主管机关为主管工业经济的区经济委员会。而市区的企联会员企业大多为商业企业，这些企业属于主管商业、流通领域工作的商务委员会的主管范围。

2. 地方企联从官办社团向民办社团转化

各地企联的法律主体身份均为遵照《社会团体登记管理条例》在民政部门登记注册的社团法人组织，是以企业（企业家）和经营管理者为主，有专家、学者、新闻工作者参加的非营利性社会团体，其宗旨大多表述为：以邓小平理论和“三个代表”重要思想为指导，全面贯彻落实科学发展观，遵守国家法律、法规，坚持面向企业，为企业、企业家（雇主）服务，维护企业、企业家（雇主）的合法权益，发挥桥梁纽带作用，营造良好的社会环境和舆论氛围，培养和造就职业化企业家队伍，促进经济社会持续稳定发展。由于各省、区、市在社会团体市场化方面改革的步骤不一，企联的性质也不完全相同。有些企联与政府部门在人员上存在重叠，如青海省企业管理协会、青海省企业家协会、《青海企业》杂志是三个牌子一套班子，工作人员属于青海省经济和信息化委员会公务员；有的地方一级企管处负责人兼任企联领导。也就是说，绝大多数企联都是政府推动型的社会团体，其产生是主管机关积极推动的结果。但企联的官方色彩在近年来已经大大弱化，特别是在地方层面。

（1）地方行业协会、商会与主管部门脱钩。

自 2015 年中共中央办公厅、国务院办公厅《脱钩方案》公布以来，各省、区、市纷纷公布了本省、区、市的脱钩办法。在有些省份的脱钩行动中，已经将地方企联从主管部门脱钩，如内蒙古自治区企联 2015 年响应国家关于社会团体管理体制改革的政策已经与政府主管部门脱钩，河北省政府规定河北省工业经济联合会为全省性经济类行业协会的业务主管单位，因而河北省企联已经与政府部门脱钩。对于脱钩工作，有些省份尚在观望。总体而言，省一级的企联脱钩的比例较小。

（2）上海的实践。

2015 年 9 月，上海市成立行业协会商会与行政机关脱钩工作领导小组。2015 年 12 月中旬，领导小组完成第一批脱钩试点总体方案的制定，向民政部报送第一批脱钩试点总体方案及工作组组成情况和联系方式。第一批脱钩试点总体方案经民政部核准、国家联合工作组批复后实施。2016 年 6 月初，上海市各相关职能部门完成脱钩改革相关政策措施的制定、出台工作；上海市领导小组召开脱钩试点工作动员大会，对第一批脱钩试点工作进行全面部署，统一向社会发布第一批脱钩试点名单。2017 年 3 月，上海各市级业务主管单位、行业主管部门和各区确定参加第二批试点行业协会、商会名单。2017 年 5 月，上海市第二批试点总体方案、市区级第二批试点行业协会商会名单发布。被列入脱钩名单的行业协会，除与主管部门脱钩后，无法从主管部门再得到经费支持外，被要求依照上海市《市机管局关于清理腾退上海市行业协会商会占有使用行政办公用房的实施意见（试行）》退出占用使用的行政办公用房。

迄今为止，上海市企联目前尚未与主管部门上海市经信委脱钩，且未被列入上海市前三批行业协会商会与主管部门脱钩名单中。因企联在三方机制中担任重要角色，上海市政府对于市企联与主管部门脱钩仍然持慎重态度，意图对标中国企联的脱钩情况。在上海市区县一级，目前脱钩的有浦东企联和徐汇企联两家。浦东企联的市场化运作非常成熟，在经费上不依赖主管机关，可以做到自收自支，因此浦东企联主动要求与主管部门脱钩；徐汇区企联则因被民政局安排在了脱钩名单而被动脱钩。

（二）地方企联的主要情况与问题

1. 地方企联的组织机构

（1）企联、企业家协会为同一机构。

就企联的本体机构而言，省、区、直辖市，绝大多数中心城市和地级市，参照了中国企联两块牌子、一套人马的模式，也有约三分之一的省市企联、企业家协会与工业经济联合会三会合一，如湖北省企联就是湖北省企业联合会、企业家协会与工业经济协会三块牌子一套班子。在有的省份不仅企联、企业家协会是一套人马，甚至许多其他协会，如质量管理协会、设备管理协会牌子，都与企联合而为一。如山东省 1982 年经省政府办公会同意，成立山东省企业（设备）管理协会办公室，该办公室先后发起成立了山东省企业联合会、山东省企业家协会、山东省工业经济联合会、山东省质量管理协会、山东省设备管理协会五个协会（以下简称省“五会”），省“五会”主管单位是山东省经济和信息化委员会，社团登记管理机关是山东省民政厅。省“五会”合署办公，设一个秘书处。除省级企联有“多会合一”的情况外，近年来，由于行业协会与主管部门脱钩工作不断推进，在基层有一大批行业协会缺少主管部门的支持就无法单独运营下去，许多生存困难的协会被吸纳进企联中，如上海市闵行区企联就吸纳了原先的闵行区外商投资协会。

（2）企联、企业家协会各自独立，雇主工作职能共享或独享。

部分企联和企业家协会分开运作，两块牌子，两套人马。其中，有些省的企联和企业家协会都参与三方机制，如陕西省企联是原陕西省经委1983年组建的全省综合类非营利性社会组织，而陕西省企业家协会的前身是1981年1月15日成立的原陕西省企业管理协会。在履行雇主组织职能时，陕西省企联的工作任务明确包括“代表企业参加由劳动厅、省总工会组成的协调劳动关系的三方机制，参与我省企业劳动合同、集体合同、工资标准、劳动保护等政策法规的制定工作，引导企业创建新型和谐的劳动关系”，陕西省企业家协会同时也代表企业家、企业（雇主）参加省级三方机制。但是，也有的省的企联和企业家协会为独立的两个社会团体，仅有一家代表企业参与三方机制。如河北省企业家协会自1998年就受河北省经贸委发文确认为河北省雇主组织的代表，参与劳动关系协调工作，与省人力资源和社会保障厅、省总工会、省工商联共同组成河北省三方机制。而河北省企联完全不涉足劳动关系协调工作。①

2. 地方企联发展中的主要问题

（1）地方企联发展的经费与场所问题。

经费不足是困扰地方企联的一个普遍性的问题。地方企联的经费主要来自会费和服务型收费，其他收入包括行政拨款、企业自主和固定资产收益。省一级企联的经费问题一般不大，并且省一级劳动关系的专项经费也较为充足。以上海为例：本书作者及其研究团队从调研中了解到，尽管上海市企联尚未与主管部门脱钩，但由于历史原因上海市企联有一定的固定资产，同时创办的两本杂志、培训等都能带来服务性收入，会费收缴情况也较好，从而上海市企联主动放弃了政府拨款，基本上实现自收自支。市企联会员单位不到3 000家，民营企业占60%左右，国有企业占20%左右，外资企业占10%左右。各区企联每区大约200家会员单位。总体来说，上海市企联及各区企联的会员单位中，民营企业所占的比例更大。从2006年开始，上海市财政局每年向雇主部支付劳动关系专项经费90万元，从而保证了企联雇主部门的主要经费。

近年来，随着行业协会逐渐与主管部门脱钩，市县一级的企联大部分已经被列入脱钩名单或已实际脱钩，已经不再享有行政拨款。而越是基层的企联，其会员单位越是中小企业，由于中小企业经营不景气，基层企联会费收缴困难。在市县一级，企联的经费不足问题已经严重影响其生存，

① 河北省企联章程第二章“业务范围”。

有些甚至因此而被民政部门注销。这种情况不仅在不发达地区明显，而且在发达地区已存在，如上海区县企联的生存也面临较为困难的局面。另外，2017 年 11 月 21 日，国家发改委、民政部、财政部、国资委联合印发了《关于进一步规范行业协会商会收费管理的意见》，针对社会团体收取会费确定的标准极低，且约束力度加强。然而，企联作为雇主组织从事的三方机制工作并不直接产生经济效益，反而需要大量的财力用于对劳动关系的调研。开源困难，企联只能节流，从而导致地方企联在三方机制中的工作受到影响。2018 年湖北省恩施区企联就向湖北省企联主张："在三个问题上请求省企联的支持：一是面对普遍存在的企联组织缺乏工作经费来源问题，请省企联对此高度重视，加强研究，积极向中国企联、省企联及有关部门反映，力争及早通过政府购买服务或其他方式解决企联组织工作经费来源问题……"① 据了解，有些地方企联由于缺乏经费，无法租赁场地，也难以开展相应的活动，甚至被民政局予以注销。

（2）难以继续借用体制获取社会资源。

我国在社会团体管理体制方面进行了深刻的变革，政府推动型社团正在向社会化的社会团体转型。对企联这类具有协调劳动关系功能的雇主组织而言，与政府部门的脱钩已经对地方企联的生存造成了重大打击，对中国企联与省一级企联的冲击还不明显。但是，与此并行的是，中共中央组织部门对于离退休干部在社会团体任职的相关约束，对省一级企联甚至中国企联的影响是深远的。

社会团体工作的离退休干部，运用一定的人脉资源在业务上给企联提供了帮助，同时领取一定的符合按劳分配原则的报酬。2014 年《中共中央组织部关于规范退（离）休领导干部在社会团体兼职问题的通知》（中组发［2014］11 号）出台，其中明确规定，领导干部退（离）休后在各类社会团体兼职，不得领取社会团体的薪酬、奖金、津贴等报酬和获取其他额外利益，也不得领取各种名目的补贴。这一规定使在组织上已经从官方社团向民间社团转型的地方企联在人脉资源方面的这一优势也丧失了。

在本书作者与中国企联与地方企联的访谈中，某企联的工作人员说：

---

① 恩施州企联到湖北省企联进行工作汇报．［2018-04-01］．恩施州企联官网，http://www.esec.org.cn/show_16_4537_1.html.

> 组织部有文件，领导干部退休担任社会团体工作不能拿报酬，这是半官方的单位萎缩的重要原因。社会团体的发展需要资源，没有人脉就没资源，国外社会团体发展是由下而上的，中国是由上而下的。现在部门主管也没有了，又限制离退休干部到社团任职，企联发展先天就不足，基础不够。不可否认，有些领导干部可能是在离开工作岗位后随意使用一些社会资源造成乱象。但是正常的劳务关系也不让领取报酬，不太合理。中国社会团体转型需要一个过程，不能一刀切，发展社会组织还需要一定的社会资源发挥职能。①

企联的生存和发展空间在很大程度上仍然取决于政府的赋权和资源分配。在三方机制中，企联基本上还没有形成自己的权威基础，一些政府部门和社会力量包括一些企业并不理解和认同企联的作用，同时，企联自身在人、财、物等方面仍受制于诸多约束。

第三节　工商联的法律地位及保障机制

工商联是中国共产党领导的以非公有制企业和非公有制经济人士为主体，具有统战性、经济性、民间性有机统一基本特征的人民团体和商会组织，是党和政府联系非公有制经济人士的桥梁、纽带，是政府管理和服务非公有制经济的助手，是中国人民政治协商会议的重要组成部分。工商联工作是党的统一战线工作和经济工作的重要内容。② 2010 年 9 月，中共中央、国务院发出 16 号文件，提出，在全面建设小康社会、加快推进社会主义现代化的新形势下，工商联的基本任务包括“参与协调劳动关系，促进社会和谐稳定”，应当“充分发挥工商联在构建和谐劳动关系中的积极作用”。2011 年国家协调劳动关系三方会议第十六次会议上，全国工商联正式成为国家协调劳动关系三方会议的成员单位，同人力资源和社会保障部门、工会以及其他有关企业方代表一道，共同研究解决劳动关系中的重大问题和调处劳动争议。

---

① 上海市企联雇主部访谈记录，2017 年 6 月 15 日.

② 中国工商业联合会章程（中国工商业联合会第十二次全国代表大会部分修改，2017 年 11 月 26 日通过）。

一、作为双重代理人的人民团体：工商联产生的特殊性

中国共产党是社会动员和社会资源整合体制的核心力量，而人民团体是这种体制中重要的动员力量之一。这一社会动员和社会资源整合体制曾经发挥了重要作用，其作用一直延续至今。工商联作为人民团体，是我国现代社会建构过程中的重要环节，因而也具有极其独特的地位。

（一）国家与社会的共同行为：工商联的特殊使命

早在新中国成立之前，近代雇主团体的主要形式如商会、行业协会等组织已经在劳动争议处理方面发挥了一定的积极作用，且民国时期的立法对于雇主团体在劳动关系协调中的作用予以了保障。抗日战争与解放战争时期，中国共产党领导下的抗日根据地与解放区兴起一批商会组织，其中就包括接收和改造旧商会、同业公会基础上的工商联。工商联除了扶持私有工商业恢复发展，同时也在协调解放区劳资关系方面作出不少努力，从而为新中国成立后工商联的职能设置提供了经验。

新中国成立后，为了实行对资本主义工商业的改造，以适应全新的无产阶级专政的社会政治、经济体制，中央下达指令，在全国各地陆续开展私营工商业内部改组以及建立地方工商联的工作。至1950年，全国工商联筹备工作提上议程。1952年夏，根据中共中央发出的《关于改组工商业联合会的指示》，政务院颁布《工商业联合会组织通则》后，各地进一步明确了工商联的性质、组成、组织机构和基本任务等问题。在“五反”运动后期各地改组工商联，进行规范化建设。到1952年12月25日止，全国已成立工商联或其筹委会1 045个，其中省级组织23个、中央直辖市组织12个、市级组织116个、县级组织894个。在这种全国各地都建有地方性工商联的情况下，成立一个全国性的工商联已经势在必行了。经过近两年筹备之后，全国工商联第一次全员代表大会于1953年10月23日至11月12日在北京举行，标志着全国工商联正式成立，之后也逐步开展与民建的合作，共同针对以国家资本主义形式改造私营工商业问题提出解决方案。①

① 本书编写组. 中华全国工商业联合会简史（1953—2013）. 北京：中华工商联合出版社，2013：35.

(二) 国家与工商业者利益的双重代理

工商联的性质取决于中国共产党在当时的历史任务。中国共产党在新中国成立后的重要任务就是将私营工商业者纳入国家可以控制的体制之内，因此，建立一个类似于工会或妇联的组织对中国共产党来说是非常有意义的选择。在政治上，当时参加政治协商会议的中国民主建国会[①]已经代表了工商业人士等有产阶级的利益，但其作为独立于体制之外的政党组织，显然不能承担这一双重代理的任务。因此，一个建立在双方认可的基础上，性质上并非政党、能被国家用来控制和改造民族资产阶级，又是民族资产阶级利益的代表者，能够以民族资产阶级的代表人物通过协商和政策宣传的方式进行活动的人民团体，是最为妥当的性质安排。正如 1952 年中共中央《关于改组工商业联合会的指示》对工商联的定位：

> 工商联是各类工商业者……联合组织起来的人民团体，既有代表私营工商业者合法利益，以至为此进行合法斗争……的权利，又有以共同纲领，五反原则及有关的政策、法令经常教育私营工商业者，并指导他们积极从事合法的生产和经营，监督他们消除“五毒”的义务。只有结合这两个方面，才能发挥私人资本的有利于国计民生的积极性，才能使工商联成为党和人民政府借以团结、教育和改造私营工商业者，并在广大工商业者中享有适当信仰的组织。

社会主义改造完成后，1956 年中央发布《关于继续发挥工商联的作用的意见》，指出：工商联仍然需要存在，并且需要进一步发挥其积极而有效的作用。今后工商联的性质仍然是以原来的私营工商业为主的、各类工商业者联合组织起来的人民团体。

在社会主义改造过程中，工商联起到了一定的民族资产阶级意见整合和利益表达的作用，如公私合营中的生产困难问题、资本家担忧的定息能拿多少年的问题等等，都通过全国工商联向中国共产党和毛主席作了有效的传达。而国家在考虑工商联协助社会主义改造时，也充分考虑了工商界人士的政治要求：在 1954 年第一次全国人民代表大会的代表中，工商界

---

① 中国民主建国会是 1945 年由章乃器、黄炎培与胡阙文等发起成立的由工商界人士和知识分子组成的政治团体。

代表人士占到了36.95%[①]；在上海市1956—1966年间的四次人大的代表中，工商界人士一直占到15%的比例。[②] 在全国政协中，在第二届、第三届与第四届全国委员会中全国工商联都稳定地有26～40名代表以委员身份参与政治协商会议。[③]

随后受工商界反右派斗争以及“文化大革命”的影响，全国工商联被视为“反动资本家的老窝”，“造反派”封闭各地机关，将领导人关进牛棚隔离审查，工商联被迫停止工作。[④] “文化大革命”结束之后，正确认识与全面纠正以前的“左”倾错误之后，统一战线工作需要进入新的阶段。1977年全国工商联临时领导小组成立，一个具有历史意义的时刻也随之到来：1979年1月的“五老火锅宴”见证了新时期工商联的方向。在当日的座谈会上，邓小平指出：原工商业者早已被摘掉资本家的帽子，返还或补偿原工商业者们当初在“文化大革命”时期被查抄的所有资产，工商界人士应当积极参与经济社会建设。1980年地方工商联逐渐恢复工作，个体私营经济兴起，全国工商联积极带动地方工商联与原工商业者行动起来，纷纷开始创办企业。

（三）早期对工商联之职能的制度安排之一：协助处理劳资关系

早在1952年中央作出《关于改组工商业联合会的指示》时，就对同业公会等组织在劳资关系处理方面的积极作用予以肯定，并指示应当保持同业公会与工会的对应性以便处理劳资关系：

> 同业公会是工商界历久相沿的组织，在处理劳资关系、公私关系和在今后国家实行计划经济时，仍有其重要作用。……改组同业公会时，应尽可能求得与产业工会和店员工会的组织相互适应，必要时可联合若干行业相近的同业公会组织联合的委员会，在委员会下各同业公会仍保持其组织独立性。同业公会下分布在各区的同业小组，也可适当调整，使能适应基层工会的组织，这样将更便于进行

---

①② 刘智，史为民，等. 数据选举：人大代表选举统计研究. 北京：中国社会科学出版社，2001：430.

③ 中央人民政府网站历届政协委员统计数据. [2017-06-30]. http://www.gov.cn/test/2008-05/09/content_965534.htm.

④ 本书编写组. 中华全国工商业联合会简史（1953—2013）. 北京：中华工商联合出版社，2013：35.

处理劳资关系。

在政务院1952年8月通过的《工商业联合会组织通则》中，对于工商联的基本任务，其中有一项规定：代表私营工商业者的合法利益，向人民政府或有关机关反映意见、提出建议，并与工会协商有关劳资关系等问题。

可见，在当时的制度设想中，就有保留与工会在结构上相对称的同业公会组织，以便形成一种能够各自代表劳资利益进行协商的机制。遗憾的是，由于社会主义改造后，私营经济被消灭，市场化的劳资利益协商也失去了空间。

二、工商联的组织结构、内部治理及法律地位

(一) 人民团体和民间商会的法律地位

改革开放后，中共中央于1991年与2010年对工商联作了两次重要的指示，分别是1991年7月6日中共中央批转中央统战部《关于工商联若干问题的请示》的通知（中发〔1991〕15号文件）与2010年16号文件。尽管在法律上对于工商联的性质没有明确规定，但是中央文件对工商联的性质、职能以及组织建设等方面提出了明确的要求。

在2010年16号文件中，工商联的性质再次得到明确：工商联是中国共产党领导的以非公有制企业和非公有制经济人士为主体的人民团体和商会组织，是党和政府联系非公有制经济人士的桥梁纽带，是政府管理和服务非公有制经济的助手，在我国经济、政治、文化、社会生活中有着重要影响，在促进非公有制经济健康发展、引导非公有制经济人士健康成长中具有不可替代的作用。

1. 作为人民团体的工商联

(1) 人民团体的法律地位。

"人民团体"作为中文术语有特定含义。法律上对人民团体的界定，最早见于南京国民政府在民国三十一年二月十日（1942年2月10日）通过的《人民团体法》。该法将人民团体分为三类即职业团体、社会团体和政治团体，有发起人和主管机关、章程、会员，必须经审批和登记注册后方可设立人民团体，人民团体为独立法人、可以设置分支机构，不得主张共产主义或主张分裂国土。可见当时法律对人民团体的管制很严格。

1949年中华人民共和国成立以后，同年制定的《中国人民政治协商

会议组织法》明确了人民团体在政权结构中的地位。但法律上从来没有对此进行确认，而《宪法》只是纲领性地肯定了人民团体的政治地位。这一肯定仅具有宣示性的作用，在实践中还缺乏具体的法律制度予以确认和保障。一般谈到“人民团体”时，除了组成中国人民政治协商会议的八个人民团体：工会、共青团、妇联、科协、侨联、台联、青联、工商联等中共中央党委序列外，还包括属于中共中央党委序列、全国人民代表大会（全国人大）组成界别、经国务院批准免于登记的社会团体：中国作协；中国文联下属10个文艺家协会、新闻工作者协会、中国人民对外友好协会、外交学会、中国国际贸易促进会、残联、宋庆龄基金会、法学会、红十字总会、思想政治工作研究会、欧美同学会、黄埔同学会、中华职教社。

《社会团体登记管理条例》赋予了参加中国人民政治协商会议的人民团体与由国务院机构编制管理机关核定并经国务院批准免于登记的团体免登记的特殊权力。这两类团体的性质都是中国共产党领导下的人民团体，是党和政府联系人民群众的桥梁、纽带，是国家政权的重要社会支柱，是国家统合、治理社会的一种手段，而不是社会自治的手段。这类社团的编制、人员、经费等主要资源均来自政府，其相对于政府不具有独立性。①

（2）作为人民团体的工商联与国家之关系。

作为人民团体的工商联，其本身就是体制内的一个部门，属中共中央党委序列，在党委的指示下成立。其工作人员全部被纳入公务员系列，其领导班子成员由党委确定。因此，作为人民团体的工商联是代表国家利益的准政权组织，具备中发〔2010〕16号文件明确的“三性”有机统一，即统战性、经济性、民间性有机统一。统战性主要体现在工商联是党领导的统一战线组织，这决定了工商联的政治方向、政治地位和政治功能。

进入新时期后，工商联的表现统战性的具体职能也发生了一些变化，目前体现统战性的主要职能为“充分发挥工商联在非公有制经济人士思想政治工作中的引导作用”以及“充分发挥工商联在非公有制经济人士参与国家政治生活和社会事务中的重要作用”。这实际上是工商联在政治领域之双重代理的主要体现：一方面，工商联代表国家引导非公经济人士服从

① 徐永涛，林树金．论免予登记社团．东岳论丛，2012（6）．

党与国家的政治大局；另一方面，工商联将非公经济人士的利益诉求引导到国家体制中来。因此，在人民团体意义上，这一组织实际横跨了国家与社会两个领域，从而在国家与社会两个层面产生重叠。这与如企联这样的政府推动型的社会团体有非常大的区别：企联是代理企业利益并将相关诉求上传到国家层面的社会组织，而工商联是一种特殊国家与社会关系下的双重信任信赖组织。[1] 作为人民团体的工商联，主要承担的是政治性职能。正是这种政治性职能的承担，创造了连接国家和社会领域的“双重信任性”。这是工商联独一无二的优势，是一般的社会团体如企联或其他任何行业协会、商会所不具备的。

2. 作为民间商会的工商联

(1) 民间商会的社会属性。

作为民间商会的工商联，是依照《社会团体登记管理条例》以中国民间商会名义在民政部门登记的社团法人组织，其主要性质为社会属性。与1991年中共中央对工商联的指示相比，2010年16号文件对工商联的民间商会定位已经有了明显不同。在该文件中，工商联的经济性被解读为“直接服务于经济建设”，其民间性则体现在“工商联具有商会性质和职能，其组织方式和工作机制不同于政府机构”。因此，对于工商联而言，如何体现工商联的特点，能够既服务于经济建设又不同于政府的管理，实现政府、商会与企业之间的良性治理状态，是新时期的重要目标。

(2) 民间商会与人民团体的功能分离。

工商联“两块牌子、一套班子”的现实运作模式，导致人民团体与民间商会这两种角色在政社体制中高度重合。政社体制在工商联的活动中无法体现差异性，使其作为民间商会的发展空间极为狭窄，甚至形同虚设：一方面，工商联的准行政管理体制在资源配置上过分强调行政制度建构，如经费开支等，导致在服务资源配置上缺少灵活性，从而压缩了民间商会作为民营经济市场中准公共产品的主要供给端的空间，导致其民间商会功能的畏缩。另一方面，人民团体本身的官僚体制也会带来政治体制中普遍存在的“唯上”的工作倾向，追求领导满意度，疏于捕捉市

---

① 韩福国．民营经济制度变迁中的工商联：组织的双重代理．北京：经济科学出版社，2006：97.

场尤其基层市场的信息动态，导致其作为商会对会员的服务跟不上形势、变得僵化。①

目前，在一些地方工商联的改革实践中，强调“政社分开”，推动工商联与民间商会在明确各自权责——工商联主要实现人民团体的作用，发挥参政议政、经济统战等重要功能；商会发挥社会组织的服务与治理等功能——的基础上，通过商会实体化和党政资源系统化的二元结构模式，在改革转型中搭建政商智库平台。②

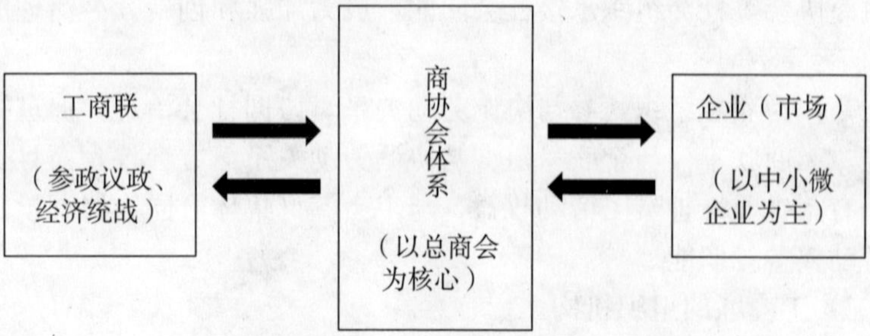

图 6-3 工商联一体两翼模式的基本轮廓

(3) 工商联作为民间商会的主要职能。

新形势下工商联的民间性，是指超越企业层面的社会中间层性质，强调社会组织本身在社会治理中的作用，参与构建不同于政府的社会治理模式。服务于工商联的经济性与民间性，工商联的职能主要体现在三个方面：一是协助政府管理和服务非公有制经济，二是在行业协会、商会改革发展中发挥促进作用，三是在构建和谐劳动关系方面发挥积极的作用。

实践中，这三种职能都体现了工商联不同于政府的社会组织职能，包括以下方面。

一是借助商会的组织优势，为政府管理经济提供数据、信息与咨询方面的参考，在实践中主要体现为：利用工商联的网络优势，组建智库平台；组织行业发展专题调研，参加政企对接会、专题研讨会、工作座谈会等，积极反映行业发展诉求，为政府制定相关政策提供重要参考。在互联网与大数据发展日新月异的今天，以信息与数据等为载体的咨询意见对于

①② 吕雪峰. 工商联政社分工合作改革路径和新型政商智库建设的上海经验. 重庆社会科学，2017 (8).

政府创新管理模式、及时调整政策意义非同寻常。

二是发挥行业协会、商会等在行业自律与行业治理中的作用，参与行业技术标准制定，发挥行业自律功能，规范市场行为，引领和规范行业发展。例如，我国社会团体双重管理体制改革后，国务院已授权全国工商联作为全国性社会团体的业务主管单位。地方工商联是否作为社会团体的业务主管单位，由地方人民政府决定。全国工商联在全国政协十三届一次会议上提交了《关于进一步发挥商协会组织在创新社会治理中作用的提案》，提出由商协会等社会组织承接社会职能，成为加强和创新社会治理的重要内容。

三是作为雇主组织，参与协调劳动关系，协同社会治理，促进社会和谐稳定。工商联不仅与企联一道参与协调劳动关系三方会议，而且负有引导非公有制企业维护员工劳动权益、与工会签订集体合同、协调投资者权益与劳动权益等职能。

（二）工商联的组织机构

由于工商联并不是一般的社会团体，因此在内部治理结构上，从社团法人的治理结构视角研究工商联意义不大。工商联系统的组织架构对于其职能实现具有重要的意义。

1. 工商联系统的组织架构

我国工商联现行的架构体系是按国家行政区划设置组织，其上下级关系依据所在行政区的上下级隶属关系进行划分，适用民主集中制原则。我国从中央到地方政府依次分为五级，即中央、省（市、自治区）、市（地、州、盟）、县（市、区、旗）、乡（镇、街道办事处）。工商联作为党领导的人民团体和商会组织，其现行的架构体系按国家行政区划依次为四级，即全国工商联、省（市、自治区）级工商联、市（地、州、盟）级工商联和县（市、区、旗）级工商联。乡（镇、街道办事处）一级没有工商联组织设置，但许多工商联也指导街道建立工商联或商会作为下级机构。

上级工商联与下级工商联之间并没有刚性的行政约束关系，更多的是工作指导关系，下级组织接受上级组织的工作指导（被指导）与配合其开展工作关系。在这一点上，工商联与政府机关的区别较大，而与企联等社会团体较为接近。

与企联相比，工商联在覆盖广度上有较大的优势。根据全国工商联的官方统计，截至2016年年底，全国共有县级以上工商联组织3 407个，其中，地级工商联333个，占地级行政区划总数的99.7%；县级工商联组织2 831个，占县级行政区划总数的99.3%；未列入国家行政区划的市辖区、管理区、经济开发区等工商联组织40个；新疆生产建设兵团有师级工商联组织14个、县级市工商联组织9个、团场工商联组织147个。

而作为工商联的基层组织，各级工商联的下属商会也取得了飞速的发展：到2016年年底，各级工商联下属商会共有44 375个，其中，行业商会13 558个、乡镇商会16 617个、街道商会4 189个、异地商会6 388个、其他（含市场、园区、楼宇、村）商会3 623个。

2. 地方工商联的组织运行结构

以上海某基层工商联为例：该基层工商联目前的直接主管单位主要是统战部和上级工商联，而另一身份的“商会”工作归分管经济的行政副职负责。这就意味着基层商会同时拥有了党、政、经三方上层精英资源，并

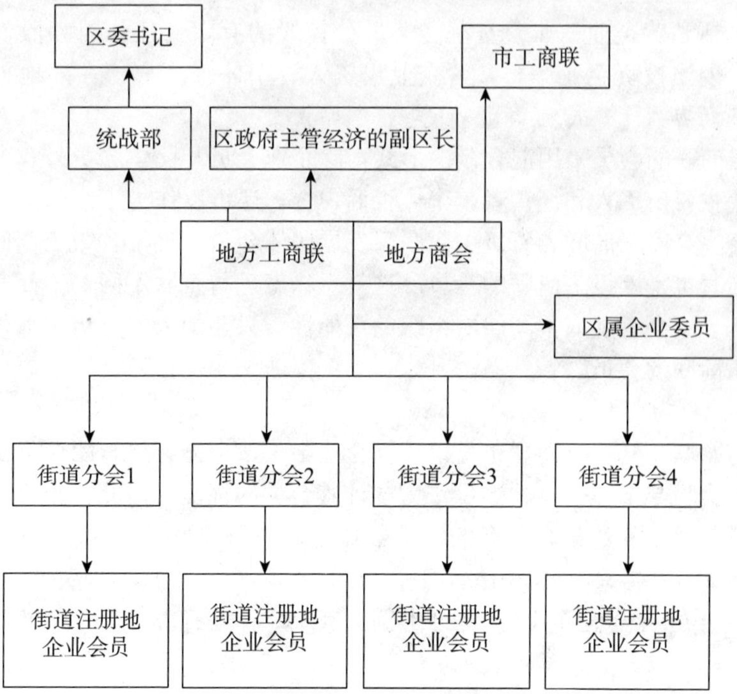

图6-4 基层工商联的组织运行结构

与商会会员——基层经济精英实现体系内联动，使商会成为区域政治生态中可以快速连接政治和经济的独特组织和力量。①

从一方面看，工商联通过不同上级主管部门共享了上层资源，因而较企联享有更多的体制资源，但另一方面，多重管理体制导致工商联有限的人力资源被体制内的各类工作要求占用，而真正需要落实的协调劳动关系的基础性工作反而无法推进。

（三）工商联的会员

1. 会员的类型

工商联的会员类型与国家对工商联的政治定位有直接的关联。中共中央批转中央统战部《关于工商联若干问题的请示》的通知决定对工商联的职能进行调整，使之成为在中国共产党领导下，以非公有制经济成分为主体的统一战线的人民团体和民间商会，因此，工商联的主要工作对象是私营企业、个体工商户、“三胞”投资企业和部分乡镇企业，而不是国有企业。中发〔2010〕年16号文件再次明确工商联的工作对象主要包括私营企业、非公有制经济成分控股的有限责任公司和股份有限公司、港澳投资企业等，私营企业出资人、个体工商户、在内地投资的港澳工商界人士、原工商业者等。

工商联的会员采用混合制的形式，除企业会员与团体会员外，非公有制企业主要出资人和经营者、个体工商户等，还可以作为工商联的个人会员入会。全国工商联和省级工商联只发展团体会员。地方各级工商联的会员，同时也是上级工商联的会员。这就意味着，与企联不同，工商联的成员基本上不会有加入不同层次组织的可能性。只要加入了一级工商联，就成为工商联的会员。

2. 会员的覆盖面

与企联一样，工商联也是以计算企业会员、个体会员与团体会员以计算单位会员与个体会员的数量作为统计其会员的标准，因此，很难确定工商联覆盖员工的数量。现有的统计数据显示，到2016年年底工商联有企业会员260.3万个，比2015年年底增加28.8万个，增长12.5%，且工商联企业会员占全国企业总数的比例为10.0%；工商联有私营企业会员

① 汤蕴懿. 基层商会（工商联）转型问题研究——基于对上海某基层商会的案例分析. 上海经济研究，2009（9）.

227.3万个，比2015年年底增加33.6万个，增长17.3%，且工商联私营企业会员占全国私营企业总数的比例为9.8%。①

3. 会员的聚合度

截至2016年年底全国工商联的会员统计数据中，企业会员分布最多的五个行业是制造业（占比29.4%）、住宿和餐饮业（占比21.3%），信息传输、软件和信息技术服务业（占比7.8%），农、林、牧、渔业（占比7.1%），居民服务、修理和其他服务业（占比6.6%）。考虑到该数据包括了各级工商联下属的所有商会包括行业商会的会员数据，应该认为在一些行业中工商联的会员聚合度是相当不错的。

第四节　行业协会、商会的雇主组织功能

从广义上来说，我国行业协会包括了三大体系：其一是工业体系，包括工经联等三百多家全国性行业协会以及地方工经联和行业协会，构成了庞大的行业协会组织；其二是商会体系，以全国总商会和各级工商联为核心，以非公有制为主体；其三是企业家协会体系，以中国企联和中国企业家协会为龙头，联系各级各行各地的企业家协会。② 由于工商联与企联作为雇主组织的主要情况已经在前文得到较为充分的论述，这里指的行业协会、商会主要是第一类工业体系下的行业协会。行业协会原是半官方的行业管理主体，兼行部分行政职能，隶属于相应的行业主管部门，许多行业协会是企联的会员。从市场化的改革取向看，行业协会改革的方向是脱离与原主管机关的挂靠关系，逐步走向完全的市场化与社会化。

一、行业协会、商会的改革与发展

在民国时期行业协会与商会就在中国建立与发展起来，且在劳动关系协调方面起到了重要的作用。当时国家法律已经开始规范行业协会、商会在协调劳动关系方面的作用。1956年社会主义改造完成，计划经济

① 2016年关于会员与组织发展的通报.［2018-04-10］.全国工商联官方网站，www.acfic.org.cn/zzjg_327/nsjg/hyb/hybsjgk/201704/t20170424_3664.html.

② 王名.社会组织论纲.北京：社会科学文献出版社，2013：143.

体制建立后，私营工商业不复存在，国营工商业直接以企业身份加入工商联，部门管理体制最终取代了行业自律和行业自治，同业公会完成使命后退出历史舞台[①]，行业协会、商会等为代表的各类经济团体不再具有存在的环境与条件。[②]

（一）行业协会产生的基础：政府放权让利基础上的推动

我国现有行业协会的产生有两个直接因素：一是改革开放以后，政府部门开始转变职能。政府部门分离出的职能，有的转给企业，有的需要分给介于政府与企业之间的中介组织。二是企业扩大自主权，也需要中介组织来协调行业和企业自身的利益关系。行业协会由此获得了广阔的发展空间。此时，政府针对我国在计划经济体制下实行部门管理、缺乏行业管理的状况，在对外国行业协会考察的基础上，批准成立了中国包装技术协会（1980 年，2004 年更名为中国包装联合会）和中国食品工业协会（1981 年）以及中国电子音响工业协会（1983 年，2014 年更名为中国电子音响行业协会）。这些全国性行业协会是依靠行政指令自上而下建立起来的。

1984 年至 1988 年，是我国行业协会蓬勃发展时期。政府职能转变出现了几次具有典型意义的标志性事件，促使行业协会逐渐向从体制内增长、体制外发育发展到体制内存量转型与体制外大量增生。主要的事件如下：一是我国城市的经济体制改革全面展开，政府机构改革提出三个转变：由部门管理转变为行业管理，由直接管理转变为间接管理，由微观管理转变为宏观管理。机械工业部和电子工业部被作为国务院管理体制改革的试点单位。二是 1986 年省、市二级行政性公司的撤销及建立一批地区性行业协会，以及 1988 年中央国家机关机构改革，导致一大批地方行业协会代替了二级行政性公司，国家机关部委的专业司局在机构合并、人员精简后，也相应成立了行业协会。到 1988 年年底，全国性的经济行业协会发展到 187 个。三是 1993 年后政府机构的改革进一步加快，将专业经济管理部门一分为三，其中一部分就改为行业协会，作为国务院直属事业单位代行政府的行业管理职能，如相继撤销了轻工业部、纺织工业部，分

① 朱英. 中国近代同业公会与当代行业协会. 北京：中国人民大学出版社，2004：160.

② 中国社团研究会. 中国社团发展史. 北京：当代中国出版社，2001：685.

别成立了中国轻工总会和中国纺织总会。1999年进一步在此基础上将原九大专业经济管理部门改为十大行业协会。

与此同时，国家在行业协会发展过程中，颁布了若干重要的文件，为摸索行业协会、商会的发展作出重要的指导。这些文件分别是1997年国家经贸委印发的《关于选择若干城市进行行业协会试点的方案》、1999年国家经贸委印发的《关于加快培育和发展工商领域协会的若干意见（试行）》、2002年国家经贸委印发的《关于加强行业协会规范管理和培育发展工作的通知》、2007年国务院办公厅《关于加快推进行业协会商会改革和发展的若干意见》。

（二）行业协会、商会的市场化：与主管部门脱钩

《中共中央关于全面推进依法治国若干重大问题的决定》在法治国家、法治政府、法治社会一体建设的总体部署中，强调发挥人民团体和社会组织在法治社会建设中的积极作用，尤其支持行业协会、商会类社会组织发挥行业自律和专业服务功能，并要求加强社会组织立法，以规范和引导各类社会组织健康发展，实现"政府职能转变——市场自由化——社会治理创新"三个维度的创新治理目标。

截至2014年年底，我国行业协会、商会数量达到近7万个，并且每年以10%到15%的速度增长，在各类社会团体中数量最多、增速最快。在市场经济发展较快的地区和行业，自下而上产生的行业协会快速增长，如温州地区的行业协会在整顿市场秩序、实施行业治理等方面发挥了较突出的作用。随着市场经济不断深入，我国出现了一批独立自主、能力突出、公信力高、示范作用强的行业协会、商会，这些行业协会、商会在积极反映会员诉求、参与相关产业政策研究制定、加强行业自律、完善行业管理、协调国际贸易纠纷、维护会员合法权益等方面发挥了重要作用。

2015年7月8日，中共中央办公厅、国务院办公厅对外发布《行业协会商会与行政机关脱钩总体方案》。该方案提出，积极稳妥推进行业协会、商会与行政机关脱钩，厘清行政机关与行业协会、商会的职能边界，加强综合监管和党建工作，促进行业协会、商会成为依法设立、自主办会、服务为本、治理规范、行为自律的社会组织。该方案还提出，全国性行业协会、商会脱钩试点工作由民政部牵头负责，2015年下半年开始第一批试点，2016年总结经验、扩大试点，2017年在更大范围试点，通过试点完善相应的体制机制后全面推开。2019 年 6 月，国家发改委发布《关于全面推开行业协会商会与行政机关脱钩改革的实施意见》，脱钩工作全面铺开。

二、行业协会的功能

在计划经济条件下，企业的自主性被政府吞噬，因而在政府与企业间不需要行业协会、商会这样的社会团体。而在市场经济条件下，行业协会、商会等组织本质上是服务于企业和市场的互异性社会团体，其产生的根本性动因在经济学上是降低市场主体的交易成本。处在政府与企业之间的中观地带，一般而言，行业协会、商会的宗旨和准则是维护会员企业的合法权益，其基本职能包括建立行规行约实现行业自律，为企业和社会提供公共服务，向政府建言献策并保证各项政策能够得到贯彻落实。从广义上说，维护雇主在劳动力市场上的利益，也是行业协会、商会的职能之一。这也解释了为什么在一些市场经济国家，雇主组织的职能被吸收在行业协会或商会中。

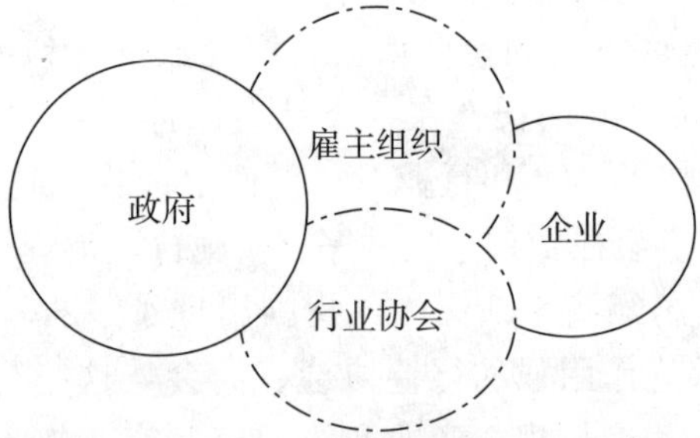

图 6-5　市场经济条件下政府与企业的关系

（一）我国政府对行业协会的功能定位

从各国行业协会、商会的总体情况看，行业协会、商会类型的社会团体职能主要为行业代表职能、行业协调职能与行业服务职能。从我国行业协会的发展过程看，政府始终将关注的焦点放在行业协会对政府有力的辅助功能，期待行业协会能够成为政府管理经济的有力助手。在政府有关部门的一系列标志性的政策文件中，不难看到这样的制度设计和发展趋势。

2007 年国务院办公厅《加快推进行业协会商会改革和发展的若干意

见》对我国行业协会的功能作出了如下界定与安排。

（1）充分发挥桥梁和纽带作用。各级人民政府及其部门要进一步转变职能，把适宜于行业协会行使的职能委托或转移给行业协会。在出台涉及行业发展的重大政策措施前，应主动听取和征求有关行业协会的意见和建议。行业协会要努力适应新形势的要求，改进工作方式，深入开展行业调查研究，积极向政府及其部门反映行业、会员诉求，提出行业发展和立法等方面的意见和建议，积极参与相关法律法规、宏观调控和产业政策的研究、制定，参与制订、修订行业标准和行业发展规划、行业准入条件，完善行业管理，促进行业发展。

（2）加强行业自律。行政执法与行业自律相结合，是完善市场监管体制的重要内容。行业协会担负着实施行业自律的重要职责，要围绕规范市场秩序，健全各项自律性管理制度，制订并组织实施行业职业道德准则，大力推动行业诚信建设，建立、完善行业自律性管理约束机制，规范会员行为，协调会员关系，维护公平竞争的市场环境。

（3）切实履行好服务企业的宗旨。行业协会代表本行业企业的利益，必须切实为企业服务。行业协会根据授权进行行业统计，掌握国内外行业发展动态，收集、发布行业信息；依照有关规定创办报刊和网站，开展法律、政策、技术、管理、市场等咨询服务；组织人才、技术、管理、法规等培训，帮助会员企业提高素质、增强创新能力、改善经营管理；参与行业资质认证、新技术和新产品鉴定及推广、事故认定等相关工作；受政府委托承办或根据市场或行业发展需要举办交易会、展览会等，为企业开拓市场创造条件。

（4）积极帮助企业开拓国际市场。行业协会要借鉴国外先进做法，在维护国内产业利益和支持企业参与国际竞争等方面充分发挥作用。要积极组织国内企业尤其是中小企业联合行动，开拓国外市场；建设行业公共服务平台，开展国内外经济技术交流与合作，联系相关国际组织，指导、规范和监督会员企业的对外交往活动；主动参与协调对外贸易争议，积极组织会员企业做好反倾销、反补贴和保障措施的应诉、申诉等相关工作，维护正常的进出口经营秩序。

（二）我国行业协会、商会的实际职能

根据学者对我国行业协会、商会的实际功能的调研，在深圳、青岛、北京与杭州四个城市的145个行业协会的实际职能包括如表6-6所示的 21 项。

表 6-6　行业协会的功能（总表）　　（单位：次）

行业协会的功能	出现频率
A. 参与制定行业规划或技改前期论证	60
B. 行业调研和政策立法建议	91
C. 行业统计	62
D. 参与制定行业标准	64
E. 制定行规行约	70
F. 协调价格	32
G. 参与质量管理监督	37
H. 参与行业许可证的发放和资质审查	20
I. 进行产品的认证或鉴定	17
J. 应对国际贸易摩擦和反倾销等问题	20
K. 办行业刊物	101
L. 办行业网站	91
M. 组织展销展览会等开拓市场的行为	78
N. 帮助企业改善技术和经营	66
O. 反映会员要求，为会员维权	115
P. 组织企业参加国际交流	90
Q. 法律信息咨询	70
R. 培训	120
S. 开展行业评比、评优等活动	82
T. 接受政府委托的工作	94
U. 倡导企业社会责任，发展社会公益事业	70

从政府对行业协会的职能设计与实践中行业协会实际履行的职能的对比中可以看出，我国行业协会在制度设计与实践中，尚没有代表企业参与协调劳动关系方面问题的职能，推动基层的行业协会与商会主动代表企业参与协调劳动关系，应当成为工商联与企联的重要任务。

三、行业协会、商会参与劳动关系协调的现实途径

尽管行业协会的主要职能中并未包括劳动关系协调，但是在现实中仍然有零星例外。目前全国性的行业协会中，中国建筑业协会与中国船东协会这两个行业协会参与了本行业的三方机制，尽管这种行业性的三方机制并不在全国三方机制的框架中，也没有任何的制度保障。除此之外，在地区层面也存在行业协会、商会代表企业与工会签订行业性、区域性集体合同的案例。对于这类集体协商，将在后文详述。

（一）中国建筑业协会参加全国建设系统劳动关系三方会议制度

中国建筑业协会参加全国建设系统协调劳动关系三方会议制度始于2002年，建设部、中国海员建设工会、中国建筑业协会共同建立了全国建设系统协调劳动关系三方会议制度。这在当时是国家级和地方级层面唯一的行业性三方机制，得到了劳动保障部、全国总工会、中国企联的大力支持和充分肯定。

建设系统下属行业多，涉及领域广，劳动密集型企业占绝大多数。我国建设系统从业人员众多，建筑企业改制步伐加快，职工下岗分流的数量增加，农村剩余劳动力大量进入建设领域，农民工占到60%，致使劳动关系日趋复杂、劳动关系矛盾日益突出，拖欠、克扣农民工劳务费的问题特别严重，由此引发的劳动争议案件和群体性事件逐年增多，其规模之大、发案频率之高、参与人数之多、影响范围之广，均为过去所没有。劳动关系矛盾萌芽在产业，规模较大的劳动关系矛盾往往是行业内小矛盾、小争议没有得到及时、妥善处理而引发的。建立产业三方机制，根据产业特点，有针对性地解决劳动关系方面的突出问题，及时将劳动关系矛盾化解在萌芽状态，化解在基层，尤为紧迫和必要。

按照全国三方机制的要求、三方会议的组成全国建设系统协调劳动关系三方会议分为全国、省和城市三级。上级三方会议与下级三方会议之间存在工作指导关系。各级三方会议均由建设行政部门、建设工会、建筑业协会或其他建设系统的行业协会三方组成。建设行政部门领导担任主席，建设工会和建筑业协会领导担任副主席。三方会议的成员系三方相关负责人。鉴于建设系统目前尚未形成统一的协会，企业一方由建筑业协会代表建设系统各行业协会参加三方会议。

全国建设系统协调劳动关系三方会议的主要职责有以下几项：一是研

究分析经济体制改革政策和经济社会发展计划对建设系统企事业单位的劳动用工制度、工资收入分配、最低工资标准、工作时间和休息休假、劳动安全卫生、女职工特殊保护、生活福利待遇、职业技能培训、社会保险等劳动关系问题的影响，提出政策意见和建议；二是通报交流各自协调劳动关系的工作情况和问题，研究分析建设系统劳动关系状况及发展趋势，对建设系统劳动关系带有全局性、倾向性的重大问题进行协商，形成共识；三是参与对群体性事件和集体劳动争议的调查，提出解决问题的意见和建议；四是督促建设产业工会和建设系统行业协会加强组织建设，促进产业工会和行业协会强化代表职工和企业具体利益的职能，使产业工会和行业协会更好地代表职工和企业参加三方会议；五是支持企业和事业单位依法建立健全工会组织、职工代表大会和劳动争议调解委员会，积极推行劳动关系平等协商制度和集体合同、劳动合同制度，定期总结和推广典型经验。

全国建设系统协调劳动关系三方会议制度开创了中国行业级三方机制的先河。随着中国劳动关系的日趋复杂和三方机制的深入发展，在其他行业建立类似机制、类似于德国产业性集体谈判机制，是劳动关系协调方面的一个有益思路。但是，从实际效果来看，目前建设系统协调劳动关系三方会议制度对建设系统，特别是对农民工与企业的劳动关系，影响较为有限。

（二）中国船东协会参加海上三方机制

2006 年，国际劳工组织在日内瓦举行的第 94 届劳工大会暨第 10 届海事大会通过了《2006 年海事劳工公约》，就改善海员工作和生活、让全球海员体面劳动提出国际标准，并明确要求在政府航运主管部门、海员组织和航运企业组织三方进行协商后确定。我国于 2015 年 8 月第十二届全国人大常委会第十六次会议上表决通过决定，批准加入《2006 年海事劳工公约》，该公约在 2016 年 11 月 12 日对我国正式生效。

在《2006 年海事劳工公约》在国际劳工大会通过后不久，中国海员建设工会、中国船东协会在交通运输部的引导下，已经开始酝酿组成全国海上三方机制。2009 年 12 月 23 日该机制在北京正式启动。在该机制的推动下，中国海员建设工会、中国船东协会签署了“中国船员集体协议”。

全国海上三方机制是国家三方机制框架的重要组成部分，由交通运输部、中国海员建设工会、中国船东协会三方组成。海上三方机制由交通运输部主管航运事务的副部长任主席，交通运输部海事局常务副局长、交通运输部人事劳动司副司长、中国海员建设工会主席和中国船东协会会长任副主席，成员由三方的相关人员组成。

“中国船员集体协议”是我国第一个全国性行业集体协议，是由中国海员建设工会全国委员会与中国船东协会就船员权益相关事宜通过集体协商而达成的共识，涉及船员就业、劳动合同及管理、劳动报酬、社会保险及福利、工作时间和休息休假、船舶配员及值班、职业安全和医疗以及其他劳动条件、劳动合同的解除与终止等各个方面。自 2009 年第一次签订后，该协议一般一年一签。到 2019 年为止，基本每年都有当年新版的“中国船员集体协议”协商出台。

第七章　雇主组织参与劳动关系三方协调机制的法律保障

“资本和劳动的关系，是我们现代全部社会体系所依以旋转的轴心……”①。恩格斯对资本与劳动关系之重要性的描述，在市场经济与工业化生产方式几乎横扫全球的今天仍然适用。人类历史上的劳动关系因工业革命的发生而迅速普及，又随着资本与劳工力量对比，以及国家角色的变化，孕育出具有共通性的劳动关系协调机制，这也是国际劳工组织倡导三方机制的主要原因。但是由于各国的经济、社会与政治等方面发展的多样性，国家—社会—组织三者的力量与发育程度不尽相同，劳动关系协调机制又表现出一定的差异。雇主组织作为企业利益的代表，在国家劳动立法与相关社会政策制定中表达企业意愿，保护企业利益，争取有利于企业发展的社会环境和制度环境。在这一点上，市场经济国家的雇主组织具有高度一致性。在关系到企业切身利

① 恩格斯. 卡尔·马克思“资本论”第一卷书评——为“民主周报”作//马克思恩格斯全集：第16卷. 北京：人民出版社，1964.

益的劳动关系领域的立法活动中，雇主组织总是扮演积极参与者的角色。本书对国外雇主组织参与立法的职能已经有较为充分的叙述。在狭义的三方机制概念上，各国雇主组织的主要任务是：依法代表其会员的利益和反映会员的意愿，维护雇主的合法权益；对劳动和社会保障等问题的立法与社会经济政策问题提出建议；参与三方协商谈判并签订有关协议；推动各级会员组织依法履行职责和义务等。① 国际劳工组织有关三方机制的要求中，劳动法规、政策的制定与执行以及经济和社会发展计划的规划与执行都是应进行三方协商的范围。

在我国，雇主组织在宏观上参与三方机制的途径也有两条：第一条途径是通过立法协商途径，参与国家劳动立法程序，以维护雇主利益。在我国，二元化的雇主组织参与立法协商的渠道与法律保障机制亦为双轨制。不同于企联及普通行业协会、商会的社会团体身份，全国工商联的人民团体地位，使其在参与立法过程中享有内部人的特别通道，其立法协商内嵌在政治协商体制中，是国家治理的重要组成部分。第二条途径即狭义上的三方机制。按照国家与地方协调劳动关系三方会议制度，协调劳动关系三方会议中雇主方的代表为“两家”——工商联与企联。

第一节　我国雇主组织参与劳动立法的依据与程序

一、雇主组织参与立法机关立法的程序性保障

发达市场经济国家的雇主组织参与立法根据国家—社会权力的基本安排形式不同而呈现不同的特征。在以德国为典型的社会合作主义国家，在宪法及宪法的实施机制中对层峰组织的BDA参与联邦议会立法有程序性的规定，而在以英国、美国为典型的多元主义国家，雇主组织作为利益集团，其影响立法的主要方式是游说、影响选举以及通过媒体影响舆论等。

在我国二元/多元化的雇主组织结构中，雇主组织重要的一元——工商联由于其独特的政治身份，在参与国家立法中有相应的国家法律机制作

① 雷鹏. 国外协调劳动关系三方机制的发展及启示. 人事天地，2012 (4).

为保障。作为人民团体，工商联是我国政权的重要组成部分。尽管在政治地位、职能和组织行为习惯等方面，工商联既不同于社会法团主义国家中具有强大组织和动员能力的雇主协会，也与一般的利益集团存在明显差别，但是，由于受执政党的领导，执行党的路线、方针、政策，履行党和国家赋予的政治职能，在人民群众与党和政府之间发挥桥梁和纽带的作用，工商联具有一种获得党和国家信任的内部人政治身份，使其在我国目前的立法体制中有特定的参与渠道。在这一点上工商联与合作主义或多元主义模式下雇主组织是不同的：前者由于执行执政党赋予的政治任务，代表国家利益，因而获得参政议政的资格；而后者的参与权力来源于西方政治民主的参与理论。雇主组织中的另一元——企联作为社会团体，由于参加协调劳动关系三方协商会议、承担雇主组织这一特殊职能，至今与体制保持比普通行业协会、商会更为紧密的关系，在参与立法的实践中仍然比社会团体有一些优势。至于代表雇主参加集体协商、签订集体合同的行业协会、商会，作为一般社会团体，在民主立法、科学立法的程序中，也有可能代表雇主参与立法程序，尽管这种可能性比企联而言要低得多。

（一）工商联参与劳动立法的依据与途径

1. 宪法框架下的协商民主

开展立法协商是中国特色社会主义协商民主在立法领域的具体体现，是发展社会主义民主的重要形式。习总书记指出："社会主义法治必须坚持党的领导，党的领导必须依靠社会主义法治……党和法、党的领导和依法治国是高度统一的。我们就是在不折不扣贯彻着以宪法为核心的依宪治国、依宪执政，我们依据的是中华人民共和国宪法。"① 在宪法的视域下，我国国家治理的逻辑链条为"执政党——政协——人大"，基于"执政党——政协"政治协商获得现实合法性的党的主张通过人民代表大会制度转为国家意志。② 根据《中国人民政治协商会议章程》和《中共中央关于加强社会主义协商民主建设的意见》，人民团体是发展社会主义协商民主的重要主体，其代表了特定群体的切身利益。作为人民团体的工商联在立

① 习近平在省部级主要领导干部学习贯彻十八届四中全会精神全面推进依法治国专题研讨班开班式上发表重要讲话强调：领导干部要做尊法学法守法用法的模范 带动全党全国共同全面推进依法治国. 人民日报，2015-02-02.

② 马一德. 宪法框架下的协商民主及其法治化路径. 中国社会科学，2016（3）.

法过程中，就经济社会发展中的重大问题和涉及非公经济利益的实际问题等进行利益表达，是协商民主要义的充分体现。正因为如此，《中共中央关于加强社会主义协商民主建设的意见》中着重提出的人民团体协商，得以有机嵌入我国国家治理模式中。

在此有必要强调人民政协的性质与立法协商之间的关系。有学者认为，“立法协商权”属于准国家机关行使职权的范畴，人民政协作为准权力机构有参与立法的权力。① 实际上，根据《中国人民政治协商会议章程》，中国人民政治协商会议最主要的三大职能为：政治协商、民主监督与参政议政。政协作为政治协商的平台，是政治协商的主要组织者、推动者，但并非立法协商的主体。作为人民团体的工商联，利用好政协这一政治协商平台，就立法的有关议题提出议案，向中共中央提出建议，是参与政治协商的途径，但并非参与政协组织的立法协商机制。

强调工商联以人民团体的身份代表雇主组织参与立法协商，存在着以工商联一元化的身份替代多元化雇主组织的现实问题，但在国家治理中即使不考虑其作为人民团体的特殊性，工商联参与立法协商在政治与经济上都存在正当性。立法协商的特殊途径背后体现的是国家将社会治理的权力分享给雇主组织，让它在社会自治以及国家治理中均发挥应有的作用。在多元体制中，雇主组织的影响力主要靠多元竞争取得，与该组织的社会包容性及行业代表性不直接相关。很有可能造成雇主组织在行业或专业领域的代表性和覆盖面较低，即使联合会形式在各自领域的组织集中度也不高的局面。② 分散的、代表性不高的多个组织相互竞争极有可能造成治理能力更弱、成本更高的局面。为弥补多元化的缺陷，将一元化雇主组织作为准政权机构，允许其进入政治体系内部的协商，在政治上与经济上都具有合理性。

2. 法律依据

第一，立法协商。《立法法》第36条第1、4款规定，“列入常务委员会会议议程的法律案，法律委员会、有关的专门委员会和常务委员会工作机构应当听取各方面的意见……”“常务委员会工作机构应当将法律草案发送……有关部门、组织和专家征求意见。”这里的“有关组织”就包

① 侯东德. 我国地方立法协商的理论与实践. 北京：法律出版社，2014：8-9.

② 任一，周立群. 多元主义与合作主义——国家治理与我国商协会体制探索. 学术研究，2008（6）.

括人民团体。第 36 条第 3 款又规定："法律案有关问题存在重大意见分歧或者涉及利益关系重大调整，需要进行听证的，应当召开听证会，听取有关基层和群体代表、部门、人民团体、专家、全国人民代表大会代表和社会有关方面的意见。听证情况应当向常务委员会报告。"在法律确定的立法机制中，特别强调当"存在重大意见分歧或者涉及利益关系重大调整"时，要召开听证会，听取包括人民团体在内的各方面意见。这是一项强制性的立法程序要求。工商联作为代表雇主组织的人民团体，在涉及劳动立法对雇主利益进行重大调整的法律案听证中，积极参与听证并代表雇主表达相关团体的利益诉求，是有明确法律保障的。

实践中，全国人大在立法程序中，也多次明确工商联参与立法协商的身份与定位。例如，全国人大公布的 2015 年工作计划中特别强调要"多渠道、多形式广泛听取意见。……采取多种形式听取政协委员、民主党派、工商联、无党派人士、人民团体、社会组织的意见"。工商联作为协商主体，被列明并与政协委员、民主党派等并列，这充分说明工商联在立法协商中的重要地位。

第二，依法提出法律案。《立法法》第 15 条第 1 款规定，"一个代表团或者三十名以上的代表联名，可以向全国人民代表大会提出法律案，由主席团决定是否列入会议议程，或者先交有关的专门委员会审议、提出是否列入会议议程的意见，再决定是否列入会议议程"。工商联在人大及其常委会中通常有自己的代表，以表 7－1 中列明的第十二届全国工商联执行委员会领导班子为例，共有 18 人次曾担任或正担任全国人大代表或全国政协委员。谢经荣、黄荣、李东生、李湘平、陈放、南存辉、雷军等 7 人正担任或曾担任全国人大代表，高云龙等 13 人正担任或曾担任全国政协委员。全国工商联专职副主席谢经荣还担任了第十二届全国人大法律委员会副主任委员。

表 7－1　第十二届全国工商联执行委员会领导班子职务统计①

姓　名	全国工商联职务	全国人大代表	全国政协委员
高云龙	主席	否	第十一、十二届全国政协委员

① 根据全国工商联官方网站公开资料整理。

续前表

姓　名	全国工商联职务	全国人大代表	全国政协委员
谢经荣	专职副主席	第十一、十二届全国人大代表，第十二届全国人大法律委员会副主任委员	否
黄　荣	专职副主席	第十一、十二届全国人大代表，第十二届全国人大财政经济委员会委员	否
叶　青	副主席	否	第十二届全国政协委员
李书福	副主席	否	第十一、十二届全国政协委员
李东生	副主席	第十一、十二届全国人大代表	否
李家杰	副主席	否	第十一届全国政协经济委员会副主任委员，第十二届全国政协常委
李湘平	副主席	第十一、十二届全国人大代表	否
邱达昌	副主席	否	第十二届全国政协委员
何猷龙	副主席	否	第十二届全国政协委员
张近东	副主席	否	第十、十一、十二届全国政协委员
陈　放	副主席	第十届全国人大代表	第十一、十二届全国政协委员
郑跃文	副主席	否	第十一、十二届全国政协委员
南存辉	副主席	第十一届全国人大代表	第十二届全国政协常委
钱颖一	副主席		第十二届全国政协委员
黎昌晋	副主席		第十二届全国政协委员
雷　军	副主席	第十二届全国人大代表	否
常兆华	副主席		第十二届全国政协委员
总　计	18 人	7 人	13 人

3. 工商联参与劳动立法的途径

工商联既可以通过人民政协这一重要的协商民主的平台，向中国共产党和政府提出有关问题、针对自身有关情况提出立法建议，也可以通过本团体所联系的人大代表、政协委员以其个人名义参与立法。① 实践中，工商联主要通过如下途径参与劳动立法。

（1）直接提出立法建议。

在我国中，出于协商民主的需要，工商联有权通过向党中央、国务院及各级党委、政府及有关部门报送专题报告、调查报告、信息等，反映情况，提出立法建议，推动形成立法决策。

（2）通过本系统的人大代表、政协委员提出立法或法律修改建议。

例如，针对《劳动合同法》的修改，2017 年 3 月 7 日，第十二届全国人大第五次会议上全国人大代表、安徽省工商联副主席杨桂生就提出一份关于修订劳动合同法的建议：取消惩罚性赔偿，引入过错赔偿制度，公平适用于劳动者和用人单位双方。杨桂生的建议引起了全社会的广泛关注。

> 目前，劳动力、土地、能源、融资、税费、物流等显性成本制约了企业的发展，其中，用工成本的持续增加、劳动力管理成本的持续上升，成为企业成本负担的首要问题。杨桂生认为，2008 年 1 月 1 日起开始施行的《劳动合同法》，过度保护劳动者一方的利益，增加了用人单位的成本，严重影响了企业的发展。
>
> 杨桂生建议，对劳动合同法进行系统性修改，科学设置法律规则，降低不必要、不合理的成本，切实减轻企业负担。
>
> “比如，用人单位未签书面合同、未及时足额支付劳动报酬、未支付经济补偿、违法解除或终止，都将导致惩罚性的双倍赔偿。”杨桂生认为，惩罚性赔偿以奖励诉讼的方式刺激劳动者通过追究企业责任来获取较高利益，存在巨大的道德风险；诱使部分劳动者违反诚实信用原则“碰瓷”维权，从而产生大量劳动纠纷。他建议取消惩罚性赔偿，引入过错赔偿制度，公平适用于劳动者和用人单位双方。②

---

① 陈建华．立法协商主体探析．河北法学，2016（3）．

② 全国人大代表，安徽省工商联副主席杨桂生．[2018-04-02]．搜狐网，www.sohu.com/a/127747525_114967.

(3) 充分发挥政治协商的协商平台作用，积极提交有关劳动立法的建议与意见的团体提案。

政协提案是工商联参与政治协商的最重要、最经常、最规范的形式之一。政协提案是政协委员和参加政协的各党派、各人民团体以及政协各专门委员会，向政协全体会议或常务委员会提出的，经提案审查委员会立案后，交承办单位办理的书面意见或建议。中国共产党的十八大报告首次提出了“提案办理协商”的概念，强调要把“提案办理协商”作为健全我国社会主义协商民主制度的重要方面。实践中，许多省市的提案已经走上了“制度化、规范化、程序化”的轨道，如 2017 年 11 月，深圳市政府印发由市政协制定的《市政府领导领衔督办人民团体和政协界别重点提案办法（试行）》，有效地保证了提案的办理效果。① 工商联向政协提交的团体提案，在目前的政治协商体制下，是有可能被转化和吸收到国家法律法规和政策、规划中的。根据 2018 年政协第十三届全国委员会第一次会议上万钢所作的《中国人民政治协商会议全国委员会常务委员会关于提案工作情况的报告》的统计，从 2013 到 2018 年，各民主党派中央、全国工商联提案 1 702 件。各承办单位深入开展协商，积极采纳、落实建议，截至 2018 年 2 月 20 日，99%的提案已经办复。大多数提案中的意见、建议得到采纳或正在逐步落实中。而根据全国工商联自己的统计，五六年来，工商联系统共提交 247 件全国政协团体提案，其中 20 件被全国政协列为重点督办提案、6 件被选为优秀提案，推动了一些重点问题的解决。在政府部门有关政策出台前，全国工商联还通过专题座谈会，广泛听取和反映民营企业的呼声和诉求，所提意见大部分被有关部门采纳。②

全国工商联研究室是具体负责提案组稿与部署工作的部门。在工商联系统内，团体提案的选题来源于全国工商联各机关工作部门、各直属行业商会（包括房地产商会、石油业商会、新能源商会、金银珠宝商会等 30 个）以及各省级工商联。一份团体提案从初步意向到确定选题、撰写、正

① 郜晓文，宋啸峰. 创新，再创新——2017 年深圳市政协提案“新政”综述. [2018-05-01]. 人民政协网，http://www.rmzxb.com.cn/c/2018-02-01/1949828.shtml.

② 姜潇，曹典. 砥砺奋进 书写新华章——写在中国工商业联合会第十二次代表大会召开之际. [2018-05-01]. 人民政协网，http://www.rmzxb.com.cn/c/2017-12-05/1881060.shtml.

式定稿、上报政协，涉及诸多程序和机构。有的商会的提案是经过集体讨论、专家论证的，有的商会的提案由主要负责人亲自撰写。针对企业在劳动力市场的相关利益问题，全国工商联在历届全国政协会议上多次提交团体提案。

历届全国政协会议上全国工商联提交的有关劳动立法的建议与意见团体提案总览①

(1) 全国工商联2008年全国政协十一届一次会议的提案

提案名称：《全面实施劳动法律，分类有序推进劳动管理》

主要内容：对于民营企业在劳动关系中的问题，一定要用发展的观念看待，大量问题都将在发展过程中逐步化解。从客观实际出发，采取分门别类、循序渐进、宽严相济的办法推动问题的解决。其中最重要是按企业类型特点分类、有序地推行劳动合同制度。对有一定规模的企业和工作比较稳定的员工，重在大力推行集体合同制、扩大劳动合同签订率、规范合同内容、严格监督合同执行。对小企业，特别只有十几人的微型企业，对季节性、临时性雇工，可按地区、行业的不同，分类推行比较灵活、简明的合同制度，既提供规范依据，又方便双方履行，以提高合同签订率和监督合同执行。对于个体户，劳动合同形式与规范应更加灵活，增强适应性和可操作性。

(2) 全国工商联2009年全国政协十一届二次会议的提案

提案1名称：《关于协助企业贯彻劳动合同法　稳定劳动关系的建议》

主要内容：1）阶段性降低社会保险费率，允许困难企业在一定期限内缓缴社会保险费，暂缓调整企业最低工资标准，简化特殊工时制审批程序。2）指导各级劳动执法部门和人员提高依法行政能力和管理服务水平，对于受经济危机影响而出现的社保缴纳困难、工资支付困难等问题，要协助予以解决，维护企业的正常经营和就业。3）及时出台劳动合同法配套规章，对劳资双方的权利义务进行更合理的配置。4）继续帮助、协调工商联加入国家协调劳动关系三方机制，发挥工商联在引导民营企业应对当前经济形势、稳定劳动关系中的作用。5）完善就业促进法配套法规，给积极吸纳就业的企业一定

① 根据全国政协网、全国工商联官方网站以及其他媒体官方报道资料综合整理。

的政策优惠，引导企业承担社会责任。

提案2名称：《关于对〈劳动合同法〉劳动补偿金支付分配和管理的提案》

主要内容：建议税收上允许企业税前预提经济补偿准备金；建议参照社保管理办法，经济补偿准备金由政府统筹管理。

(3) 全国工商联2010年全国政协十一届三次会议的提案

2010年全国工商联向全国政协十一届三次会议报送的23份参政议政团体提案涉及金融、中小企业发展、房地产发展、推进垄断行业改革、促进市场化、西部开发、产能过剩等方面，但没有涉及劳动关系方面。

(4) 全国工商联2011年全国政协十一届四次会议的提案

提案名称：《关于降低企业缴费标准　推动〈社会保险法〉贯彻实施的建议》

主要内容：近年来，各地社会保险费增幅偏快，企业和职工的负担很重，不仅不利于扩大就业，而且造成逃避、拖欠社会保险费行为的普遍存在。企业缴费负担偏重有两个原因：一是费率偏高，财政投入没有法律保障；二是缴费基数核定不合理。工商联建议参考发展中国家费率或与我国经济发展相近似国家的社保费率水平，综合确定合理费率，增加政府公共财政投入，降低企业缴费比例，平衡国家、企业、个人缴费份额。与此同时，制定两种社会保险费率标准，降低企业社保费率，以确保小企业有能力实现员工工资逐年增长，向社会提供更多就业岗位。

(5) 全国工商联2013年全国政协十二届一次会议的提案

提案名称：《关于规范劳动合同制度，保障职工合法权益的提案》

主要内容：中国共产党十八大提出，要健全劳动标准体系和劳动关系协调机制，构建和谐劳动关系。因此，按企业类型特点分类、有序地推行劳动合同制度具有十分重要的意义。为此，我们建议：1）对有一定规模的企业和工作比较稳定的员工，大力推行集体合同制、扩大劳动合同签订率、规范合同内容、严格监督合同执行。2）对小微企业，和季节性、临时性雇工，可按地区、行业的不同，分类推行比较灵活、简明的合同制度，既提供规范依据，又方便双方履行，以提高合同签订率和监督合同执行。3）加强对建筑企业、餐饮、美容美发等服务行业使用农民工的劳动合同签订的监督检查，依法维护农民工的权益。引导并督促从事家庭服务业、不具备签订规范劳动合同的农民工、一次性及临时性用工订立劳务协议。4）对于个体户，劳动合同形式与规范要采用更加灵活的方式，以增强可操作性。

(6) 全国工商联2015年全国政协十二届三次会议的团体提案

提案名称：《关于修改〈国务院关于职工工作时间的规定〉与〈中华人民共和国劳动法〉相一致的提案》

（4）公众参与立法的途径。

公众参与立法主要通过座谈会、论证会、研讨会以及反馈法律草案修改意见等渠道。这部分的参与工商联与企联及其他商协会组织没有区别，因此在后文一并论述。

（二）企联/行业协会、商会参与劳动立法的法律依据与途径

企联作为雇主组织参与劳动立法的性质与工商联作为人民团体参与劳动立法的性质截然不同：前者背后的理念是公众参与立法，而后者是国家治理中根本政治制度的要求。正因为如此，尽管工商联与企联/行业协会、商会各自有参与立法的渠道，但能够引起党和政府重视的程度仍然有较大的区别。

1. 公众参与立法

公众参与立法是推进立法公开，提高立法科学化、民主化的重要途径，也是完善人民代表大会制度建设、推进社会主义民主法治进程的重要方面。中国共产党的十八大和十八届三中、四中全会对于加强公众参与立法提出新要求。《立法法》也对于加强公众参与立法作出新规定。从中国共产党的政策来看，中国共产党的十八大以来，以习近平同志为核心的党中央高度重视公众参与立法工作，把公众参与立法作为践行立法民主和立法公开、保障立法质量和提高法律认同度的重要举措，并对拓展人民有序参与立法途径、健全法律法规规章草案公开征求意见和公众意见采纳情况反馈机制等提出了明确要求。中国共产党的十八届四中全会决定指出，探索建立有关国家机关、社会团体、专家学者等对立法中涉及的重大利益调整论证咨询机制。《立法法》第5条规定："立法应当体现人民的意志，发扬社会主义民主，坚持立法公开，保障人民通过多种途径参与立法活动。"第36条第1款规定："列入常务委员会会议议程的法律案，法律委员会、有关的专门委员会和常务委员会工作机构应当听取各方面的意见。听取意见可以采取座谈会、论证会、听证会等多种形式。”第36条第4款规定：“常务委员会工作机构应当将法律草案发送相关领域的全国人民代表大会代表、地方人民代表大会常务委员会以及有关部门、组织和专家征求意见。”

在我国立法机制中，公众参与立法已不是抽象的理念，而是已为政策和法律制度所确认，并且在实践中得到践行。各种各样的公众参与的实践形式，例如听证会、讨论会、座谈会、公众评论等，在今天已经屡见不鲜。从雇主组织发展的角度来看，企联由于承担雇主组织的特殊职能，高度关注劳动立法中雇主的合法利益，具有较强的参与能力，因此在地方劳动立法中参与的程度比行业协会、商会的要高。

2. 企联参与劳动立法的途径

在公众参与立法的制度设计中，企联参与劳动立法主要有“座谈会、论证会、听证会以及对征求意见草案提出意见”四种途径。在实践中，工商联、企联作为雇主组织代表，也曾经参加过劳动立法活动。

（1）参与劳动立法的座谈会、论证会、听证会。

在立法中，座谈会是指有关法案起草单位、审议机关或者审议机关的工作机构根据需要，邀请与该法案有关的机关、团体、企业、事业单位和有关方面的专家，对法律草案的内容进行座谈讨论、发表意见。论证会根据需要举行，主要是针对法律案中技术性较强的问题，邀请有关专家对其合理性和可行性进行研究论证。而听证会是针对立法中涉及的重大利益调整问题而召开的。论证会与听证会局限于技术性较强及涉及特别重大利益调整的内容，因此座谈会是全国人大在加强立法参与方面最常采取的形式之一。

以2007年全国人大常委会通过的《劳动合同法》制定过程中的雇主组织参与为例

工商联的参与：

中国工商联在国务院法制办起草劳动合同法阶段曾经参加过民营企业意见座谈会。时任全国工商联主席黄孟复曾多次组织专题调研，并亲自出席了国务院法制办就《劳动合同法》征求民营企业意见的座谈会。[①] 时任全国工商联法律部部长王瑗说：“根据《劳动合同法》

① 全国工商联副主席沈建国2008年1月在全国人大组织的《劳动合同法》、《就业促进法》与《劳动争议调解仲裁法》贯彻实施座谈会上的讲话。

的制定从头到尾，每一个环节都征求了工商联的意见。立法中，我们参加了座谈会，四次审议稿的原文我们也都拿到了，也反映了意见。立法的变化过程我们是清楚的。"① 但是，与企联相比，当时工商联并未加入国家协调劳动关系三方会议，缺少官方认证的雇主组织身份，其参与《劳动合同法》立法实际上没有企联深入。

中国企联的参与：

中国企联在起草阶段，就参与了国务院法制办关于《劳动合同法（草案）》的座谈会形式的调研。2005 年，由国务院法制办牵头，全国分为六大片区，会同劳动和社会保障部、中华全国总工会、中国企联，兵分三路，以召开座谈会的形式到各地调研。2005 年 10 月，国务院法制办修改稿被提交全国人大常委，被列入立法程序。12 月 24 日到 29 日全国人大常委会首次进行审议。

从 2006 年 1 月起，全国人大法工委在北京召开了三次三委座谈会，即有法律委、财经委、法工委成员，并邀请中国工商联、中国企联、中国美国商会参加。但是，必须承认，当时作为非公企业代表的中国工商联与作为国有企业代表的中国企联（中国企联的会员后来发生了较大变化）对于劳动合同法给企业带来的影响并不十分敏感，正如当时立法工作人员所感觉的："国有企业反应比较迟缓，民营企业在这方面关注度远远不够，而外资企业和劳务派遣公司是最敏感的。"② 在《劳动合同法》的立法参与过程中，中国美国商会曾经给立法部门发来一份长达 64 页的意见书，就草案中的内容系统、深入地表达了自己的看法。

除立法阶段外，2007 年三部劳动关系领域的大法《劳动合同法》、《就业促进法》与《劳动争议调解仲裁法》出台后，全国人大曾组织全国总工会、最高人民法院、国务院法制办、人力资源和社会保障部、中国工商联与中国企联召开贯彻实施座谈会。全国人大到地方就《劳动合同法》的实施情况进行调研时，一般要组织有关政府部门、法院、工会、工商联、企联、企业和劳动者参会，听取他们关于《劳动合同法》实施情况以及有关情况的意见、建议。

①② 刘涛，王琦. 劳动合同法：激辩与冲击. 中国企业家，2008（2）.

（2）针对全国人大发送的劳动法律草案提交修改意见。

书面征求意见是我国立法过程中的必经程序。法律草案提交全国人大常委会审议后，由全国人大常委法制工作委员会向各地方、各部门和有关机构发函征求意见，一般针对每一个法律草案要发函给两百多家地方和中央单位征求意见。关于劳动关系领域的法律草案全国人大一般要发函给工会、工商联与企联征求意见。

针对《劳动合同法（草案）》征求意见稿提交修改意见

2008年，全国工商联、中国企联在接到全国人大常委会发来的《劳动合同法（草案）》后，都曾组织召开专家座谈会讨论修改意见与建议。如全国工商联曾召开征集《中华人民共和国劳动合同法（草案二次审议稿）》修改意见座谈会，全国工商联副主席孙晓华出席并讲话，来自叶氏企业集团、新华联集团、物美集团、乾坤律师事务所等十余家民营企业和中介机构的负责人对《劳动合同法》草案第二次审议稿提出了修改意见和建议。①

收到全国人大法工委发来的《劳动合同法（草案）》后，中国企联立即组织有关人员进行认真研究，并征求了国有、民营、外资等各类企业、企业界全国人大代表与政协委员及地方企联的意见，并且邀请企业代表与法律专家举行了专门的座谈会，并要求地方企联及时提交修改意见。中国企联也提交了系统性的修改意见。②《劳动合同法修正案（草案）》征求意见过程中，上海市企联曾按照中国企联的要求邀请人社局、法规处、法院、研究机构、律所以及外服公司等的专家、教授、学者、律师等人员，举行《劳动合同法修正案（草案）》暨劳务派遣学术研讨，对《劳动合同法修正案（草案）》及说明提出修改意见。③

---

① 民营企业家关注《劳动合同法》.［2018-04-20］.搜狐网，http://finance.sina.com.cn/roll/20070122/03511169518.shtml.

② 中国企联关于《劳动合同法（草案）》的修改意见与建议.［2017-01-02］.http://www.cec-ceda.org.cn/huodong/16/labourlaw/all.htm.

③ 企联组织法律专家征求《劳动合同法（修正案）》（草案）意见.［2017-12-22］.上海市企联官网，http://www.shec.org.cn/jeecms/gzzt/456.jhtml.

二、雇主组织参与三方机制

(一)对雇主组织参与三方机制的制度安排

1. 企联作为雇主组织的历史因素

企联作为雇主组织参与三方机制，并非顶层设计的结果，而是有一定的机缘巧合。1990 年我国批准了国际劳工组织 1976 年 144 号《三方协商促进履行国际劳工标准公约》。为此我国需要在国际劳工大会上有代表雇主组织的机构。中国工商联没有得到这个机会，有诸种原因：其一是中国企联早在 1983 年就在国际上以中国雇主组织名义开展活动，且产生良好的国际影响；其二，中国企联尽管是政府发起设立的社会组织，但毕竟取得了独立于国家机构的主体地位，而工商联的人民团体地位不具有相对独立性，在国际上的认可度不如中国企联。其三，当时中国企联的会员大多数为国有大中型企业，对劳动关系的重视程度相对较高，而改革开放早期非公经济在国民经济中的份额较小，对劳动关系的关注程度也较低，因而作为非公经济代表组织的工商联并未积极争取雇主组织的身份。

2011 年之前，在我国的三方机制中代表企业的雇主组织一直是企联。2001 年国家协调劳动关系三方会议制度初创时，劳动和社会保障部、中华全国总工会和中国企联、中国企业家协会是三方的主体。在官方文件中，2004 年 9 月颁布的《劳动和社会保障部、中华全国总工会、中国企业联合会、中国企业家协会关于贯彻实施〈集体合同规定〉的通知》[劳社部函（2004）195 号]，是最早采用“企业代表组织”且明确界定企业代表组织为企联/企业家协会的规范性文件。从 2004 年后一直到 2008 年，在官方文件中企业代表组织基本确定为企联。

2. 工商联作为雇主组织的顶层设计

工商联作为雇主组织参与三方机制首先是自身长期工作的结果。2007 年后，全国工商联推动地方工商联参与三方机制，以作为非公经济的雇主代表，从而在地方形成了“三方多家”的局面，地方工商联参与三方机制已经积累了一些经验。因此，全国工商联在 2008 年 3 月全国政协十一届一次会议上提交了题为《关于从制度上将工商联纳入协调劳动关系三方机制》的提案。该提案陈述了工商联应作为雇主组织参与三方机制的两点理由：一是中企联的会员大部分是大中型国企，对非公企业的代表不充分；二是工商联作为政府管理非公经济的助手，已经具备参与三方机制的组织基础，且很多市县级工商联已经在协调劳动关系方面发挥着作用。该提案建议，从制度上确立工商联在三方机制中的法律地位，由企联和工商联共同代表企业方，实现对非公企业的合法利益的全面代表。2009 年的提案再次强调了工商联应作为雇主组织参与三方机制。

工商联希望作为雇主组织参与三方机制的声音通过政治协商机制传递到了执政党。从执政党的角度看，确认工商联作为雇主组织的时机已经成熟，其背后的考虑有如下几点：其一，在改革开放二十周年时，我国宪法已经确认了“坚持公有制为主体、多种所有制经济共同发展”的基本经济制度，非公经济已经成为社会主义市场经济的重要组成部分，将代表非公经济的工商联列为雇主组织能够有效补充企联的代表性不足；其二，劳动关系的薄弱环节不在国有企业而在民营企业，代表非公经济的工商联作为政府的经济助手协调劳动关系，将取得比政府直接干预更好的效果；其三，工商联作为人民团体，比普通社会团体更能够理解、贯彻党和政府的创建和谐劳动关系的目标。

执政党通过两个重要文件明确了工商联作为雇主组织的地位。2010 年 16 号文件。在全面建设小康社会、加快推进社会主义现代化的新形势下，中国共产党对工商联的工作要求以及领导作用得到了强化。工商联的职能、作用第一次被确定为包括“在构建和谐劳动关系中的积极作用”，工商联首次被明确要求“……参与协调劳动关系三方会议，同人力资源社会保障部门、工会组织和其他有关企业方代表一道，共同推动劳动关系立法和劳动关系协调机制建设，共同研究解决劳动关系中的重大问题和调处劳动争议”。可以认为，2010 年 16 号文件是二元化雇主组织参与三方机制的里程碑。之后 2015 年，《中共中央、国务院关于构建和谐劳动关系的意见》（中办发 2015〔10〕号文）明确规定，“建立健全由人力资源社会保障部门会同工会和企业联合会、工商业联合会等企业代表组织组成的三方机制”。

（二）雇主组织影响劳动立法与政策的职能

按照我国三方机制的制度设计，在国家层面，国家协调劳动关系三方会议（以下简称国家三方会议）的职责、任务包括如下内容。①

（1）研究分析我国经济社会发展形势和政策、制度对劳动关系的影

① 《国家协调劳动关系三方会议制度》第 2 条。

响，协调三方的政策主张和立场，对制定并监督实施涉及调整劳动关系的法律、法规、规章和政策提出意见和建议。

（2）通报交流各自协调劳动关系工作中的情况和问题，研究分析全国劳动关系状况及发展趋势，对劳动关系方面带有全局性、倾向性的重大问题进行协商，形成共识。

（3）建立和完善劳动关系工作体系，推动地方协调劳动关系三方机制、劳动合同制度、集体合同制度、民主管理制度、劳动争议调处机制的建议，总结推广先进经验。

（4）加强对地方协调劳动关系工作的宏观指导和服务，建立劳动关系重大问题的信息沟通和协调处置机制。对跨地区或在全国具有重大影响的集体劳动争议或群体性事件进行调查研究，对社会影响重大的劳动关系问题，三方统一研究应对措施，协调采取一致行动，提出应对措施的意见和建议，及时妥善化解矛盾。

（5）加强与国际劳工组织、各国三方机构的联系、交流与合作，组织、参加有关活动，提高中国三方机制在国际劳工活动中的作用和影响。

从国家三方会议的职责、任务来看，通过国家三方会议应当实现以下目标：制定劳动关系政策及对劳动法律法规修改提出意见与建议；研判全国劳动关系状况并形成共识；指导和推动地方协调劳动关系建设；对重大集体劳动争议事件进行调查研究并提供指导；加强与国际三方机构的合作。

国家三方会议为工会与雇主组织建立了对话平台，在政府的主导下劳方和资方就劳动关系的诸多事项从宏观上进行了交流。从管理体制来看，国家三方会议确定三方相对固定的机构和人员参与三方会议：办公室原设立在人力资源和社会保障部劳动工资司，后改为设立在劳动关系司，由劳动关系司司长担任办公室主任，负责三方会议的日常工作；并决定成立劳动关系法律政策研究委员会、薪酬咨询委员会、集体协商指导委员会、社会保障政策咨询委员会以及劳动标准研究委员会五个专业委员会。遗憾的是，这些专业委员会组建后并未实际运行。从 2001 年建立至 2019 年 18 年的时间，国家层面的三方机制共计召开了 24 次会议。在此过程中，雇主组织参与国家三方会议，取得以下成就。

1. 为劳动法律法规的制定与修改提供了意见和建议

国家三方会议为一些劳动法律法规的制定与修改提供了意见和建议。

这些法律法规包括《劳动合同法》《社会保险法》《最低工资规定》《集体合同规定》等。[①] 在劳动立法起草阶段，通常人力资源社会保障部门会通过三方会议与企联、工商联进行协商。例如，2015 年第十二届全国人大第三次会议上，薛颖等 31 名代表建议制定集体合同法，全国人大财经委就主席团交付审议的议案的审议结果明确指出："人社部将会同全国总工会、全国工商联、中国企业联合会积极推进相关制度实施，抓紧开展集体合同立法研究。财经委员会建议有关部门加大现行法律法规的执行力度，同时对集体合同立法抓紧研究论证，适时提出立法建议。"[②]

2. 推动了我国集体协商制度的发展

国家三方会议自成立以来，先后联合下发了《关于贯彻实施〈集体合同规定〉的通知》（劳社部函［2004］195 号，2004 年 9 月 23 日）、《关于开展区域性行业性集体协商工作的意见》（劳社部发［2006］32 号）、《关于深入推进集体合同制度实施彩虹计划的通知》（人社部发［2010］32 号）、《关于推进实施集体合同制度攻坚计划的通知》（人社部发［2014］30 号）等等文件。但是我国三方会议推动集体协商和集体合同制度的建立，始终存在着自上而下地强制推行与资方本身动力不足的问题，实效劣于形式。[③] 实际上，国家三方会议目前出台的文件中，对三方会议在集体协商中要扮演何种角色、代表的权利或职责、将如何达到或执行决定都只字未提[④]，因而我国集体协商制度中的三方会议到目前为止还是空壳，不具有实际运行的效力。

3. 推动各地进行创建劳动关系和谐企业与工业园区的活动

目前创建劳动关系和谐企业与工业园区活动，评选"全国模范劳动关系和谐企业""全国模范劳动关系和谐工业园区"以及地方模范的活动，是我国三方机制中最受欢迎的内容。从上到下，从国家到地方，从工会到

---

① 汪洋. 我国协调劳动关系三方机制现状、问题及改革思路. 经济研究参考，2006（44）.

② 全国人民代表大会财政经济委员会关于第十二届全国人民代表大会第三次会议主席团交付审议的代表提出的议案审议结果的报告.［2018-04-11］. 全国人大官网，http://www.npc.gov.cn/npc/xinwen/2015-11/04/content_1950322.htm.

③ 王敏. 协调劳动关系三方机制建设亟待完善. 中国工运，2013（4）.

④ 三方机制完善和改革课题组. 协调劳动关系三方机制的完善和改革研究报告. 中国人力资源开发研究会劳动关系分会第 3 届年会暨学术研讨会论文，2010.

雇主组织再到企业，都在该活动中付出了大量的心血和时间。活动弘扬先进企业履行社会责任产生的鼓励与正面效果，客观上对劳动关系具有积极的作用。在本书作者及其研究团队的调研中，工商联与企联的工作人员都表示，和谐企业与工业园区的活动是工作的重要内容之一。从上海和其他地方的工作情况来看，截至 2015 年年底上海市共创建和谐劳动关系达标企业 10 661 户，其中，国有及国有控股企业 994 户、集体企业 1 301 户、外商及港澳台独资企业 1 742 户、民营企业 6 216 户、其他类型企业 408 户。福建省有 27 家企业、4 个工业园区被评为全国劳动关系和谐企业与和谐工业园区；有 1 232 家企业、60 个工业园区、20 个乡镇（街道）被评为省级劳动关系和谐企业、和谐工业园区与和谐乡镇（街道）。①

4. 建立了信息分享制度

国家三方会议办公室不仅在会后编写《会议纪要》抄送有关各方，还定期编写《信息交流》，介绍各地落实国家三方会议精神、推行各种措施的情况等。②

（三）雇主组织参与地方协调劳动关系三方会议之创新

与国家层面的制度及运行情况相比，地方协调劳动关系三方会议制度结合当地情况进行了创新，且效果更好。

1. 上海

应国家建立健全三方机制的要求，上海市三方机制创建于 2002 年。为配合三方机制的运行，同年上海市制定了《上海市协调劳动关系联席会议制度》，确定上海市协调劳动关系联席会议作为三方机制的组织机构。2016 年上海市政府出台了《关于贯彻〈中共中央、国务院关于构建和谐劳动关系的意见〉的实施意见》，将联席会议制度改为劳动关系三方委员会。上海的三方机制在全国属于比较优秀的，几乎国家三方会议所有类型的调研都会有上海代表参加。上海经验有如下特点：

——三方委员会在政府内的级别较高：主席由上海市主管劳动和社会保障的副市长担任，人力资源社会保障部门的领导担任常务副主席，工会

---

① 国家协调劳动关系三方赴上海、福建督查调研//中国企业联合会. 雇主工作简报，2016（12）.

② 李丽林，袁青川. 国际比较视野下的中国劳动关系三方协商机制、现状与问题. 中国人民大学学报，2011（5）.

与雇主组织领导担任副主席。人力资源和社会保障局的具体业务部门对接三方协商的内容。

——三方协商内容广泛：实际运作中，只要是涉及劳动关系的事项，例如最低工资标准、工伤浮动率的调整、工资增幅指导线、高温夜班津贴、女职工的陪产假、职工民主管理、集体合同条例的内容，上海市政府要求必须先经过三方协商。

——三方机制成为多元化处理劳动争议、三方共同参与群体性劳动关系矛盾预防、发现和处置等的有效机制。

——上海市政府与上海市人民法院、上海市司法局合作，设立劳动争议三方联合调解中心，由工会、企联、工商联各自推荐兼职劳动仲裁员与调解员参与处理案件。以上海市企联为例：2016 年度，三方推荐的兼职仲裁员共计参与处理案件 762 件，其中上海市企联推荐兼职仲裁员 20 名，企联方兼职仲裁员参与办案 547 件，占三方参与办案总量的 71.78%；2016 年度，上海市劳动争议三方联合调解中心共计接受各方推荐及派驻的调解员 28 名，共计办结案件 605 件，其中调解 461 件，调解成功率为 76.2%，其中企联方推荐 6 名调解员，参与办案 182 件，占三方参与办案总量的 30.08%。①

——上海市政府在立法过程中的公众参与意识很强，市政府法制办凡是涉及劳动关系方面的法律制定都会要求工商联、企联深入参与。

2. 广州

2017 年 11 月，广州在全省率先设立劳动人事争议三方联合调解中心。全市各区三方（人社局、总工会、企联和工商联）联合调解中心相继于 2017 年年底挂牌成立。

在广州，最低工资标准要经过三方协商同意后方报政府实施。协商过程中媒体与社会关注度很高。

3. 辽宁

针对企联、工商联系统在县区以下影响较弱的现实，为进一步健全和完善三方机制，辽宁省将工商联和外企协会也纳入三方机制之中，建立了

① 数据来源于本书作者及其研究团队 2017 年 6 月 15 日在上海市企联的调研访谈。

劳动关系“三方五部门”的协商新机制。①

4. 山西

山西省建立情况通报、行文协调、成果应用保证和共同调查处理等制度。其三方会议下设法律政策、企业工资分配和集体协商三个专业委员会，分别依托政府劳动行政、企联和工会开展相关政策研究和咨询工作。②

5. 北京

2018 年北京市协调劳动关系三方委员会建立，三方委员会由协商议事平台变为议事决策机构，运行了 17 年之久的协调劳动关系三方会议制度实现了升级发展。③

第二节　雇主组织参与立法及劳动关系三方协调机制中的问题

一、雇主组织与工会之参与权失衡

中华全国总工会体系下的一元工会制度既是历史的选择，也是现实的选择。在我国，中华全国总工会有着崇高的政治地位：全国总工会负有协调劳动关系和巩固党的群众基础的双重职责，其领导人的地位既高于全国工商联的领导的地位，也高于国家人力资源和社会保障部门的领导的地位。工会的参政议政是执政党赋予它的政治地位所决定的，也是工会既代理执政党的利益，维护好劳动关系和谐稳定，又代理工人的利益，不断争取更好的劳动权益保障的政治基础。工会的双重代理使工会在劳动立法事项上的权力比工商联的权力要大得多。工会参与立法的时间更为长久，且

① 辽宁省协调劳动关系三方机制建立“三方五部门”协商新机制. [2018-03-01]. 人力资源和社会保障部官网，http://www.mohrss.gov.cn/ldgxs/LDGXsanfangjizhi/LDGXsanfangjizhijianshe/201012/t20101201_86812.html.

② 乔健. 中国特色的三方协调机制：走向三方协商与社会对话的第一步. 广东社会科学，2010 (2).

③ 白莹. 北京市协调劳动关系三方委员会建立 协调劳动关系三方会议制度得到升级发展. 劳动午报，2018-05-22.

通过法律以及中国共产党内部机制的保障，已经形成惯例。

（一）专门立法：工会参与劳动立法的基本保障

我国法律仅对工会参与立法的权利作出了明确的规定，而对工商联则仅规定作为普通的人民团体参与政治协商与立法协商。工会和工商联同为人民团体，但在参与立法中的地位有区别。《工会法》第 33 条规定：“国家机关在组织起草或者修改直接涉及职工切身利益的法律、法规、规章时，应当听取工会意见。”“县级以上各级人民政府制定国民经济和社会发展计划，对涉及职工利益的重大问题，应当听取同级工会的意见。”“县级以上各级人民政府及其有关部门研究制定劳动就业、工资、劳动安全卫生、社会保险等涉及职工切身利益的政策、措施时，应当吸收同级工会参加研究，听取工会意见。”《工会法》对工会立法参与作的具体规定，使工会立法参与的制度化水平得到提高。①

仍以《劳动合同法》起草为例：根据时任中华全国总工会副主席的张鸣起在新闻发布会的介绍，“在劳动合同法起草的过程中，两年多来，全总参与劳动和社会保障部、国务院法制办、全国人大常委会法工委、全国人大法律委等机关、部门组织的有关劳动合同法起草、研讨、论证、修改等各类会议 30 余次，提出修改意见建议上百条。……全总代表职工反映的上百条意见建议，绝大多数得到了立法机关的认可和采纳，并在法律条文中给予体现。”② 从全国人大法律委员会的历次审议报告可以看到，《劳动合同法》从公开讨论稿直至最终通过，列席会议的都只是国务院法制办、劳动和社会保障部、中华全国总工会、全国人大财经委员会。企业方面的组织如中国企联及全国工商联等没有参与其中。③

（二）惯例形成：执政党与政府政治生活中的工会参与

1985 年，中共中央书记处和国务院根据中共全国总工会党组的请示，同意在制定各种发展规划、公共政策的过程中，如果关系到工人利益，对于必要的工作、会议，党中央和国务院、相关部门应该通知中华全国总工

① 王永茂. 工会参与立法研究. 中国劳动关系学院学报，2016 (8).

② 全国总工会通报劳动合同法立法过程新闻发布会. [2007 - 06 - 29]. http://news.enorth.com.cn/system/2007/07/02/001749269.shtml.

③ 董保华. 劳资博弈之道——兼谈劳动合同立法博弈中的“强资本、弱劳工”的观点. 社会科学家，2009 (1).

会参加，在有关的劳动政策制定的领导小组中吸收工会参与。地方政府遵循此规范使工会参与到劳动政策制定的过程中。山西、青海、广西等省、自治区党委转发了省、自治区总工会关于进一步发挥工会组织参政作用的意见。① 改革开放以来，中共中央、国务院和各地方党委、政府以及各部委为各级工会参政议政创造了很多条件，从而形成了执政党尊重工会参与立法的惯例。

除了正式的三方会议，在我国还存在其他形式的协商机制。例如国务院建立的“农民工工作联席会议制度”以及山东省建立的“就业和农民工工作联席会议”，参与会议的除了党政机关、工会，还有团委、妇联等其他机构和组织。尽管联席会议也涉及就业、职业培训、工资拖欠治理等事项，雇主组织却没有参与其中。还有一种是政府与同级工会组织召开的联席会议，如1988年陕西省首次召开政府与工会联席会议以来，这类会议一般由省长或主管副省长主持召开，议题广泛，涉及从支持工会工作到就业、最低生活保障、民生管理等多方面的问题。截至2016年年底，全国有22个省、自治区、直辖市政府下发了关于联席会议制度建设的专门文件共26个，有3个全国产业工会下发了6个关于工会与部委或与行业协会建立联席会议制度的专门文件。② 政府与工会联席会议制度的工作形式得到了执政党和政府的认可，并上升为执政党的惯例。2015年《中共中央国务院关于构建和谐劳动关系的意见》强调，“建立健全县级以上政府与同级总工会联席会议制度，支持工会参与协调劳动关系”。

（三）舆论呼吁与信息搜集能力：立法能力的现实表现

在中国工会第十六次全国代表大会报告中，中华全国总工会领导强调，在今后参与立法工作中，要“加大参与立法和制定政策的力度，重点推动企业工资支付、工资集体协商、企业民主管理等方面的法律制定；积极参与就业、分配、社保、安全卫生、住房、教育等政策的制定，在参与各项改革中充分反映职工群众利益诉求”。中华全国总工会每五年就会进行一次系统的职工队伍状况调查，每年还会就工资、就业、社会保险、劳动安全等具体问题开展专门调研，为工会参与立法提出一手数据的支持。

---

① 王永茂. 工会参与立法研究. 中国劳动关系学院学报，2016（8）.

② 尹德明. 在政府与同级工会联席会议制度建设工作座谈会上的讲话. [2017-10-12]. http://www.acftu.org/template/10041/file.jsp? aid=95473.

工会参与劳动立法有行动计划与主攻方向，行动力与执行力与雇主组织的相比更强。有的地方工会为适应大数据的时代要求，已经开始进行劳动关系大数据收集分析工作，加强对新情况新问题的调查研究，关注新技术、新业态、新模式下职工权益保障问题，及时向上级工会和有关方面提出对策建议。①

二、三方机制中政府主导与雇主组织的代表性

我国目前的三方机制由政府主导，具体表现为三方会议的工作，从计划到落实，再到最后的总结，都由政府部门主导。三方会议讨论的议题，如集体协商、和谐企业、劳动监察等等，都是政府所定义的“劳动关系”工作，也就是说，这些都是三方会议办公室所在的司局要开展的相关工作。② 这种完全由政府主导的三方机制，有悖于国际劳工组织倡导的政府以协调者身份让劳资双方自主对话沟通的原则。因而，有学者认为三方机制中政府占主导地位，劳资两方对执政党和政府均具有依附性，而不是处于独立地位的利益代表组织，工会地位特殊、作用较强与雇主组织代表性不足、协调劳动关系能力不强形成结构性矛盾③，体现在劳动立法过程中为劳动立法过程完全摒弃了三方原则。政府应当更多定位于协调者的角色，促进劳资双方的沟通与交流，完善工会与雇主组织的角色定位，才能真正形成三方参与的博弈格局。④ 而政府的强势主导，又形成了劳方过度依赖政府干预的恶性循环，劳方与资方的社会中间层协调机制的发育进一步受到挤压。⑤ 如何看待三方机制中的政府主导与雇主组织代表性不足的问题?

① http://news.sina.com.cn/o/2018-06-01/doc-ihcikcev8490144.shtml，最后访问日期：2017-10-30。

② 李丽林，袁青川．国际比较视野下的中国劳动关系三方协商机制、现状与问题．中国人民大学学报，2011 (5).

③ 三方机制完善和改革课题组．协调劳动关系三方机制的完善和改革研究报告．中国人力资源开发研究会劳动关系分会第3届年会暨学术研讨会论文，2010.

④ 董保华．劳资博弈之道——兼谈劳动合同立法博弈中的“强资本、弱劳工”的观点．社会科学家，2009 (1).

⑤ 王全兴，谢天长．我国劳动关系协调机制整体推进论纲．法商研究，2012 (3).

（一）新时代中国特色社会主义背景下党和政府主导三方机制的必然性

对于三方机制中存在的政府主导的问题，应当结合我国劳动关系的基本特点与新时代中国特色和谐劳动关系协调体制的特征来理解。现阶段我国劳动关系的特点是劳资矛盾突出，其表现为劳动争议案件高企，劳动保障违法行为较为普遍，群体性劳资冲突时有发生。在我国经济发展新常态的背景下，可以预见在将来相当长的时期内，劳动争议快速增长的态势难有根本改变。从结构上看，我国现阶段的劳动关系以非公企业的劳动关系为主，截至2013年年底，民营经济吸纳了城镇就业的80%和每年新增就业的90%。[①] 劳动关系的“四化”即灵活化、碎片化、去劳动关系化和去劳动化趋势日益凸显。[②] 在以民营经济为主体的市场经济劳动关系中，劳资之间的斗争性往往在特定时期，尤其是在经济形势低谷、企业利润较差的条件下容易激化。劳动关系冲突可能导致社会不稳定，冲击经济与社会的发展。因此我国执政党和政府对于劳动关系协调的目的是十分清楚的，构建和谐劳动关系的目标就是要化解劳资冲突、缓解劳资争议。

表7－2　执政党对劳动关系协调的主要目标

执政党文件名	年份	对劳动关系协调目标的表述
十六届六中全会	2006	发展和谐劳动关系
十七大报告	2007	规范和协调劳动关系
十八大报告	2012	构建和谐劳动关系
《关于构建和谐劳动关系的意见》	2015	把构建和谐劳动关系作为一项紧迫任务
十九大报告	2017	完善政府、工会、企业共同参与的协商协调机制，构建和谐劳动关系

从目前三方机制的参与主体看，在工会与工商联以人民团体的身份分别代表劳资双方后，我国三方机制的性质已经转变为来自国家权力体系内部的政府机构与准政府机构之间的功能性协调机制。该机制设立的目的是

① 全国工商联．中国民营企业劳动关系报告，2013.

② 李文静，王文珍．中国特色协调劳动关系体制机制研究．中国劳动，2018(1).

通过劳动关系的协调发展来维持政治稳定和社会稳定，本质上就是要防止独立的、替代性的、民间的社会利益团体借机在此过程中发展壮大，从而制造不稳定、不和谐的声音与现象。

实际上，虽然目前国家层面三方机制由政府主导，但主要的问题不在于政府过于强势，消解了劳资两方主体的对话空间，反而是政府在三方机制中不够积极，对三方机制重视不够的问题。至于地方层级的三方机制，由于地方政府给予了充分重视，劳资双方在三方机制的平台上展开的沟通和对话效果都是较为令人满意的。

（二）雇主组织的代表性是否成问题

雇主组织之代表性不足包含两方面的问题：一是雇主组织的会员是否包括了足够数量与类型的企业，二是企业是否给予雇主组织足够的授权，使雇主组织在法律上具有代表权。换句话说，雇主组织是否“从下而上”建立，从而能够独立地代表企业、维护它们在劳动力市场上的利益？本书作者及其研究团队在调研中了解到，无论是工商联还是企联，在乡镇、街道的组织程度都很低。企联在乡镇一级没有组织机构，工商联有乡镇一级的组织机构，但是工作人员的积极性不高，在劳动关系协调方面没有发挥积极作用，因而“自下而上”的代表性并没有体现。

对于第一个问题，在工商联以雇主组织身份加入三方机制以后，企联与工商联两家并列作为二元化的雇主组织，对民营经济与国有经济的代表性已经较为充分了。唯一有所缺憾的是，在开放型经济新体制下，代表外国企业的中国外国商会在三方机制中缺乏机会参与到三方机制中来。在地方层面，除了辽宁独创“三方五家”，让中国外国商会加入雇主组织中来，在其他各地尚没有尝试。

对于第二个问题，首先应领会新时代中国特色社会主义和谐劳动关系协调的基本目标。三方机制作为国家权力体系内部的功能性协调机制，排除了那些不能够代表党和政府利益的、仅以成员利益作为第一考虑的社会组织。因此，我国雇主组织与政府之间的关系和合作主义模式下政府与雇主组织的关系具有相似性，但仍然存在根本性的不同。即使在德国的合作主义模式下，其雇主组织能够对雇主的利益诉求加以集中、整合和传输，并承担协助政府下达和落实政策的职能。但其雇主组织在体制上是独立于政府的，不是政府的内在组成部分，而是政府与分散个体之间的中间组织。在中国和谐劳动关系的构建中，执政党和政府构建的三方机制，其目的就是既要让具有“双重代理”身份的雇主组织在准行政渠道中反映雇主的利益，又要让代表国家利益的雇主组织在制度建构与执行中维护国家利益。正是在这个意义上，现阶段中国企联在国内轰轰烈烈的社会组织与行政主管部门脱钩改革中，仍然能够以承担特殊职能为由保持与国资委的隶属关系。这是符合三方机制设立的本意的。而那些超越了二元化企联/工商联的多元化雇主组织，即脱离了行政主管部门或从一开始就是民间自发成立的行业协会、商会，在现有体制下不具备进入正式三方机制的身份特征，只能在行业性或区域性集体协商或签订集体合同时谋求有所作为。

三、三方机制的制度化与规范化

尽管执政党与政府对于和谐劳动关系的建构寄予了厚望，但客观上看，国家三方会议却并未取得应有的效果，尽管以三方会议的名义下发了诸多文件，但这些文件的法律效力不明确，且实际执行效果差。以《劳动合同法》为例：在国家三方会议第十次会议的纪要中这样总结道：“三方积极主动配合全国人大常委会做好有关立法工作，在修改《劳动合同法》草案、起草《劳动争议处理法》方面做了大量工作。”然而实际情况是，两大外商组织——中国欧盟商会和上海美国商会同时将各自的建议和意见递交给全国人大。国内一些企业，包括民营企业，也包括国有企业，纷纷规避法律，如华为公司出现了“辞职门”，劳务派遣意外地在《劳动合同法》正式实施后得到了快速的发展。这些在当时有影响力的社会事件，至少部分说明三方会议就《劳动合同法》的协商并不那么有效，其根源在于我国三方机制的制度化与规范化有待完善。

（一）三方机制的制度性保障弱

我国关于三方机制的法律规范散见于《工会法》《劳动合同法》《工资集体协商条例》等法律和部门规章中。尽管这些法律及规章确立了我国三方机制的基本框架，但是它们对于三方协调机构的地位、组成、运行方式及法律上的权利、义务没有系统性规定，三方协调机构通常只是作为一个临时性的咨询机构而存在。三方会议的组织者为人力资源和社会保障部劳动关系司。在实际运行过程中，国家三方会议在成立的11年间召开过24次会议，每次会期仅一天，开会的次数从未达到最初设计的一年四次或三次。从会议纪要看，为期一天的会议以三方领导人的讲话、工作汇报以及关于人员变动的说明为主，留给三方进行讨论和磋商的时间非常有限。

本书作者及其研究团队在调研中访谈的全国工商联与中国企联都对国家三方会议在劳动政策与劳动立法方面发挥的作用持较为消极的看法。它们认为，目前雇主组织无法在三方机制中从宏观上对劳动政策与立法发挥积极作用，与三方机制存在的体制机制障碍有很大关系。全国总工会的同志甚至也认为，“在劳动立法和相关政策制定上，工会和企业代表组织平等参与权缺乏制度性保障。三方除政府部门外，工会和企业代表组织被划分在社会组织的不同层级，参与劳动立法和相关政策制定，阶段不同步，关系不平衡”①。

（二）三方会议文件的法律效力不明

尽管我国三方会议也制定了一系列的文件，但以三方联名发布的文件法律效力如何，在法律上并不明确。虽联名发布的文件很多，但由于其在法律渊源中的位阶不明确，法官在实际审理劳动争议案件过程中也无法援引这些规定，导致这些文件的执行性很差，最终损害了三方机制的权威。

（三）三方机制的职能履行缺乏配套机制

在最初的制度设计上，国家三方会议具体说明了三方会议的工作内容：推进和完善平等协商集体合同制度以及劳动合同制度；企业改制改组过程中的劳动关系、企业工资收入分配；最低工资、工作时间和休息休假，劳动安全卫生、女职工和未成年工特殊保护、生活福利待遇、职业技能培训等劳动标准的制定和实施；劳动争议的预防和处理；职工民主管理和工会组织建设等问题以及其他问题。② 就业与社会保障问题，由于牵涉到其他行政主管部门，因而从一开始并未被放进三方会议的职能设计中。此外在实际运作中，这些被列入“制度”的项目还有很多项没有进行实质的协商。例如，除最低工资标准在地方三方会议中进行过协商之外，其他如工作时间、休息休假、劳动安全卫生、女职工和未成年工特殊保护、保险福利待遇、职业技能培训等，从未进行过协商。在体制机制保障上，人力资源和社会保障部除劳动关系司之外的“办公厅、法规司、调解仲裁管理司、劳动监察局、国际合作司等相关司局负责人”应该参加会议，但实际情况是从未出现所有这些司局负

① 王敏．协调劳动关系三方机制建设亟待完善．中国工运，2013（4）．

② 《国家协调劳动关系三方会议制度（2008）》第3条“协调内容”。

责人同时出席会议的情况，三方会议也没有得到这些职能部门的实际支持。①

在本书作者及其研究团队调研时的访谈中，中国企联雇主部门的工作人员坦言：

> 国家三方机制目前效果不佳，有体制方面的原因。仲裁调解司想脱离劳动关系司，劳动关系司管三方。国外三方围绕就业政策发挥很大作用，三方中工会扩大就业，企业降低成本，政府要平衡，而在中国就业不归三方委员会负责。另一方面国外三方负责社保，而中国社保分归不同部长管，统不起来。再如工资方面属于劳动关系司负责，但最低工资标准问题不会在三方会议讨论，一般来说最低工资标准要三方审签才会通过，但实际运行中如最低工资标准是北京市市长签字，人社部门不可能退回。也有比较好的三方机制运行，如上海市，（关于）最低工资标准会三方先开会，专家学者支持，然后再让市长签。像上海（这样）的很少。

四、雇主组织参与能力建设

立法参与能力，是指利益团体运用所掌握的资源，影响立法过程，代表、维护本群体利益的能力。吉里安·皮尔将利益集团的资源归结为人数、金钱、专业化、组织性、近距离接触、宪政体制、领导人水平等因素，其中最重要的因素是经济资源、专业化和组织化程度、社会关系资源。② 在我国，立法参与能力很大程度上取决于经济资源、专业化和组织化程度、社会关系资源。人民团体参与立法的内部渠道畅通是一回事，通过这些渠道能否自主充分地反映本群体的利益主张则是另外一回事。本书采用的"参与能力"是内涵较广的概念，既包括立法参与能力，也包括在三方机制中发挥主动作用的参与能力。

（一）工商联作为体制内机构的立法参与能力弱于工会

自工商联正式作为雇主组织加入三方机制以后，劳资两方在立法参与能力方面取得了平衡，很大程度上克服了企联与工会相比弱势的局面，但

---

① 李丽林，袁青川. 国际比较视野下的中国劳动关系三方协商机制、现状与问题. 中国人民大学学报，2011（5）.

② 刘宝坤，周一凡. 我国人民团体参与立法问题研究. 理论界，2011（11）.

在实际运行中仍然弱于工会。

1. 与执政党的密切联系程度

工会与工商联都是人民团体，在参与立法过程中工会仍然比工商联得到更多的法律和执政党政治习惯方面的保障，尽管不能否认工商联与执政党仍然存在政权内部的联系渠道，因而工商联可以争取更多的立法参与机会。

2. 丰富的政治经济资源

工会与工商联所代表的利益群体规模庞大、组织化程度高。据统计，截至2016年年底，我国民营企业数量有2 726.3万家，个体工商户有6 579.3万户，注册资本超过165万亿元。截至2016年年底，全国共有县级以上工商联组织3 407个。规模意味着影响力，组织程度代表行动力。然而，工会在组织化程度与在组织内部的动员能力方面仍然高于工商联。正如原全国工商联法律部部长王媛所承认的，在《劳动合同法》立法过程中，“我们没有像工会一样逐条分析或者发动地方的力量，我们和全总比在力度上还是有差距的”①。

3. 经费来源丰富且有保障

工会有财政拨款和已建工会用人单位职工工资总额2%的工会经费保障，工商联的组织、人员与经费都来源于财政支持，因而与企联相比，工商联没有经费困扰。但是在乡镇一级的工商联是没有人员编制的，这与工会在街道、乡镇都有正式编制仍有区别。

4. 广泛的社会关系资源

人民团体工作人员参照公务员管理，同时进入执政党的干部管理体系。各人民团体的主要领导干部还可能在政府、人大等国家机关担任要职。例如现任全国工商联党组书记、常务副主席徐乐江，同时兼任中共中央统战部副部长。但是，中华全国总工会主席王东明同时为中央政治局委员、全国人大常委会副委员长。相比而言，工商联争取社会关系资源的能力要弱一些。

5. 专业化

工商联除有办公厅（室）统一负责协调立法参与活动外，还成立了专门的立法参与机构，例如，全国工商联法律部的重要职责之一就是“负责参与立法工作，负责参与协调劳动关系、协同社会管理工作”。

---

① 刘涛，王琦，等. 劳动合同法：激辩与冲击. 中国企业家，2008 (2).

（二）企联与工商联的数据化能力有待提升

立法不但是法律价值的争辩，更与立法所要解决的社会问题的经验事实紧密相关。在劳动立法中，雇主组织单纯的立场态度根本不足以对立法产生充分的影响。在我国具有中国特色的协商民主体制下，无论是工会还是雇主组织，都不像西方国家的利益团体一样，通过给执政党或政府简单施加压力就得到立法上的优待。我国的雇主组织只有掌握充分的经验事实在立法过程中才能发挥更大的影响力，才能在联合立法过程中与掌握大量信息的工会、政府各部门进行说服、争辩与合作。在三方机制的实际运行中，雇主组织如果能够提供劳动关系领域足够多的统计数据与信息，能够分行业、领域与不同企业属性的劳动力市场上的有关信息进行细致的分析，既能够帮助三方机制实现劳动关系研判的职责，也能为履行其他的职责打下扎实基础。

本书作者及其研究团队在调研中了解到，为全面了解民营企业劳动关系实际状况，全国工商联在全国15个省建立了3 000个劳动关系监测点，要求每个监测点每半年提供一次数据。以上海为例：上海市工商联的商会部负责上海200个劳动关系监测点的主要数据搜集，主要的工作方式是在每个企业对接一名企业的HR，通过微信群等方式及时进行信息传递。全国工商联在监测点数据的基础上进行研究，近年来多次发布了《中国民营企业劳动关系报告》且取得了良好的社会效果。但是，在面对新经济、新业态所带来的劳动关系的新变化以及劳动争议的最新类型、就业类型的转化等等问题时，工商联和企联都缺乏相关的数据积累和相应的研究力量，统计渠道和信息反馈机制尚不健全，还不能达到及时、准确、全面地上报劳动关系动态研究分析的目标。涉及最低工资、就业问题以及在劳动关系领域的行业性数据，企联与工商联都不掌握。

和工商联相比，企联与行业协会、商会在劳动关系协调领域的信息搜集能力还要更弱一些。目前我国社会组织双重管理体制的改革，体现为社会组织的“去行政化”，去除社会组织的行政化色彩，切断社会组织和政府在资产、人事和编制等方面的联系。在国外学者看来，它体现为具有自治性的公民社会开始扩张，但是政府仍然对此保留着间接的国家控制。因而，该种模式被冠以“协商威权主义”[①]（Consultative Authoritarianism）之名。在资源供给切断

① Jessica C. Teets. Let Many Civil Societies Bloom: The Rise of Consultative Authoritarianism in China. The China Quarterly 213, March 2013, pp. 19-38.

后，企联与行业协会、商会等组织应当有更多机会承接政府转移的职能或接受政府购买的项目，承担在公共服务供给中的“服务提供者”角色。2012年11月国家出台《关于政府购买社会服务的指导意见》，财政部、民政部发布《关于印发〈中央财政支持社会组织参与社会服务项目资金使用管理办法〉的通知》。从操作上看，中央政府关于购买社会服务的实施采取具体而微的项目制运作方式。在中央政府的示范下，地方政府在购买操作上也采用发布“项目指南”、组织申报、考核监督等运行方式。政府应当通过有意识的引导，将劳动关系领域需要搜集的更加具体化和精细化的重要信息以及研究问题，通过政府向社会购买服务的方式，转移由企联或行业协会、商会来承担。

第三节　完善雇主组织参与立法与三方机制的法律保障

一、雇主组织参与立法的法律保障

对雇主组织参与立法的法律保障，主要应当从两方面入手：第一是全国人大在劳动立法中应当注意贯彻三方原则，确保同作为人民团体的工会与工商联参与立法的程序性保障相同，而不应厚此薄彼；第二则是在公众参与立法的程序中，应当对雇主组织作广义理解，不局限于工商联与企联，而是应当广开言路，让各类行业协会、商会也能够通过立法程序将雇主利益充分地传递出来。这也是克服目前我国雇主组织在三方机制中代表性不够问题的重要途径。

（一）工商联参与立法之程序保障

与《工会法》以法律的形式特别强调“国家机关在组织起草或者修改直接涉及职工切身利益的法律、法规、规章时，应当听取工会意见”相比，对于在涉及企业切身利益的劳动法律法规中国家机关是否应当听取代表雇主利益的人民团体工商联的意见并无法律层面的保障，这也是在《劳动合同法》等重要劳动立法中体现出来的现实问题。

中国共产党十八大以来，习近平总书记多次强调要创新社会治理。中国共产党十九大报告强调，要“打造共建共治共享的社会治理格局”，加强社区治理体系建设，推动社会治理重心向基层下移，发挥社会组织的作用，实现政府治理和社会调节、居民自治良性互动。作为人民团体和民间商会的工商联，在社会治理创新中发挥作用的空间很大，但却没有相应的法律法规予以保障。2012 年全国工商联在全国政协十一届五次会议上提交了《尽快制定行业协会商会法》的提案，主张“通过建立更具法治精神的相关法律制度，明确界定政府与行业协会、商会的基本关系；明确行业协会、商会与业务指导单位的相互关系……通过立法，明确政府、行业组织在社会管理与服务中的职能，真正实现党中央国务院多次提出的政府寓管理于服务之中，行业组织履协调与自律自治之本。”全国工商联在全国政协十三届一次会议上又提交了《关于进一步发挥商协会组织在创新社会治理中作用的提案》，提出，由行业协会、商会等社会组织承接社会职能应成为加强和创新社会治理的重要内容。

工商联在创新社会治理以及行业协会、商会法中，与普通的民间机构有很大区别。工商联的统战性、民间性和经济性的统一，决定了其在行业协会、商会中必然行使一定的类政府的管理职能。这方面民政部门的社会组织管理制度已经作出了探索，国务院 2009 年已授权全国工商联作为全国性社会团体的业务主管单位。至于地方工商联是否作为社会团体的业务主管单位，由地方人民政府决定。工商联作为准政权机构的人民团体，具有“统战性”职能，参与立法也能够很好地代表国家利益，把握和谐劳动关系建设中企业利益的“度”，又能将企业的利益与意愿通过更高层的渠道传递到立法部门。这种方式，在国外也是有先例可循的，例如，在德国，为避免混乱和冲突，合法代表渠道只掌握在少数被批准的雇主组织手中，每个功能领域只有一个或少数几个联合会垄断该领域的代表地位，其他组织则按照所属行业或地区被置于以联合会为顶点的层级体系中。

因此，本书作者认为，应当在“行业协会商会法”中明确“国家机关在涉及企业利益的法律法规起草中，应当听取工商联、企联的意见”。通过这种平衡劳资双方团体参政的权利设置，促使工商联、企联代表的资方与工会代表的劳方在劳动立法中取得平衡。

（二）公众参与立法范围之拓宽

在对相关利益团体的公众参与立法方面，欧盟的民主立法保障机制可提供一些启示。为了保障立法原则的落实，保证在法律起草过程中、草案成为正式法律之前社会各界均有参加立法的机会，欧盟构建了内部参与和外部参与的保障机制。通过社会公众的直接参与即公开咨询程序，所有的组织和群体已经可以表达它们对正在制定的法律和政策的意见与建议，但是欧盟认为，仍然有必要向特定组织或特定群体征求意见，因为社会组织是公民积极参与的另一渠道，社会组织是进行广泛政策对话的促进者。为了保证公平，欧盟必须向下列组织或群体征求意见：其一，受到未来政策影响的一方组织或群体；其二，参与或负责实施未来政策的一方组织或群体；其三，政策明确表明将赋予其直接利益的组织或群体。①

在我国的法律体系中，除了作为人民团体的工商联在参与立法协商方面有一定的特殊渠道，企联与其他行业协会、商会在《立法法》的框架下可以通过公众参与的形式为企业的利益发声。例如，全国人大在制定《劳动合同法》时，专门邀请了中国美国商会参加座谈会，听取了中国外国商会对劳动立法的建议。这是立法机关促进立法民主的重要举措。企联以及行业协会、商会等社会团体凭借组织化的力量参与立法，可以提高资源动员能力和整合能力，使参与更加有序，同时增强公众与立法机关协商对话的影响力，达到有效参与。另外，使社会组织有序、有效地参与立法，也降低了国家的公共管理成本。②

为提升劳动法律的立法民主化，本书作者认为：首先，在劳动立法过程中，全国人大在为立法召开座谈会、听证会或论证会，或者寄送立法草案时，首先，应有意识注意拓宽社会组织的范围，应当广泛邀请包括企联在内的雇主组织包括行业协会、商会、外国商会等参与，以增强雇主组织的代表性，使各种类型的企业在劳动力市场上的利益都能得到充分的表达与反映。其次，有必要强化立法过程中的“听证会”环节，扩大听证的范围，并将听证范围具体化，避免随意性；确保立法利害关系人成为听证会参与人员，并能够平等、充分表达其意见。立法机关应当对这些意见予以认真、合理的回应，并体现在最终的决策中。也就是说，立法听证会不仅要“倾听”利益相关者的意见，而且要对这些意见进行充分的“论证”。最后，应有制度保证立法听证笔录的实际效力，保证雇主组织代表企业所提出的意见真正被立法机关听取并予以严肃考虑，这是立法听证制度真正发挥作用的关键。③

---

① 高旭军，张飞虎. 欧盟科学、民主立法保障机制研究：以法律起草为例. 德国研究，2017 (1).

②③ 宋方青，宋尧玺. 论我国公众有序参与立法的模式与实现路径. 法制与社会发展，2012 (6).

二、雇主组织参与三方机制的制度性强化

（一）三方机制的法律地位之提升

我国三方机制制度化与规范化水平较低，法律保障水平较低，严重影响了三方机制的实际效果。如果三方机制不能成为劳、资、政三方沟通协商的有效平台，缺乏有效沟通和对话的劳资双方将寻找新的博弈方式，从而危及和谐劳动关系的实现，执政党与政府所希望的和谐劳动关系建构的重要部分将落空。因此，提升与重构我国三方机制的法律地位，比现阶段强调自发性的劳资参与要重要得多。

在学术界，多年前已经有学者提出提升和重构三方机制的体制框架，如设立劳动委员会，以此作为三方协商综合协调劳动关系的专门机构。[①]但也有学者认为全面修改劳动法律法规、保障三方机制的法律地位，短期内难以实现。本书作者认为，从中国共产党的十九大以后党和政府机构改革的现实情况看，目前执政党改革国家机构的决心和力度都是空前的。从在 2018 年《宪法修正案》中增加的“中国共产党领导是中国特色社会主义最本质的特征”来看，作为工人阶级的先锋执政党给予劳动关系协调以更高层次的地位，是符合中国共产党及全国人民的根本利益的。

因此，提升三方机制的法律地位，首先要给予三方会议的机构以相应的法律地位。根据三方机制的基本原则，在法律中应当将三方机制设定为在劳动关系政策制定和事务处理方面具有明确职能和权限的，由劳、资、政三方组成的正式国家机构。该国家机构的法律地位应当高于国务院各部门，直接向国务院负责。并且，关系到劳动关系的所有具体事项，都应当在该机构的协调之下完成，以避免目前三方机制职能过窄，对就业、社保、最低工资以及集体性劳动争议的协调等事项往往无法落到实处的困境。

（二）三方机制中雇主组织的地位及权利保障之夯实

目前在我国三方机制中，雇主组织的作用是非常虚的。究其原因，与三方机制本身没有发挥实效关系密切。因此，要加强对三方机制中雇主组织的法律地位及权利的保障，就应当强化三方会议的决策机制，使雇主组织在该平台上能够真正地发挥作用。具体而言，主要有如下几个方面：

---

① 三方机制完善和改革课题组．协调劳动关系三方机制的完善和改革研究报告，中国人力资源开发研究会劳动关系分会第 3 届年会暨学术研讨会论文，2010.

(1) 在三方机制中，应当适度引入表决权机制，保证三方协商结果的法律效力。如果三方机制中劳、资、政三方久商不决，那么三方机制仅仅作为协商机构就无法产生处理劳资事务的实效。(2) 在国家层面三方机制的主体确认上，对劳、资、政三方的主体地位应当进行法律确认，即政府、工会以及企联/工商联分别代表三方，目前雇主组织的身份和权利仅仅在执政党文件中有规定，在正式的法律中没有明确体现。这是需要立法者立即重视并给予解决的急迫问题。(3) 三方协商所确立的文件的法律效力应当得到保障。从国际上的经验看，三方协商的文件在法律效力上应当高于部门规章或者工会、雇主组织内部的规定。这个问题与三方机制的法律地位有一定的关联，如果三方机制在地位上高于作为政府部门的“劳动关系委员会”的设想能实现，其文件之法律效力的保障则顺理成章。如该设想无法实现，则三方协商所确立文件的法律效力应当得到法律的确认。(4) 完善三方会议的议事规则和运行机制，主要是保证与三方讨论、协商、决策相关的程序性规定。这些规定包括：委员会的职责、委员的资格和权利义务、议事（讨论、协商、决策）的范围和内容、议事的程序和要求、表决的程序、决定的效力、决定的落实和督办等。①

① 三方机制完善和改革课题组. 协调劳动关系三方机制的完善和改革研究报告，中国人力资源开发研究会劳动关系分会第3届年会暨学术研讨会论文，2010.

第八章　雇主组织参与集体协商的机制与法律保障

相对于单个企业的集体协商而言，产业或行业性集体协商调整的劳动关系层次更高，调整的力度更大，涉及的范围更广。进行产业或行业性工资集体协商有利于劳资双方收集和掌握产业或行业发展的讯息；有利于解决企业工会在协商中受制于单个雇主的问题；有利于提升劳方的整体力量，使劳资双方力量对比通过谈判的方式取得市场上的平衡。因而在产业关系发达的欧洲国家，特别是采合作主义模式的西欧与北欧国家，产业或行业集体谈判与集体合同都是劳动关系调整的重点。在德国，集体谈判被视为“集体行使的私法自治”（Kollektive ausgeuebte Privatautonomie），代表着劳资双方通过协商自行解决劳动关系所涉及的所有事务，其运作遵从了市场经济中劳动力市场化的规则。在国际劳工组织推行的三方机制中，集体合同与集体协商法律制度也是最基础和最核心的组成部分，构筑和蕴含了对话与协商的基本含义和价值取向。在我国和谐劳动关系的整体构建中，区域性、行业性集体协商的设计初衷与采合作主义国家的设计初衷迥异。现阶段中华全国总工会推行的区域性、行业性集体协商主要解决的是非公有制的中小企业中劳动者合法权益维护程度较差的问题，而并非构建产业性行业性的集体协商制度来替代政府在劳动关系领域的监管与干预。我国的区域性、行业性集体协商带有法律执行替代功能，即通过集体协商确保劳动法在守法普遍较弱的非公有制中小企业，特别是建筑业、餐饮业等行业中的执行效果。

雇主组织参与集体协商与集体合同的法律保障，包括如下几个层面的问题：第一，宏观上雇主组织如何在三方机制中发挥积极作用，以期实现集体协商和集体合同中的劳资协调。问题的核心是三方机制的制度化，这在前面一章已经进行了研究，这里不再赘述。第二，中观上，由于企业层级的集体协商由企业直接与工会双方进行协商，因此集体协商和集体合同机制中与雇主组织直接相关的问题只有行业性、区域性的集体协商与集体合同，这是本章研究的问题。第三，从程序上看，当集体协商不成发生集体或群体性劳动争议时，雇主组织在三方协商平台如何发挥作用保障和谐劳动关系的实现？该问题涉及劳动争议中的三方机制问题，本书将在下一章集中探讨。

第一节 雇主组织参与行业性、区域性集体协商机制

一、行业性、区域性集体协商在我国的制度功能

（一）国家层面的法律规制

1. 规范重点：非公有制中小企业

我国行业性、区域性集体合同的产生与推动始于20世纪90年代，当时随着社会主义市场经济地位的确立，非公有制企业迅速增多。非公有制企业大多数资本规模小、技术水平低、要素禀赋差，面对强大的国有企业和外资企业在紧张的政策环境中艰难发展，一开始只能投资在门槛低、利润薄的简单技术加工类企业。由于这些行业竞争激烈，低价盛行，企业即使对劳动力需求旺盛也无力承担过高的工资，劳动关系更多地体现为“相对的弱资本”对“绝对的弱劳动”之间的矛盾[①]，其劳资矛盾与国有企业

① 闻效仪. 集体谈判的内部国家机制以温岭羊毛衫行业工价集体谈判为例. 社会，2011（1）.

或外资企业的劳资矛盾相比更为突出。

为此，1996年劳动部、全国总工会、国家经贸委、中国企业家协会发布《关于逐步实行集体协商和集体合同制度的通知》，提出“在小型外商投资企业和私营企业比较集中的地区，可以组建行业性或区域性工会联合会，代表职工与企业进行集体协商和签订集体合同”。然而，当时的政策只是提出劳方的工会应当建立行业性或区域性工会联合会，对代表企业签订行业性或区域性集体合同的雇主组织没有涉及。

2005年2月劳动和社会保障部、中华全国总工会、中国企联/中国企业家协会在发布《关于进一步推进工资集体协商工作的通知》。该通知规定区域性、行业性集体协商的范围为小型企业比较集中或同行业企业相对集中的区域，并且首次对集体合同的法律效力作出了规范。经集体协商后签订的区域性或行业性工资集体协议，并不立即生效，而是应当取得各个企业的法定代表人或其委托代理人的签字认可。这意味着区域性、行业性集体合同的法律效力来自各个企业的事后授权。从集体合同的效力范围看，该通知规定，“依法签订的区域性行业性工资集体协议，对所辖企业和全体职工具有约束力”。也即区域性、行业性集体合同的效力高于企业一级集体合同的效力。2006年劳动和社会保障部、中华全国总工会、中国企联联合发布《关于开展区域性行业性集体协商工作的意见》，明确开展行业性、区域性集体协商的主要是非公有制小企业和同行业企业比较集中的地区。

2008年《劳动合同法》规定，“在县级以下区域内，建筑业、采矿业、餐饮服务业等行业可以由工会与企业方面代表订立行业性集体合同，或者订立区域性集体合同”。

在《劳动合同法》实施一年后，2009年中华全国总工会下发了《关于积极开展行业性工资集体协商工作的指导意见》。在该意见中，中华全国总工会明确，行业性工资集体协商的重点是“同行业非公有制中小企业、劳动密集型企业”，协商的主体在劳方可以是行业工会或者行业所在区域的工会，在资方则可以是企业代表组织或者行业内企业方推荐的代表。该意见明确提出，“有条件的地方也可以从实际出发，探索在县（区）及以上开展行业性工资集体协商工作”。

同时，中华全国总工会要求地方对行业、区域集体协商的制度规范进行积极探索。黑龙江、上海、江苏、浙江、安徽等省（区、市）以及杭州等市的地方性法规中，均设立了行业性、区域性集体合同或工资集体协商专章。2010 年与 2014 年国家三方会议都出台了相关文件，推动集体合同制度，其中也涉及区域性、行业性集体合同，但在制度设计上并未突破之前的规定。

2. 顶层设计：法律执行的替代性功能

2015 年《中共中央、国务院关于构建和谐劳动关系的意见》对于集体协商与集体合同制度明确要求：（1）以非公有制企业为重点；（2）完善工资指导线制度，以期为工资集体协商提供数据参考；（3）推动企业与职工开展集体协商，加强协商能力建设，加强对集体协商过程的指导。但是，对于区域性、行业性集体协商该意见没有提及。对于雇主组织在劳动关系中的主要作用，该意见强调在健全三方机制过程中，应当重视雇主组织参与以及共同研究解决有关劳动关系重大问题的作用。从执政党的重要文件中，可以看到在顶层设计中，以区域性、行业性集体协商与集体合同创制劳动合同权利义务的功能并不是主要的考虑内容。

2016 年 3 月财政部部长楼继伟在清华大学的一次演讲引起了全社会的热议。楼部长对区域性、行业性集体协商提出了质疑，并且认为正是行业性的集体协商造成了欧洲劳动力市场的僵化与美国底特律汽车业的破产，因此为避免中国的“中等收入陷阱”发生，现阶段不宜推行区域性、行业性集体协商。[①] 楼部长的看法是否代表执政党和政府对区域性、行业性集体协商的态度，我们不得而知，但从 2014 年以来，在党中央、中央政府层面没有再就区域性、行业性集体协商作出任何规定或者推动。在中华全国总工会对区域性、行业性集体协商的设计中，对区域性、行业性集体协商的目标也有非常清楚的定位，即构建“区域谈底线、行业谈标准、企业谈增长”的层次分明、协调配套的集体协商工作推进体系。底线一般是法律法规中明确的内容，行业标准尽管可能高于法定标准，但这有可能是某个行业劳动力的市场价格，且需要行业工会对雇主或雇主组织施加较大压力，现实中签订的集体合同确定的行业标准仍然以法定标准为主。因此从制度设计者的目标来看，区域性、行业性集体协商的功能并不在于寻求双方合意，以协商方式来确定双方的权利、义务，而是主要以协商的形

① 楼继伟. 劳动合同法或损害一些劳动者利益，可能减少就业机会. [2018-04-13]. http://www.yicai.com/news/4758284.html.

式完成一次劳动法普及以及执法的社会教育，以鼓励、引导与说服等方式促使中小企业遵守劳动法。也即它行使的是法律执行的替代性功能。

（二）地方层面的探索性规制

地方层面的法规或规范性文件对行业性、区域性集体协商与集体合同的规范与国家层面的类似。在实践中，一些地方在中央文件精神与法规的指引下，对区域性、行业性集体协商进行了税收或其他方面的补贴或给予优惠等，以经济性的杠杆来鼓励、引导、促使中小企业签订区域性、行业性集体合同，从而在一定程度上推广了法定劳动标准在劳资双方的认可度与知晓度。

1. 区域性、行业性集体协商的范围与国家的规定基本一致

自20世纪90年代末期开始到2015年，地方关于集体协商的相关法规、规章或规范性文件中，都提及了行业性、区域性集体协商与集体合同。与国家层面的规制基本相同，地方的也要求行业性、区域性集体协商的范围。为企业生产经营特征相似的餐饮、物业、纺织等行业，或者非公有制小企业和劳动密集型企业集聚的社区、工业园区、商务楼宇等区域；重点内容在于在行业性集体协商中一般要求确定行业主体工种工资标准及工资调整幅度、行业劳动定额、工时工价，而在区域性集体协商中要求围绕最低工资标准、工资调整最低幅度、工资支付办法和工作时间等内容开展。

2. 对区域性、行业性集体协商的引导

2012年为帮助企业缓解用工短缺，切实做好用工服务，促进企业发展，福州市人民政府办公厅颁布了《关于贯彻缓解企业用工短缺做好用工服务八条措施的实施意见》（榕政办〔2012〕205号），其中明确提出：大力开展小微企业行业性、区域性工资集体协商，推动小微企业合理确定劳动报酬。对开展行业、区域性工资集体协商且确定企业职工工资增幅在我市当年发布的工资增长指导线（基准线）以上的，按行业、区域覆盖的小微企业每家100元标准予以奖励，累计单个行业、区域奖励额度最高不超过1万元。2013年福州市人力资源和社会保障局、福州市财政局联合发布《对小微企业开展行业性、区域性工资集体协商实行奖励的试行办法》（榕人社就〔2013〕62号），就如何落实市政府的意见作出了更为细致的规定。

二、行业性、区域性集体协商的现状

（一）数字指标：集体协商与集体合同的重要成就

我国区域性、行业性集体协商与集体合同的推动者主要工会，工会热衷于推动该项工作的很大原因在于企业层级的集体协商在企业规模小、职工人数少、工会组织程度低的非公有制中小企业中非常困难。提升集体协商层级，推动区域性与行业性集体协商，既能解决企业工会或职工“不敢谈”的问题，又能扩大集体协商机制建立的覆盖面。对于运用技术化手段治理国家的政府而言，以量化指标的考核来推动集体协商是重要的手段。① 这一推动在指标上取得了相当不错的效果。截至2012年9月底，全国共签订行业性集体合同20.8万份，覆盖企业97万家，覆盖职工3 761.8万人；共签订区域性集体合同28.1万份，覆盖企业288.3万家，覆盖职工8 129.1万人。从总体上看，全国签订的行业性、区域性集体合同总数虽然只占到全国集体合同总数的21.8%，但所覆盖的企业是全国集体合同建制企业总数的66.5%，所覆盖的职工已占到全国集体合同所覆盖职工总数的44.5%。②

（二）两种模式：“行业自律”与“自上而下”

从我国现有实践看，行业性、区域性集体协商的产生主要有两种模式：一种以雇主组织的“行业自律”为动力，工会和地方政府善于抓住时机，与雇主组织签订集体合同；另一种则是较为普遍的地方工会或行业工会“自上而下”的动员和组织。

1. 温岭模式：以雇主组织的“行业自律”为动力

从目前我国签订的区域性、行业性集体合同实践来看，浙江温岭模式中雇主组织发挥的作用最大。温岭市羊毛衫产业从20世纪80年代的家庭作坊起步，到21世纪初期逐步发展成为我国羊毛衫的主要生产基地。当时新河镇羊毛衫行业较为发达，有羊毛衫加工企业一百多家，员工一万两千多人，其中九千多人是外地农民工。羊毛衫行业的生产和销售受季节影响较大，员工流动性强，并且缺乏统一、规范的计件工资标准。一到旺

① 吴清军. 集体协商与“国家主导”下的劳动关系治理——指标管理的策略与实践. 社会学研究，2012（3）.

② 张建国. 积极推动集体协商制度建设. 中国党政干部论坛，2013（5）.

季，未解决用工短缺问题，企业便以高工资到处招揽熟练工人，而企业间用工的无序竞争也导致了工人的频繁跳槽。为防止工人离开，企业采取拖欠工资、克扣保证金等手段，劳资关系一度恶化。身处困境中的羊毛衫企业首先想到了行业自律。① 2002 年成立的羊毛衫协会，其发起初衷之一就是在工价上达成默契，避免企业间为互相挖角而哄抬工价。然而随后两年的现实表明，仅依靠行业协会达成工资统一的努力没能奏效。在此背景下，新河镇党委、政府主持召开民主恳谈会，组织羊毛衫行业协会、行业工会以及企业主、职工代表就开展羊毛衫行业工资集体协商工作进行民主恳谈，向企业宣传工资集体协商的必要性和重要性，推动集体谈判的开展。2003 年温岭市新河镇长屿羊毛衫行业首次开展行业集体谈判试点工作。经过“三上三下”的谈判修改，劳资双方签订“2003 年下半年羊毛衫行业职工工资（工价）集体协商协议书”，依据《劳动法》的相关规定和当地实际确定了本行业普遍认可的最低工资标准，明确了每道工序的最低工价、月工资支付时间和支付方式等。双方同时约定，每年进行一次行业工资协商。至此，浙江省第一份由劳资双方谈判达成的行业工资标准就此诞生。工资协议书的签订，使劳资矛盾的核心问题——工资得到了较好的解决，劳资双方关系由对立逐步走向合作，有效地改善了行业用工无序竞争的状态。

受温岭模式的影响，在浙江一些形成产业集群的地区，如浙江省上虞市裕厦镇伞业行业②，逐渐产生了围绕行业工资问题的集体协商。裕厦镇和温岭开展的行业工资集体协商试点表明：在中小民营经济发达的地方，如果能够寻找到雇主的共同利益，在雇主组织、工会与地方政府的三方合力下，是有可能建立较为有效的集体协商机制的。

2. 武汉模式：工会“自上而下”组织动员

武汉市餐饮业较为发达，全市有近 4 万家餐饮企业，员工达 45 万余人，但餐饮行业员工的待遇低且劳动权益保障程度差，因此员工流动频繁，企业用工荒成为常态。从雇主方面来看，维护员工的稳定对于保证企

---

① 王阳. 积极推进区域及行业劳动关系协调机制建设——由温岭市推行行业工资集体协商引发的思考. 中国人力资源开发，2009 (5).

② 汪洋. 我国协调劳动关系三方机制现状、问题及改革思路. 经济研究参考，2006 (44).

业的正常经营是有好处的。当时，武汉餐饮行业并没有成立工会。根据武汉市餐饮行业的实际情况，武汉市餐饮业的工资集体协商采取“以上代下”的方式，即由上级工会武汉商贸金融烟草工会联合会作为此次谈判的劳方代表，代表45万餐饮业员工，与代表武汉市大小餐馆食铺4万名老板的武汉餐饮行业协会，在经过多轮谈判和协商后，签订了“武汉市餐饮行业工资专项集体合同”，明确规定餐饮行业最低工资标准为武汉市最低工资标准的130%，工资年度增幅不低于9%。[①] 这是中国迄今为止涉及从业人员最多的一份工资集体协议。

第二节 雇主组织参加行业性、区域性集体协商中的关键问题

在行业性、区域性集体协商与集体合同制度推进之前，我国的集体协调与集体合同是以“以政府为主导，以企业为立足点”为特征，雇主组织的重要性并未凸显。在区域性、行业性集体合同逐渐发展起来之后，雇主组织的体系建设、雇主组织的代表性以及雇主组织参与集体协商与集体合同中的法律主体地位、权利义务等各方面问题，都面临着考验和挑战。

一、如何理解集体协商在西方的衰落与我国提升集体协商的层级

自20世纪90年代以来，随着全球化的不断深入以及资本主义国家经济的衰退，在西方原来较为普遍的行业性集体谈判重心不断下移，产业性集体谈判在很大程度上为企业型集体谈判所取代。在德国工会的入会率逐年下降，从1952年的42.9%一路狂跌，到2008年官方公布的入会率只有23.6%[②]；团体协约覆盖面越来越低，能够约束的雇主数量越来越少，覆盖的雇员数量也越来越少，因而愿意参与行业性集体谈判的雇主协会越来

① 吴亚平. 行业工资集体协商：工资集体协商制度建设的突破口和发展方向. 新视野，2012（11）.

② www.dgb.de.

越少。[1] 英国的情况更加糟糕：20 世纪 70 年代后，越来越多的英国雇主从产业级的集体谈判中退出，企业级集体谈判逐渐取得主导地位；从 70 年代中期开始，英国大部分民营部门的集体谈判变成了分散化协商。德国与英国的情况并非个例，几乎所有的欧洲国家都经历了集体协商的大衰退，西方国家正在经历一场从产业集体协商到企业集体协商的模式转型。有学者提出，西方国家已经从产业与行业性集体谈判中冷却下来。可见，行业性的集体谈判已经不是国际主要趋势，我国劳动立法为何要逆势而行，雇主组织参与行业性、区域性集体协商，对于我国劳动法的意义是什么？

（一）全球化背景下新自由主义价值扩张

在全球化背景下，有效的劳资自治带来的工人的高工资高劳动保护条件，对于全球竞争的雇主来说，已经不是中性的了，而是可以比较的差距，即使雇主仍然可以赢利，但资本的权力和追求利润最大化的野心使它永远会去寻找更低的劳动成本，形成所谓“探底竞赛”（Race to the Bottom），将工厂建到劳动力成本最低的国家。而劳工和工会，由于相对受制于民族国家的自然界限，其地位和影响日益受到冲击和削弱。又由于雇主不断地探底竞争，将生产企业搬到劳动标准更低的国家，西方国家的失业情况越来越严重。许多学者加入了所谓新自由主义的阵营，欧美各国政府也积极实施新自由主义学者基于价值观预设而形成的主张。新自由主义对工会与集体谈判的指责相当严厉。哈耶克认为：工会作为一种卡特尔式的垄断组织，其危害性远甚于一般商品性垄断的危害性。工会利用国家法律给予它的空间，压迫其成员追求个人利益，限制其成员的个人自由行为。他说：“工会被允许实施的强制，主要是对同行工人实施的强制，因此我们说它与法治下的各项自由原则相违背，实乃不争之事实，而且无论如何强调都不会过分。”[2] 因此，必须要由法律来取消工会的“特权”，将劳资问题拉回到劳动者与雇主的劳动契约中来。

必须承认，在全球化自由主义浪潮中，西方国家的集体协商制度受到了一定的冲击。因而对于集体谈判的作用有学者提出质疑，认为产业谈判缺乏弹性，导致企业竞争力下降，失业严重；并以此论证我国劳动法也应

① 德国联邦劳动与社会保障部的统计数据．［2016－01－25］．http://www.bmas.de/coremedia/generator/25382.

② 哈耶克．自由秩序原理．北京：三联书店，1997：475.

当朝解除规制的方向发展。本书作者认为，这是对集体谈判之价值与模式的误读和误判。事实上，整体而言，集体谈判与集体协商在西方国家的实施已经证明了它的正面效果，正是由于这种模式，劳动者的生活达到了相当富裕的程度。虽然在全球化的冲击下，集体谈判有一定的衰退，但目前西方国家仍可以妥善处理这种全球竞争带来的压力，并且由集体谈判带来的劳资之间的长期合作关系，也在一定程度上对危机中的政治与社会的高度稳定作出了贡献。完全以全球化为方向实现完全的劳动者的个人自由，最后的结果只能是个人孤立无援地面对更加强势的资本，因此，劳动法面对全球化带来的问题应当内部有一些调整，但绝不应当以完全实现私法自治为目标。① 从另外一个角度说，如果国家仅仅关心企业经营的自由，那么能否长期维护社会正义是相当成问题的。

（二）西方国家雇主组织面临集体谈判中心下移的调整举措

集体谈判的覆盖率依赖于雇主组织的会员密度（而不是工会的会员密度）。依据法律规定，所有会员企业必须服从雇主组织与工会商定的集体合同条款。然而，对西方国家雇主组织而言，平衡不同群体间的利益越来越难。中小企业经常对其组织政策不满，它们认为这些政策通常为大型企业所主导，因而它们放弃雇主组织会员身份。而新一代企业家（例如软件、通信行业等的企业家）不愿参加传统雇主组织，以及欧洲货币联盟和全球化导致竞争压力加剧，等等，这些情况削弱了雇主组织在集体谈判及执行集体合同期间对其会员施以奖惩的能力。②

客观现实导致西方国家雇主组织开始思变创新。一个创新之举是雇主组织开始提供两种不同的成员身份：一种是普通成员，受雇主组织缔结的集体合同的约束；另一种是非普通成员，这类成员可以在不受雇主组织缔结的集体合同约束的前提下充分享受该组织提供的各种服务。关于这种非普通成员的身份是否合法存在很大争议。2006 年德国联邦劳动法院作出了肯定性答复：法律并没有禁止雇主组织章程的这种类似规定。德国联邦劳动法院认为，德国《基本法》第 9 条第 3 款规定的结社自由也保护集体

---

① Thomas Blanke. Thesen zur Zukunft des Arbeitsrechts. KJ 2004，2ff..

② 常凯，Fang Lee Cooke，Greg J. Bamber，Russell D. Lansbury，Nick Wailes，Chris F. Wright. 国际比较雇佣关系——国家规制与全球变革. 朱飞，孙兆阳，等译. 北京：中国劳动社会保障出版社，2016：183.

劳动组织关于自身组织、决策程序以及事务管理方面的自决权。如今，大约有三分之一的雇主组织提供了这种非普通会员身份。另一个创新之举是面对小企业的组织率远远低于大企业的组织率的情况[①]，为了应对会员数量下降、组织力量减弱、财政来源收紧的危机，部分雇主组织允许其成员在不被集体合同束缚的情况下加入组织，并提供信息、法律咨询等服务。其他协会成立了新的组织，专门服务这类不完全会员。在这些努力下，雇主组织会员数量下降的紧张情况有所缓解。[②]

（三）我国雇主组织参与行业性、区域性集体协商的多元目标

我国新时代和谐劳动关系的特点是强调劳资合作而非对抗。构建“中国特色”协调劳动关系体制机制，必须坚持社会主义性质、中国共产党领导和共同富裕目标，发挥公有制经济占主体地位、中国特色工会道路等制度优越性。[③] 雇主组织除了代表企业的利益，同时也代表国家的利益，要求企业履行社会责任、维护职工利益。工会的主要工作方针也包括促进企业发展。中国共产党和国家作为劳资双方利益的代表是其更为根本的出发点和落脚点。因此，尽管有学者一直强调中国劳动关系的“集体化转型”[④]，但如前所述，从《劳动合同法》出台后，集体劳动关系领域一直没有法律出台，且自 2014 年后行业性、区域性集体协商步骤也放缓，这都说明至少在劳动法的制度层面，“集体化转型”没有实现。[⑤]

然而，我国劳动关系没有出现“集体化转型”并不意味着我国的劳动关系没有发生转型。近十几年来，在各级党委和政府的大力调控下，我国私营企业的劳动关系一直在转型，其基本特征是党和政府的力量与影响逐

---

① 曼弗雷德·魏斯，马琳·施米特. 德国劳动法与劳资关系. 倪斐，译. 北京：商务印书馆，2012：199.

② 常凯，Fang Lee Cooke，Greg J. Bamber，Russell D. Lansbury，Nick Wailes，Chris F. Wright. 国际比较雇佣关系——国家规制与全球变革. 朱飞，孙兆阳，等译. 北京：中国劳动社会保障出版社，2016：183.

③ 李文静，王文珍. 中国特色协调劳动关系体制机制研究. 中国劳动，2018（1）.

④ 常凯. 劳动关系的集体化转型与政府劳工政策的完善. 中国社会科学，2013（6）.

⑤ 游正林. 对中国劳动关系转型的另一种解读——与常凯教授商榷. 中国社会科学，2014（3）.

渐深入私营企业，致使私营企业对劳动关系的处理方式发生了根本性的变化。[①] 就行业性、区域性集体协商机制而言，如果能够深刻理解其在我国的制度功能与价值目标，雇主组织在该领域仍然有很大的作用空间。事实上，我国集体协商的多元性已经为学者所揭示[②]，在行业性、区域性集体协商中也存在着不同类型的集体协商。在温岭模式中，雇主组织作为推动力之一，希望“自下而上”满足雇主与工人的共同需求。行业性的雇主组织与工会的主体地位已经确立，行业性、区域性集体协商的主要作用是促使双方达成合意，因而特别需要倒逼雇主组织与企业之间理顺授权关系，实现企业在劳动力市场领域形成更为紧密的结盟。

中国共产党将工商联、企联列为正式的雇主组织，并在《关于构建和谐劳动关系的意见》以及《关于加强和改进新形势下工商联工作的意见》中强调雇主组织应“参与协调劳动关系，促进社会和谐稳定”，其中分配给雇主组织的重要任务就包括引导、激励、督促资方遵守有关的法律法规并落实相关政策。在另一种政府与工会推动的行业性集体协商的武汉模式中，在雇主没有组织化，或者难以表达协商意愿的前提下，靠工会和政府“自上而下”的压力，达成合意既不可能也没有必要。行业性、区域性集体协商机制的法律执行的替代性功能要强于合意缔结功能，即集体协商主要是为了贯彻法定的劳动标准，此时雇主组织面临的挑战主要在两个方面：第一是组织主体，第二是组织的动员能力。因此，即使在“自上而下”的以工会为主导的行业性、区域性集体协商中，如果工商联、企联能积极主动，通过加强与行业协会、商会的联系，对企业进行培训、宣传、教育，就能够较好地实现国家赋予它们的职责。

二、雇主组织参与行业性、区域性集体协商的动力机制

（一）行业自律型雇主组织

1. 行业自律与集体协商的契合点

雇主结盟并不代表完善的自律机制自动形成，产品市场的竞争者单独

---

① 游正林. 对中国劳动关系转型的另一种解读——与常凯教授商榷. 中国社会科学，2014（3）.

② 闻效仪. 从“国家主导”到多元推动——集体协商的新趋势及其类型学. 社会学研究，2017（2）.

依靠雇主结盟形成行业自律无法对破坏价格同盟机制者实施惩罚。这时引入集体协商是在雇主组织中扮演积极角色的大企业的需求。这正像德国早期雇主协会成立的场景：大企业将工会施加的压力转移为利用雇主组织签订集体合同，巧妙地将用工成本保持在对自己有利的水平，尽管小企业并不赞同，但在工会与雇主组织两方的压力下不得已签订了集体合同。集体合同签订以后，其实施机制的强制效力远比之前的行业自律要严格得多，从而较好地保护了劳动者的利益。

民营经济发达的浙江具有市民社会的特征，自主性和民间化程度极高的温州行业协会是真正的民间行业协会，并且发育良好，起到了很好的自治作用。[①] 然而，正如本书在外国雇主组织研究部分中反复强调的，雇主之间的利益是多元且冲突的。从现有的行业性、区域性集体协商的情况来看，温岭模式中蕴含的雇主希望通过结社来形成一定的劳动力市场秩序，是签订集体合同的最初动因。一开始，羊毛衫协会并没有考虑集体协商，而是希望通过成立雇主组织，在企业内部协调雇主在劳动力市场上的不规范行为。最后这种行业自律的“君子协定”被小企业的自利行为破坏殆尽。大企业深受工人流动以及劳资冲突的困扰，希望通过集体协商制度稳定用工环境，减少生产波动所产生损失。大企业由于资本较丰厚，承受工资上涨的能力明显较强，而那些生产规模小、劳工成本比重大的小企业的微薄利润空间的被集体协商所带来的工价增长进一步挤压。正因为如此，从经济政策导向上看，集体协商所带来的劳工成本统一成为大企业抢占市场、淘汰对手、提高生产集中度的手段。关于这一点，也可以从温岭的羊毛衫企业实施集体协商后的效果看出：到了 2014 年第 12 轮工资集体协商时，温岭的羊毛衫企业数量已经减少到了 64 家。[②]

2. 雇主组织主导集体协商：树立行业权威与谋求政府支持

雇主组织主导的集体协商，与单纯的工会和政府“自上而下”推行的集体协商的区别比较大：于前者雇主方有主动参与的愿望，因而在合同签订之后行业自律和政府与工会的监督相结合，使集体合同能够得到切实的执行。

---

① 吴敬琏. 建设民间商会//浦文昌. 市场经济与民间商会. 北京：中央编译出版社，2003.

② 闻效仪. 从“国家主导”到多元推动——集体协商的新趋势及其类型学. 社会学研究，2017 (2).

但雇主组织推动或主导的集体协商，也需要具备如下一些前提条件。

一是雇主组织主体已经成型，并且在代表企业在劳动力市场的利益问题上，如劳动力的流动机制、行业工资标准或劳动标准的执行力度等方面，有需求。雇主组织本身具有较强的自律能力，除约束大企业之外，也能够团结和约束中小企业。从市场成熟度看，目前只有特定产业集群地区如浙江义乌、温州等民间资本极为活跃和成熟的地区具备该前提条件。

二是地方政府和工会善于发现行业协会的需求，在行业协会希望有所作为的领域能够主动迎上，引导雇主组织开展集体协商、签订集体合同。但是，集体合同所带来的劳动成本上涨的压力，很可能导致中小企业生存困难甚至破产，故集体协商能否取得成功取决于地方政府是否有培养大资本、提高市场集中度、增强本地企业竞争力的决心。①

（二）工会推动型协商

1. 参与协商的雇主组织的主体问题

在工会与政府自上而下推动的行业性、区域性集体协商中，一个最大的问题是参与协商的雇主组织主体缺位，主要表现为以下方面。

第一，雇主组织分散化与多元化，使工会难以确定协商对象。对于工会而言，它的对手雇主组织并非一个一元化的伞状组织，而是在三方机制中的二元化与基层的多元化并存，二元化/多元化的属性造成了工会选择协商对象的困难。研究集体协商的专家往往认为，雇主组织的体系极为混乱，“有各种各样的商会、行业协会”②，“企业家协会、商会、行业协会、企业联合会名目繁多、半官半民，且发展很不平衡，组织不健全、会员单位少等问题困扰着行业协会的发展”③。我国行业协会、商会管理体制的改革，促使行业协会、商会的国家治理重心正在从“事前双重审批”到“事中事后监管”转移，行业协会、商会的成立非常便利，同时也带来了

---

① 闻效仪. 从“国家主导”到多元推动——集体协商的新趋势及其类型学. 社会学研究，2017 (2).

② 徐小洪. 完善集体协商集体合同法律制度的若干重要问题. 北京市工会干部学院学报，2010 (2).

③ 吴亚平. 行业工资集体协商——工资集体协商制度的突破口和发展方向. 新视野，2012 (6).

行业协会、商会多元化、分散化的现象。同一地区同一行业可能出现多家行业协会、商会的情况。在这种情况下，更增加了集体协商在确定主体方面的困难。

第二，雇主组织在县级以下结构不健全。行业性、区域性集体协商主要是在县级以下开展，然而在许多地区，行业集体协商往往找不到协商对象，或者需要工会先出面帮助企业组织一个行业协会，然后再与其进行集体协商，或者用其他变通方法进行集体协商，比如，由行业工会（或工会联合会）与行业内企业代表组织进行协商；由行业工会与行业内企业方推荐产生的代表进行协商；由行业工会与行业下属各企业进行协商；等等。①

2. 参与协商的雇主组织的动力问题

第一，工会的行政性推动对雇主组织的压力不够。

与雇主组织出于行业自律而主导集体协商不同，工会自上而下主导集体协商，其推动力主要来自工会的行政性动员，企业对此的回应不足，因而也导致了这种类型的集体合同实际效果不佳。以武汉餐饮业的集体合同为例，餐饮行业工资集体协商对于职工工资增长仅起到了微弱的作用，反倒是“武汉最低工资标准的提高是促进餐饮行业工资提高的重要因素”②。这种集体合同不仅实际效果较差，它在劳动者中的影响力也是极为有限的，企业或雇主组织很少会积极向员工告知集体协商的结果，“而面上的调查显示，有 70% 以上的被调查者没听自己所在企业介绍过工资集体协商”③，更不用说去遵守合同了。“许多没有达到集体合同规定标准的企业和员工中，并没有员工拿集体合同来伸张自己的利益；集体合同对这些企业也缺少约束力。”④

第二，雇主组织内部推动集体协商的动力不足。

尽管企联系统在县级以下缺少相应的组织机构，但我国工商联在近几年的发展中，已经形成了从乡镇、街道逐级向上的层层递进的伞状网络。截至 2016 年年底，各级工商联下属商会共有 44 375 个，其中，行业商会

①③④ 徐小洪. 完善集体协商集体合同法律制度的若干重要问题. 北京市工会干部学院学报，2010 (2).

② 谢玉华，陈佳，陈培培，肖巧玲. 中国行业工资集体协商效果的实证分析——以武汉餐饮行业为例. 经济社会体制比较，2012 (5).

13 558个、乡镇商会 16 617 个、街道商会 4 189 个、异地商会 6 388 个、其他（含市场、园区、楼宇、村）商会 3 623 个。社会团体双重管理体制改革后，国务院已授权全国工商联作为全国性社会团体的业务主管单位，地方人民政府可以决定地方工商联是否作为社会团体的业务主管单位。因此，从组织网络来看，在基层工商联下属的商会已经多点开花，大大改善了之前县级以下没有雇主组织的情况。然而，在全国工商联自上而下对工商联系统以及工商联下属商会作相应的集体协商工作动员之前，商会以及雇主组织如果不是因为劳动力市场上的恶性竞争，其天然的反应一定是回避集体谈判。

本书作者及其研究团队就雇主组织参加集体协商的动力问题向工商联、企联以及中国外国商会等都作了相应的调研。雇主组织从代表雇主利益的角度认为：第一，目前企业普遍对集体协商不感兴趣，十几年来集体协商机制没有任何进步，体制中的推动力主要来自工会，而工会注重的是集体合同覆盖率这一指标，实际效果意义不大。第二，区域性和行业性集体协商，在市场经济体制下应当是趋势，特别是温岭的地方性企业的工资同盟取得了很好的效果，但是行业性、区域性集体协商搞得不好很容易触碰红线。由此可见，雇主组织并不情愿推动行业性、区域性集体协商与集体合同。

三、行业性、区域性集体合同的法律效力问题①

行业性、区域性集体协商的最终效果都有赖于集体合同的签订与执行。从雇主组织的角度而言，一旦进入集体协商、签订集体合同，雇主组织与所代表企业的权利义务也就相对稳定，义务履行也相对清晰。然而，行业性、区域性集体协商与集体合同在国家层面的定位仍不明确，例如，中共中央、国务院《关于构建和谐劳动关系的意见》中就完全没有提及行业性、区域性集体协商。中华全国总工会在推行区域性、行业性集体协商过程中最为积极，而其他部门包括全国工商联与中国企联，则颇为谨慎，在谈论行业性、区域性集体协商时，都持较为保守的态度。行业性、区域性集体协商作为一种“自上而下”推行的制度逐渐转化为工会主导下的以

① 吴文芳．从混沌走向自治——中国集体合同效力的图景解说．学术月刊，2014（3）．

“指标管理”方式对基层产业秩序的治理。正是在这种背景下，雇主组织作为行业性、区域性集体协商的一方主体，如何在法律框架中实现应有的价值，是至为关键的问题。

(一) 集体合同的效力与雇主组织的基本关联

1. 集体合同的效力约束雇主组织及其成员

虽然集体合同采用合同的形式，但其目标并不是实现私人自治，而是实现劳资团体自治。为了实现这一目标，大多数国家的法律赋予了社会团体自我立法的权力，集体合同的相关内容取得法源效果，强制性效力即由此产生，并因此得到国家法律的保障。从理论上看，集体合同是团体层面的合同，故合同应对当事人团体产生法律约束力。这是市场化背景下劳资关系契约化的基本前提。对于雇主组织而言，集体合同一旦签订，就代表着合同对雇主组织本身以及授权雇主签订合同的雇主组织成员具有约束力。

2. 雇主组织被集体合同约束的要件

对集体合同而言，在合同生效诸要件中，最为特殊的是当事人有无缔约能力与意思表示是否真实。因此，雇主组织的缔约能力与意思表示的形成非常关键。为此要保证：(1) 雇主组织具有相当的独立性，从而能不受外部力量左右，自主形成团体意思；(2) 团体意思应当基于内部的民主机制形成，保证成员有机会参与意思形成。从另一个角度看，团体内部的民主机制也是对团体侵入私法上个人意思自决领域造成个人自治损害的补偿。

(二) 雇主组织作为集体合同主体的效力要件尚不具备

1. 雇主组织的缔约能力问题

第一，在目前的多元化雇主组织体系中，工商联作为人民团体具有比较明显的双重代理属性，但因为为政权体系的组成部分，故其独立性较弱。尽管企联与政府关系密切，但由于不具备特殊的政治身份，故其在独立性上强于工商联。然而，行业性、区域性集体协商主要在基层开展，因此能够代表雇主的雇主组织主要是各类地区性的行业协会与商会，这些组织虽然大多数是工商联的下属商会，但在是否代表企业与工会展开集体协商方面并未受到太多干涉。也正因为如此，工会的行政性压力很难传导到经济层面的企业，因而雇主组织推动集体协商的动力不足。

第二，雇主组织内部的意思形成机制存在瑕疵。除了在温岭模式中，羊毛衫协会参与集体协商是经过雇主同意并授权的，在工会主导的集体协商中，雇主组织完全是形式上参与了所谓的集体协商，甚至有些是雇主组织工会临时帮助建立的行业，是为了满足工会完成行业性、区域性集体协商而产生的，因而谈不上雇主组织内部的意思形成与表达机制。

2. 行业性、区域性集体合同中雇主组织的主体地位不明

（1）雇主组织是否作为合同主体不明确。

集体合同能够对合同当事人产生法律效力，其理论来源在于辛茨海默的团体学说。依据该学说，集体合同的主体仅仅为签订合同的团体，而非团体成员，或团体成员的集合。集体合同具有合同效力，意味着集体合同主体得以运用合同工具确定团体间以及团体成员的权利、义务，实现“劳资团体自治”。集体合同对当事人的法律约束力是保障劳资团体关系契约化的基础。

行业性、区域性的集体合同的主体是否包括雇主组织在我国法律上并不明确。按照《劳动法》与《劳动合同法》，行业性、区域性集体合同由“工会”与“企业方面代表”订立。该“企业方面代表”是否是雇主组织，雇主组织如何取得企业方面的授权，均不明确。在对行业性、区域性集体合同作出专门规范的地方集体合同条例中，签订合同的资方主体呈现较大差异，只有少数地方条例将主体规定为“企业代表组织”，大多数地方条例规定为“企业方面代表”，甚至“企业”。中华全国总工会《关于积极开展行业性工资集体协商工作的指导意见》也规定“行业内企业代表组织”、“行业内企业方推荐产生的代表”以及“行业所属各企业行政”都可以作为协商主体。按照这种逻辑，雇主组织在集体合同中不具备相应的主体地位，它只是代理企业参加集体协商并在合同上签字，合同上的权利义务由“企业”承担。区域性、行业性集体合同由工会与雇主组织之间的契约转变为“全体职工”与用人单位之间的契约。

（2）集体合同的约束力欠缺法律要件。

雇主组织在集体协商中的主体地位并不明确，与上文提及的雇主组织内部意思形成机制有关联。《劳动合同法》第 54 条第 2 款中规定，“行业性、区域性集体合同对当地本行业、本区域的用人单位和劳动者具有约束力”。按照该条的规定，行业性、区域性集体合同约束行业内与区域内所有的用人单位。然而，行业性、区域性集体合同之效力的重要来源之一，在于代表企业的团体取得了充分的授权。如果雇主组织本身没有经过企业授权，或者仅仅是某行业或区域内的数家企业与工会签订了集体合同，就

强制性地赋予行业性、区域性集体合同突破私人间的“个人自治”的“劳资自治”的效果，以替代行业内、区域内所有的劳资双方决定合同权利义务，是有瑕疵、欠缺合法性的。追求覆盖率的制度设计与形式化的制度效果相应而生。[①] 也正是在这个意义上，“区域谈底线、行业谈标准”只将法定标准置入行业性、区域性集体合同中，并不创设新的权利义务，恰恰是有法理依据的。经过这样一番动员，行业性、区域性集体合同的法律执行替代性功能一览无余。

第三节　雇主组织参与行业性、区域性集体协商的规制方向与重点

新时代中国特色劳动关系协调机制的建立和我国国家性质与政治制度之间紧密相连。2018 年的《宪法修正案》规定，“社会主义制度是中华人民共和国的根本制度。中国共产党领导是中国特色社会主义最本质的特征”。社会主义性质决定了协调劳动关系的目标是和谐，实现和谐的手段是劳资双方在政府的引导下协商合作，而不是实行资本主义原始积累时期的劳资斗争。中国共产党的十九大报告也明确提出，应当完善政府、工会、企业共同参与的协商协调机制，构建和谐劳动关系。因此，以劳资斗争为背景，缺乏“可控性”的集体协商、集体合同制度，不符合中国共产党和政府的基本价值，必然难以在制度上系统化引入。亚洲国家依靠民主化改革而形成集体合同制度的线路在我国也缺乏生长空间。然而，不断开放的中国市场也不能回避市场化的劳资关系。因此，我国行业性、区域性集体协商机制的发展，最为可能的方式是，在具有“可控性”的前提下，以渐进式的协商协调为路径，对形式规则进行调整，以提升制度功能。[②]

一、立法确定雇主组织在集体协商中的法律地位

在行业性、区域性集体协商机制如火如荼推广的前几年，雇主组织的

① 肖竹. 行业性、区域性集体合同约束力研究. 首都师范大学学报，2015 (1).

② 谢玉华. 工资集体协商——能否走出协调劳动关系的“第三条道理”. 社会主义研究，2011 (3).

主体地位确实滞后于集体协商制度的需要。当时，国家三方会议中的雇主组织——中国企联，在县一级没有相应机构，而工商联的组织建制也并不健全。因此，在行业性、区域性集体协商制度推广力度最大的那几年，工会难以找寻到雇主组织作为协商对象是普遍的情况。经过近十年来社会组织的蓬勃发展，各类行业协会、商会在基层如雨后春笋般出现，且其中的绝大多数是工商联或者企联的会员单位。这意味着，在国家三方机制中以雇主组织身份出现的工商联和企联，可能通过伞状组织中从上至下的信息机制，对基层的行业协会、商会进行宣传和教育，从而将这类组织的功能扩大到作为雇主组织进行集体协商。然而，如果法律对代表企业进行集体协商的雇主组织的主体地位不作出明确规范，对工会而言一直会有无法确定协商对象的疑惑，而对于行业协会、商会而言，也会因缺乏法律的强制性规范，而忽视代表企业进行集体协商的职能。因此，集体合同立法应当对各所有制与不同形式、形态的企业作出统一的和基本的规制，具体规定劳资双方的适合代表主体、谈判和合同事项，磋商、签订和变更程序，政府的介入时机和程度、合同的效力等；特别是要对雇主组织的主体地位和职能作出明确规定，确保雇主组织的法定代表性和实效性。①

我国现阶段工商联与企联的雇主组织地位已经在相关的文件中得到明确。但与工会有专门的《工会法》相比，对于工商联与企联的雇主组织身份甚至没有任何一部法律予以调整。尽管在成熟的市场经济国家，对雇主组织立法并非常态，但由于这些国家经过多年的市场经济法治建设，在民法、劳动法等领域都形成了较为完善的配套机制，雇主组织的发展也不再需要特别立法。我国的集体协商机制对政府干预的需求要大得多，只有保障雇主组织协调劳动关系的特别地位，才能在协调劳动关系的诸种机制中为雇主组织找到相应的主体地位与活动区间。从政府培育雇主组织的角度出发，应对雇主组织的功能特别立法，强调其协调劳动关系的职责，引导雇主组织建立规范化的集体谈判机制。②

---

① 汪洋．我国协调劳动关系三方机制现状、问题及改革思路．经济研究参考，2006（2）．

② 谢德成，王天玉．集体劳动关系的法律目标及规范重点．当代法学，2010（2）．

二、立法规范雇主组织参与集体协商的重点

立法确定雇主组织协调劳动关系的法律地位时，应当特别注意处理工商联与企联的关系。工商联与企联代表的企业性质有所不同，并且雇主组织与工会相比，其多元性与利益冲突也大得多，故有必要保持雇主组织在国家三方会议以及劳动争议调解仲裁机制中的二元化。但是在集体协商中，无论是工商联还是企联，都无法作为行业性、区域性集体协商的代表。因此，法律对于行业性、区域性集体协商机制中的雇主组织，应当规定为行业协会、商会。但是，在目前多元化的行业协会、商会体制下，完全放任草根类型的行业协会、商会来行使雇主组织的职能，也是不现实的。本书作者认为，立法在规定行业性、区域性集体协商的主体时，有必要强调参加集体协商的行业协会、商会应当是工商联或企联的会员单位。这样规定的好处是，作为雇主组织的工商联或企联能够通过体制内的培训、指导和帮助，提升行业协会、商会的集体协商意识，为集体协商的开展创造有利条件。从实践中的情况看，各个企业的经营者需要雇主组织在集体协商、处理劳动关系方面提供必要的帮助、指导和协调，正如《关于进一步推行平等协商和集体合同制度的通知》中明确要求：企业代表组织要加强对企业经营者的培训工作，提高其对平等协商和集体合同制度的认识，为企业开展平等协商和集体合同工作创造有利条件。[①] 行业协会、商会作为最基层的雇主组织，应当被纳入正式的雇主组织网络中来，才能在集体协商机制中发挥更大的作用。

---

① 郑桥．劳资谈判．北京：中国工人出版社，2003：50－52．

第九章　雇主组织参与劳动争议调解仲裁的现状与问题

第一节　雇主组织参与劳动争议调解仲裁的必要性及现状

一、雇主组织参与劳动争议调解仲裁的必要性

劳动争议是劳资矛盾的显性形式。构建和谐劳动关系的关键点是化解劳资矛盾。近些年来劳动争议在数量上逐年增多，群体劳动争议占比增加，影响社会的和谐稳定。2008 年，全国劳动争议仲裁受理案件 693 465 件，几乎是 2007 年案件受理数的两倍；2011 年以来，劳动争议仲裁受理案件数持续上升，2016 年达到 82.9 万件。万名就业人员劳动争议发生率总体上也呈上升趋势。①

① 李文静，王文珍. 中国特色协调劳动关系体制机制研究. 中国劳动，2018 (1).

（一）解决劳动争议的迫切需求

市场经济的高速发展使我国经济体制发生了深刻变革，社会各方面利益矛盾加剧，劳动争议多发，使劳动关系双方主体的经济利益冲突愈演愈烈，构建和谐劳动关系的任务加重。在现今的劳动争议案件中，劳动者与用人单位的经济利益矛盾越来越大，涉及的金额越来越高，常常还伴随着集体性突发事件。如果处理不当，极易引起群体性的劳动纠纷，造成社会的不和谐不稳定。这一系列矛盾反映在劳动争议纠纷调解仲裁案件中，其表现形式为争议双方的权利义务内容日益丰富，申请劳动仲裁的事由愈加复杂。同时，若是在产业和社会领域，忽视企业方的代表，或者企业经营者自身不认同企业方代表所能发挥的作用，那么，这有可能会阻碍政府、工会、雇主组织关于案件看法的沟通，导致案件无法厘清。这样的后果是：一方面，直接影响对企业的不当劳动管理行为的约束，影响对由此而引发的劳资争议的解决；另一方面，涉案企业正当合法的权益，也难以被反馈到政府和工会，无法得到理解与关注。[①] 由此可见，雇主组织的健全与完善，将会有助于解决在产业或者社会区域内一些规模较大的争议，同时也有助于企业的行为在其代表组织的影响及约束下，能够更加地自律和理智。但是如果雇主组织形同虚设或缺位，可能会导致劳动争议解决的无序状态。

当前，我国正处发展的攻坚期，社会矛盾、争议数量不断增加，并呈现新特点、新变化。实现多元主体参与纠纷解决，一方面，既可以明显降低劳动争议案件进入诉讼程序的比率，缓解法院的压力；另一方面，可以节约政府和企业在人力、精力上的成本，快速解决劳动争议，从而使社会公共效益提高。因此，建立并完善雇主组织参与劳动争议调解机制，有利于缓和与化解企业和劳动者的矛盾，有利于构建和谐的劳动关系。同时，强化雇主组织在劳动争议仲裁中的地位和作用，也有助于从公平公正的角度解决日益多发的劳动纠纷，故也是完善矛盾纠纷处理机制的重要举措。雇主组织积极参与调解仲裁，一方面，有利于发挥其作为社会团体的优势，可以有效地避免矛盾激化；另一方面，有利于平衡各方利益，快速修复关系。

（二）三方机制的要求

在三方机制下，政府代表、工会代表和企业代表均应发挥自身作用，

---

① 李德齐．劳动争议处理与制度选择．工会理论与实践，2003（2）．

参与劳动争议调解仲裁。[①] 我国《劳动争议调解仲裁法》第 8 条规定："县级以上人民政府劳动行政部门会同工会和企业方面代表建立协调劳动关系三方机制，共同研究解决劳动争议的重大问题。"法律的表述清楚地表明我国的三方机制具有两项功能，即"解决劳动关系方面的重大问题"与"解决劳动争议的重大问题"[②]。第二项功能可以被视为三方机制在我国的功能性拓展，也是我国解决劳动争议的经验和特色。随着我国经济和社会的发展，多种所有制经济蓬勃发展，社会所有制结构有所调整，现有的劳动争议处理机制应当在调解、仲裁与诉讼的程序性机制中体现三方机制的要求。

二、雇主组织参与劳动争议调解仲裁的现状

(一) 参与劳动争议调解的现状

1. 建立劳动争议调解组织

从我国的地方实践来看，雇主组织在劳动争议调解方面都有一定的进展和探索。但由于近年来劳动争议多发于非公有制中小企业，地方工商联作为非公有制企业的代表组织，在劳动争议调解方面进行了许多尝试，实践经验丰富，并取得了不错的实效。在当前政策、法规环境下，工商联建立调解组织虽然还不是独立的具有法律意义的纠纷解决方式，但其仍依据《劳动争议调解仲裁法》第 10 条的立法精神[③]，结合自身发展的实际需要，建立了调解组织。其发展模式主要是将自下而上的需求驱动与自上而下的组织引导相结合，具有强烈的实践色彩。其具体操作方式为鼓励各地在实践中解放思想，积极先行先试，通过主动作为，以有为促有位，用既有发展成果赢得中央支持。[④]

---

① 王全兴，白莲湘，吴文芳，李坤刚，毛红杏. 工商联参与劳动争议调解仲裁问题研究. 中国劳动，2012 (9).

② 黎建飞. 三方机制的法律规制. 工会博览，2010 (3).

③ 《劳动争议调解仲裁法》第 10 条。

④ 谢经荣. 商会调解的理论与实践. 北京：法律出版社，2012：103.

表 9-1 部分地方工商联建立劳动争议调解组织的情况

组织名称和成立时间	主要工作内容
北京市宣武区工商联劳动关系协调委员会——2008 年	宣传法律、化解成员单位与其员工的劳动争议并进行相关培训
江苏省苏州市高新区工商联劳动争议调解委员会——2011 年	调解区内成员企业职工与用人单位的劳动争议，监督履行调解协议，开展咨询和培训工作
安徽省工商联劳动争议预防调解中心——2013 年	调解企业劳动争议纠纷
黑龙江省哈尔滨市工商联（总商会）劳动争议调解委员会——2017 年	预防、调解劳动争议，宣传人力资源社会保障法律、法规和政策等①

表 9-2 部分地方工商联参与建立行业性劳动争议调解组织的情况

组织名称	主要工作内容
北京市工商联清洗保洁业商会劳动争议调解中心——2011 年 5 月	为清洗保洁业的员工提供劳动法律咨询、解答政策疑惑、缓和矛盾情绪，搭建政府、企业与员工之间的桥梁，创建和谐的劳资关系
福建省泉州市行业性劳动争议调解组织——2012 年 2 月	建立劳动争议仲裁调解与行业协会调解相衔接的工作机制
广东省美容美发化妆品行业协会、广东省湖北商会——全国非公有制企业、商会（协会）劳动争议预防调解示范单位	参加劳动争议纠纷处理培训班，提高劳动争议调解实务操作能力；开展劳动争议预防调解工作调研；了解示范工作情况，听取意见和建议，进行工作指导
重庆市工商联（总商会）餐饮商会劳动争议预防调解委员会——2017 年	有效发挥行业调解在化解劳动争议方面的作用；完善重大集体劳动争议应急调处机制

由上表可以看出，地方工商联参与劳动争议纠纷调解组织的建立主要有两个途径：一是根据实际情况，设立了内部劳动争议调解委员会，调解

① 哈尔滨市工商联（总商会）劳动争议调解委员会正式成立. [2018-01-12]. http://www.hl.lss.gov.cn/hljszc/view.jsp?id=2444853428.

辖区内的劳动争议；二是帮助行业协会、商会建立能够调解劳动争议的组织。[①] 工商联作为参与劳动争议调解的主力军，参与建立行业协会、商会调解组织，参与劳动争议调解。早在 2012 年福建省泉州市工商联就参与建立了福建省第一个行业性劳动争议调解委员会，率先正式启动这项工作，并选择市包袋同业商会为试点单位。[②] 2017 年重庆市建立餐饮行业劳动争议预防调解委员会。2018 年上海市浦东新区人力资源和社会保障局组建了浦东新区行业性劳动争议调解组织，以行业协会及其主管部门、行业系统内各单位推选的工会代表或职工代表、行业系统内各单位推选的企业代表组成。从以上实践可以看出各雇主组织都在不断探索，结合自身特点，有针对性地参与劳动争议解决。

这些劳动争议调解组织的主要职能包括调解、咨询、培训等等。我国雇主组织有着良好的平台组织优势，通过组织劳动争议调解培训对于雇主组织参与劳动争议调解仲裁有着比较积极的意义。目前在劳动争议调解人员培训方面，企联和工商联都积极地参与，通过组织和参与培训，培养调解员的专业调解能力，为解决劳动争议纠纷打下基础。另外，企联和工商联还对企业预防劳动争议工作机制的完善进行培训。例如，近年来全国工商联和国家人力资源和社会保障部联合举办劳动争议预防调解培训班，邀请全国劳动争议预防调解领域有关的领导、专家和法官等来讲座、指导；同时通过培训，学习其他地区的先进做法，如 2017 年全国工商联举办培训班，专门学习以宁波市镇海区骆驼商会等为代表的先进典型。[③] 通过培训，促使企业对劳资关系有更加深入的认识，有利于将矛盾化解在企业内部。

近年来，地方工商联也积极探索新模式，创新开展调解工作。2017 年备受关注的“宁海模式”中，宁波市宁海县工商联按照政府搭台、社会化运作的模式，整合社会资源，引入专业力量，创新开展商会人民调解工

① 王全兴，白莲湘，吴文芳，李坤刚，毛红杏. 工商联参与劳动争议调解仲裁问题研究. 中国劳动，2012 (9).

② 泉州市在全省率先成立行业性劳动争议调解组织. [2018 - 03 - 21]. http://www.donews.com/dzh/2012-09/1639836.html.

③ 工联资讯——全国工商联非公企业劳动争议预防调解培训班圆满落幕. [2018 - 03 - 21]. http://www.sohu.com/a/161749840_372792.

作，并在人员、办公场地、设备设施、经费等各方面给予保障。① 从本书作者及其研究团队在上海了解的情况来看，浦东新区人力资源和社会保障局以新区劳动人事争议仲裁院作为劳动争议处理实体工作平台，于 2015 年 6 月成立“浦东新区劳动人事争议联合调解中心”，于 2017 年成立了“浦东新区劳动人事争议工商联调解分中心”。地方工商联的实践表明，近年来工商联和企联不断寻求新的发展，转变工作重心，加强对劳资关系的处理。众所周知，只有在和谐的劳动关系下，劳动者才愿意为企业创造更大的价值，企业也会因此创造更大的收益，这是一个双赢的结果。

2. 指导建立企业内部调解委员会

各地企联相对于地方工商联而言，更加注重指导会员建立企业内部调解委员会。2013 年由人力资源和社会保障部调解仲裁司发起，中国企联雇主工作部以及中华全国总工会法律工作部联合，前往福建、安徽、山东等地进行调研时，各地企联积极参与推动企业调解组织建设，均已基本建立、形成企业内部多层次调解网络。② 然而，目前我国中小企业很难建立完善的劳动争议内部处理制度，同时，内部建立劳动争议调解机构的企业所占比例也非常小。有的企业即使成立了内部劳动争议调解委员会，但内部处理机制并不完善，导致劳动者认为该组织解决争议缺乏公正性。但是，从劳动争议解决的成本和方式来看，企业内部调解能够较好地缓和双方矛盾。因此，在实践中，会员为中大型企业的企联帮助建立企业内部调解委员会的覆盖率和建制率都相对较高。

3. 推荐兼职调解员

除此之外，本书作者及其研究团队在调研中还了解到，近年来，上海市各级企联加大力度，推动企业、街道的调解组织建设。上海市企联会同人力资源和社会保障局、上海市总工会共同设立市、区、街（镇）级三方劳动人事争议联合调解中心，并推荐兼职调解员参与工作。上海市企联从 2015 年开始便选聘了数名兼职劳动争议调解员参与上海市第二中级人民法院诉调中心受理的辖区内“一裁终局”劳动争议撤裁案件的诉前调解工

---

① 探索商会调解新路径. [2018 - 03 - 21]. https://www.hao123.com/mid/5823809589854704398? pn=2.

② 上海等六省市企联推动贯彻《企业劳动争议协商调解规定》初见成效. [2018 - 03 - 21]. http://www.cec-ceda.org.cn/gz/view.php? id=1764.

作，以达到在审判之前化解劳资矛盾的目的。① 其中，上海市企联雇主部宋靖主任特别提到②，在 2016 年 1 月到 8 月间调解成功的 101 起案件中，除 8 起案件涉及的用人单位属国有企业或外资企业外，其余 93 起案件所涉及的用人单位均属民营企业，且小微企业居多。这在某种程度上表明，在地方，雇主组织参与调解并非局限于处理其会员单位与劳动者的争议。上海市企联参与诉前调解的做法，反映了其真正参与社会调解的实践。如今，在地方，雇主组织已经开始出现主动参与劳动争议调解的实践。需要提及的是，由上海市企联选聘劳动争议调解员的统一要求是参加过上海市人力资源和社会保障局和上海市劳动仲裁委员会组织的劳动人事争议实务培训和考核，拿到调解员证书。调解员的来源包括长期在企业从事人力资源管理的工作人员，这些人员均对于处置劳动争议有着丰富的经验。③

（二）参与劳动争议仲裁的现状

1. 代表企业参加劳动仲裁委员会

我国《劳动争议调解仲裁法》第 19 条第 1 款、《劳动人事争议仲裁组织规则》第 5 条是关于仲裁委员会人员组成的规定。我国雇主组织可以依据这两条法律，参与劳动争议仲裁委员会。从各地的实践来看，我国的劳动争议仲裁委员会组成人员大多数是政府方面的人员，并且政府方面的人员担任仲裁委员会主任一职劳动者代表则担任副主任或委员，而企业代表一方是由我国雇主组织即企联和工商联作为代表参与。对各地劳动争议仲裁委员会的人员组成进行梳理，对雇主组织的参与情况进行观察，有利于了解其在劳动争议仲裁方面的参与程度与现实状况。

表 9-3　部分地方雇主组织参与劳动争议仲裁委员会的情况

企业方代表	主要职位
自治区企联雇主工作部副主任 自治区工商联法律部副主任	广西劳动人事争议仲裁委员会委员④

---

① 上海市企联派调解员参与上海市第二中级人民法院撤裁案件 172 起，成功调解 101 起，成功率达 58.72%。

② 来源于 2017 年 6 月 15 日于上海市企联雇主部的调研访谈录音。

③ 董平，王文珍，郑东亮，等．回顾与展望：《劳动争议调解仲裁法》颁布五周年．中国劳动，2013 (1).

④ 关于广西壮族自治区劳动人事争议仲裁委员会委员调整的通知．[2018-04-10]. https://www.gxhrss.gov.cn/xxgk/ywfl/ldgx/ldrszydjzc/201605/t20160506_59380.html.

续前表

企业方代表	主要职位
市企联常务副理事长	郑州市劳动人事争议仲裁委员会委员①
市工商联秘书长、副主席 市企联秘书长	晋江市劳动人事争议仲裁委员会委员②
市工商联副主席	六盘水市劳动人事争议仲裁委员会委员③
区工商联副主席 区企联秘书长	上海市奉贤区劳动人事争议仲裁委员会委员④
区工商联副主席	台州市黄岩区劳动人事争议仲裁委员会副主任⑤
区工商联副主席	重庆市铜梁区劳动人事争议仲裁委员会委员⑥
区工商联副主席	贵阳市花溪区劳动人事争议仲裁委员会委员⑦

从上表中，我们不难发现，劳动争议仲裁委员会的人员组成存在以下问题：首先，在我国雇主组织有两类——工商联和企联。实践中，这两类主体都可以选派参与仲裁委员会的人员，并且是由这两个组织内部较高职位的人员参与劳动争议仲裁委员会的组成。但在区县级层面，多为工商联作为企业方代表参与仲裁委员会。其次，企业方代表在劳动争议仲裁委员

① 关于调整郑州市劳动人事争议仲裁委员会成员的通知. [2018-04-10]. http://fzb.zhengzhou.gov.cn/u/cms/fzb/201707/20102426hikp.pdf.

② 关于调整晋江市劳动人事争议仲裁委员会组成人员的通知. [2018-04-10]. http://www.jinjiang.gov.cn/zfshow.aspx? id=44298.

③ 关于调整六盘水市劳动人事争议仲裁委员会成员的通知. [2018-04-10]. http://rsj.gzlps.gov.cn/zwgk_42005/fgwj/bmwj_42052/201801/t20180125_1574413.html.

④ 上海市奉贤区人民政府关于调整劳动人事争议仲裁委员会组成人员的通知. [2018-04-10]. http://www.fengxian.gov.cn/shfx/Zfxxgk/20161230/005001_205ea377-dba5-46ba-af9a-9b5cc37d68d6.htm.

⑤ 关于调整黄岩区劳动人事争议仲裁委员会成员的通知. [2018-04-10]. http://www.zjhy.gov.cn/zwgk/zcwj/zfwj/201708/t20170803_197866.html.

⑥ 关于调整区劳动人事争议仲裁委员会成员的通知. [2018-04-10]. http://www.cq.gov.cn/publicinfo/web/views/Show! detail.action? sid=4239733.

⑦ 关于调整区劳动人事争议仲裁委员会成员的通知. [2018-04-10]. http://www.hxgov.gov.cn/HXGOV/B/04/23851.shtml.

会中一般担任委员一职，极少数企业方代表可以担任副主任一职。在仲裁委员会中，主任一职一直由政府人员担任，导致仲裁委员的行政色彩浓重，三方参与失衡。最后，仲裁委员会的组成人员中，政府相关人员比重较多，雇主组织代表企业一方在劳动争议仲裁委员会中的人数占比则相对非常低。

更严重的是，有些地方的劳动人事争议仲裁委员会的组成人员中，并没有企业方代表。如南昌市新建区劳动人事争议仲裁委员会共计 12 人，其中 11 人为政府部门工作人员，1 人为工会代表①；兰州市安宁区劳动人事争议仲裁委员会组成人员中也仅有 1 名工会代表，其他人员均来源于政府部门。② 在市级劳动人事争议仲裁委员会的组成中，如德阳市③、运城市④等地，也均未出现企业方代表的身影。

2. 内设劳动争议仲裁分支机构

除了我国常见的仲裁机构之外，一些地方性雇主组织也对设立新的仲裁机构进行了摸索。《劳动争议调解仲裁法》要求仲裁机构的设置遵循统筹规划、合理布局和适应实际需要的原则。⑤ 实践中，根据实际情况，经过相关部门审批，辽宁省海城市工商联组建了劳动争议仲裁庭。作为海城市劳动仲裁庭的分支机构，该劳动争议仲裁庭主要处理企业经营中的劳动争议案件。这一做法开创了在地方工商联内设立劳动仲裁分支机构的先例。⑥ 仲裁委直接指导该劳动仲裁庭的业务工作，工商联管理其行政方面的工作。同时创新性发挥仲裁庭的职能，使之成为工商联会员企业的常年

---

① 关于调整安宁区劳动人事争议仲裁委员会成员的通知. [2018 - 04 - 10]. http://www.xinjian.gov.cn/Item67671.aspx.

② 关于调整安宁区劳动人事争议仲裁委员会成员的通知. [2018 - 04 - 10]. http://www.lzanning.gov.cn/articles/ch00067/201704/59f0254d-d8fc-40f0-ab54-bd8dbebe9710.shtml.

③ 德阳市人民政府办公室关于调整德阳市劳动人事争议仲裁委员会成员的通知. [2018 - 04 - 10]. http://www.deyang.gov.cn/gk/zcfg/zfwj/fzfbz/887565.htm.

④ 运城市人民政府办公厅关于调整运城市劳动人事争议仲裁委员会的通知. [2018 - 04 - 10]. http://www.yuncheng.gov.cn/article/17/03/30274.shtml.

⑤ 《劳动争议调解仲裁法》第 17 条。

⑥ 海城工商联：建劳动仲裁庭标示维权服务新路径. [2020 - 01 - 07]. http://finance.sina.com//2011//20110816/0000/0320020.shtml.

法律顾问，为这些企业梳理与劳动争议相关的法律、政策，接待会员企业的法律咨询，并为其制作法律文书。[①]

除了辽宁省海城市的实践，安徽省同样探索在省工商联内设立劳动争议仲裁分支机构。例如，在省工商联内设立了安徽仲裁研究会以及安徽省商会仲裁分会等部门。[②]

以上都是一些创新性的尝试，但是，在具体实施过程中，也应注意三方原则的落地，维护该仲裁分支机构的公信力。工商联的性质决定了其自身代表会员企业的利益，因此对工商联设立的劳动争议仲裁分支机构而言，公信力的维护至关重要。内设劳动争议仲裁分支机构，目的是让劳动者相信仲裁的公正性，让社会相信其仲裁的公正性。[③] 只有这样，才能真正能将法律效果与社会效果统一起来。

3. 推荐和培训兼职仲裁员

仲裁员是解决劳动争议纠纷的主体，劳动争议仲裁工作对专业性和技术性的要求颇高。[④]《劳动人事争议仲裁组织规则》第 19 条规定了可以根据办案工作需要，依法从干部主管部门、人力资源和社会保障部门、军队文职人员工作管理部门、工会、企业组织等相关机构的人员以及专家学者、律师中聘任兼职仲裁员。各地工商联和企联依据该条规定参与到兼职仲裁员的推荐和培训，其中以上海的企联和工商联最为活跃。在上海，2017 年开始试点推动“示范仲裁庭”，遵循三方原则，由人力资源和社会保障部门、企业代表组织、工会三方派出的仲裁员组成合议庭，上海市企联和工商联均作为企业方推荐了兼职仲裁员参与其中。[⑤]

---

① 王全兴，白莲湘，吴文芳，李坤刚，毛红杏. 工商联参与劳动争议调解仲裁问题研究. 中国劳动，2012 (9).

② 安徽工商联（总商会）. [2018 - 04 - 10]. http://old.ahgcc.cn/bgsc/news.jsp?style=flfw_03&xwlxbh=27.

③ 董平，王文珍，郑东亮，等. 回顾与展望：《劳动争议调解仲裁法》颁布五周年. 中国劳动，2013 (1).

④ 叶跃华，吉志铭. 当事人选择劳动仲裁员制度的实践与思考. 中国劳动，2002 (5).

⑤ 来源于 2017 年 4 月 18 日与上海市企联雇主部宋靖访谈的录音。

第二节　雇主组织参与劳动争议调解仲裁的法律分析

一、关于雇主组织职能的政策供给与法律供给不平衡

我国雇主组织参与劳动争议解决的历史由来已久，早在 1952 年政务院颁布的《工商业联合会组织通则》中就其与工会协商有关劳资关系等问题作出了明确规定。① 全国工商联、中国企联在其章程中也明确规定了其协调劳动关系等任务。在社会主义市场经济体制已经建立的今天，市场化劳动关系占据了主导地位，企业劳动争议案件居高不下，且增长速度越来越快，劳资矛盾呈现多元化发展趋势。在不同时期，党和政府及各部门出台的文件、政策在一定程度上反映一个国家对当时劳动关系状况的态度和举措。对我国雇主组织在劳动争议调解仲裁中的法律文件以及政策作出梳理，有助于了解党和政府及各部门对雇主组织参与劳动争议调解仲裁的态度与导向。

表 9-4　不同时期党和政府及各部门出台的政策文件

年份	颁布机关	文件名称	内容
2005	中华全国总工会	《关于进一步加强劳动争议调解工作的若干意见》	为社会组织参与调解提出建议
2008	中华全国总工会	《关于进一步加强工会劳动争议处理工作的意见》	进一步明确构建社会化“大调解”格局，呼吁社会组织参与调解仲裁
2009	最高人民法院	《关于建立健全诉讼与非诉讼相衔接的矛盾纠纷解决机制的若干意见》	鼓励和支持行业协会、社会组织、企事业单位等建立健全调解相关纠纷的职能和机制
2009	人力资源和社会保障部、司法部、中华全国总工会、中国企联/中国企业家协会	《关于加强劳动人事争议调解工作的意见》	号召逐步建立和完善单位调解、乡镇街道调解、行业调解等多渠道的争议调解体系，形成开放式的社会化调解网络

① 《工商业联合会组织通则》第 2 条。

续前表

年份	颁布机关	文件名称	内容
2015	中共中央、国务院	《关于构建和谐劳动关系的意见》	完善三方机制的职能，充分发挥政府、工会和企业代表组织共同研究解决有关劳动关系重大问题的重要作用
2015	中共中央、国务院	《关于完善矛盾纠纷多元化解机制的意见》	推动有条件的商会协会开展行业性专业性纠纷调解
2017	人力资源和社会保障部、中央综治办、最高人民法院、司法部、财政部、中华全国总工会、全国工商业、中国企联/中国企业家协会	《关于进一步加强劳动人事争议调解仲裁完善多元处理机制的意见》	要求各有关部门、单位充分发挥职能作用，社会力量积极参与，在劳动争议调解仲裁中贡献力量

从上表中的颁布机关来看，自2005年起，国家层面开始号召我国雇主组织参与到劳动争议调解仲裁中来，直至2010年，中共中央、国务院下发《关于加强和改进新形势下工商联工作的意见》，要求“充分发挥工商联在构建和谐劳动关系中的积极作用”。由此可以认为政府自上而下推进雇主组织参与劳动关系。近年来政府部门以及相关组织不断出台文件，逐步明确雇主组织在内的社会组织应积极发挥其参与劳动争议调解仲裁的职能。从发布的内容来看，国家越来越重视多元主体在调解仲裁中发挥作用，在内容上对于我国雇主组织参与劳动关系协调的规则更加细化，从共同解决劳动争议中的重大问题，到开展行业性、专业性的调解，再到允许企业、乡镇和街道，甚至其他社会组织设立相应的调解组织调解劳动争议，直至2017年特别发布关于多元处理机制的意见，号召各种社会力量参与到调解仲裁中去。这为我国雇主组织参与调解仲裁提供了渠道和空间。

然而，尽管现有的政策对于雇主组织参与劳动争议调解仲裁给予了充分的肯定与保障，但到目前为止，我国立法对于雇主组织参与劳动争议调解仲裁的法律供给是不足的。

在参与劳动争议仲裁中，雇主组织仅仅依据《劳动争议调解仲裁法》的相关规定，在劳动争议仲裁委员会中出现，并且选派仲裁员参与办案。劳动争议仲裁机构对当事人请求解决的劳动争议依法居中公断的执法行为包括对劳动争议依法审理并进行调解、裁决的一系列活动。[①] 在我国劳动争议处理体制中，劳动争议仲裁是诉讼前的必经程序，是处理劳动争议的一种主要方式。[②] 劳动争议仲裁作为劳动争议诉讼的前置程序，对于有效解决劳动争议纠纷有着积极意义。在劳动争议仲裁中，仲裁机构作为案件梳理者和最终裁决者，发挥的作用不容小觑。在实践中，雇主组织形式上参与，在某种情况下也体现出了程序上的相对公正。

我国现行法律中关于雇主组织参与劳动争议仲裁的规定，主要体现在仲裁委员会的组成以及赋权雇主组织选派兼职仲裁员的条款上，具体表现为《劳动人事争议仲裁组织规则》第 19 条的规定。这两个条文规定了我国雇主组织参与仲裁的渠道和途径。但在雇主组织应作为企业方代表参与仲裁委员会，以及雇主组织如何推选兼职仲裁员等方面，法律均无细节性规定。

二、雇主组织参与劳动争议调解的具体问题

前文已述，根据《劳动争议调解仲裁法》第 10 条的立法精神，我国雇主组织可以建立或参与建立社会化劳动争议调解组织。实践中，雇主组织先行先试，建立了一些社会化的劳动争议调解组织，并取得了成效。但是，因为缺乏法律保障，雇主组织建立的劳动争议调解组织在设立主体、组织运行这两方面存在不同程度的问题。

（一）调解组织的设立缺乏法律保障

1. 雇主组织设立调解组织的必要性

我国现行的三类调解组织[③]未发挥应有作用。首先，企业劳动争议调解委员会的建制率较低，在很大程度上弱化了企业内部调解的作用。《劳动法》没有强制企业设立内部劳动争议调解委员会，关于设立采取开放自

① 赵飞寒，杨雨. 加强劳动争议仲裁工作促进劳动关系和谐稳定. 辽宁行政学院学报，2011（6）.

② 王全兴. 劳动法. 北京：法律出版社，2008：421－442.

③ 《劳动争议调解仲裁法》第 10 条第 1 款。

由原则。因此，企业自身的经济条件和其组织设置决定了企业是否建立调解委员会。一些中小微企业，考虑到经济及人力资源成本的问题，一般都不设立调解委员会，致使企业劳动争议调解委员会在劳动争议解决的制度建设上发挥作用的空间有限。其次，企业要承担内设调解委员会的全部费用，企业的经济压力增加，这就会大大降低其对于建立调解委员会的积极性。① 如此一来，企业内部调解的优势和作用难以得到发挥，同时，很有可能导致劳资争议纠纷的扩大化、复杂化，造成更大的社会负面影响。② 从基层调解组织、乡镇（街道）劳动争议调解组织的设置来看，虽然它们被设置在最基层的位置，与群众保持着密切联系，但因为其涵盖的区域和范围都比较小，并且人员在专业能力方面良莠不齐、素质普遍不高，很难促使达成调解协议。③

因此，面对日益多发的劳动争议纠纷，仅仅依靠三类调解组织发挥调解作用往往是不够的，而作为中小微非公有制企业以及大中型国有企业代表的工商联和企联资金充裕，并且其服务和涵盖的范围与区域都非常广泛，重要的是其拥有大量的专家和学者资源，在先行先试中能够很好地发挥解决劳动争议的作用。

2. 法律保障缺乏及其原因

(1) 法律保障缺失。

从《劳动争议调解仲裁法》第10条，以及行政主管部门近年来陆续发布的政策文件，如《关于进一步加强劳动争议调解工作的通知》《关于加强劳动人事争议调解工作的意见》《关于构建和谐劳动关系的意见》《关于完善矛盾纠纷多元化解机制的意见》《关于进一步加强劳动人事争议调解仲裁完善多元处理机制的意见》等等文件来看，我国确立了多元化和社会化的劳动争议大调解模式，鼓励多元主体参与劳动争议调解，为解决日益多发的劳动争议纠纷贡献力量。这仅从政策上给了雇主组织参与调解的渠道，法律上并未明文规定。实践中，雇主组织先试先行，依据政策设立

---

① 王剑. 我国现行劳动争议调解制度的分析及重构. 南京航空航天大学学报，2017 (1).

② 曹燕. 我国劳动争议处理制度的困境与突破. 河北法学，2012 (5).

③ 孙德强. 劳动争议调解制度的进步、缺陷及其完善. 中国劳动关系学院学报，2008 (4).

了调解组织，但是法律的缺失也带来了问题。

（2）原因。

多元主体参与劳动争议解决，必然会造成多元主体利益上的冲突，带来利益的争端，从而对劳动争议的实际解决造成影响。董保华教授认为我国现行劳动争议处理体制的症结事实上是体制问题，涉及多方利益。因为劳动行政部门和工会在立法中是享有话语权的主体，它们作为立法者和执法者，在立法时便会更多地考虑自身的利益。[①] 因此，在代表雇主利益一方的主体出现并要介入劳动争议处理时，就很容易危及对立法享有话语权的其他主体的地位，因此，雇主组织想要立法来保障自身参与劳动争议解决相对来说比较困难。

3. 缺乏法律保障引发的后果

（1）建立的调解组织独立性不足。

雇主组织设立调解组织，第一要义就是要保障设立的调解组织的独立性。这是保证调解组织顺利运行、公平公正解决劳动争议纠纷的前提，也是提高其社会公信力的重要因素。企业和劳动者对劳动争议调解机构是否信任，在很大程度上决定了涉案双方是否愿意选择该调解组织进行调解，也影响着后续调解协议的履行。[②] 因此，雇主组织在建立劳动争议调解组织时，应特别重视其独立性的问题。从上文中介绍的关于雇主组织建立劳动争议调解组织的实践来看，工商联自行在内部设立调解组织，事实上是针对日益多发的劳动争议纠纷的解决，依据其特殊职能所作的实践和探索。其目的主要是解决会员企业和劳动者的劳动争议纠纷。这一点在我国如今倡导“大调解”格局的背景下是很好的实践，是值得肯定的，也是全社会所倡导的。但是，其本身的特殊性——代表企业利益的组织，不免让劳动者质疑其是否能够公平处理劳动争议。

造成独立性不足的原因主要有以下几个方面：第一，雇主组织不应独立建立调解组织，不能既是运动员又是裁判员。调解是指在第三者主持下，以法律为依据，晓之以理，动之以情，平等协商，意思自治，和平达

① 董保华. 论我国劳动争议处理立法的基本定位. 法律科学（西北政法大学学报），2008（26）.

② 王剑. 我国现行劳动争议调解制度的分析及重构. 南京航空航天大学学报，2017（19）.

成调解协议，从而消除矛盾的一种解决办法。① 由此看出，调解时必须要有中立的第三方在场，来保持调解的中立性。虽然雇主组织相对于发生劳动争议的用人单位和劳动者是第三方，但是其与劳动争议一方（企业方）有紧密的联系。从理论上来说，既然雇主组织维护的是雇主的利益，那么雇主组织就不能成为调解中独立的第三方。第二，雇主组织的调解经费大多来源于会员。换句话说，雇主组织在经济条件上受制于其所服务的企业会员，而调解组织的典型特征就是要保持独立性，如果在财务上不能保持自身的独立，那么在某种程度上可以说，雇主组织只是其会员企业的附庸，因此也很难保持中立。事实上，我国企联与工商联的运行经费基本上来源于其会员企业的会费，其他收入占比很小。第三，很多调解委员会的组成人员和企业方存在利害关系。现阶段调解人员主要来源于雇主组织内部体系，也有部分从律师、专家、学者中遴选。但是大部分地区的雇主组织的调解人员的工资、经费等基本来源于会员企业的会费，因此某种程度上无法保证调解人员的公正性。如果一个组织的财政权和人事权这两个关键因素都把控在企业手中，那么其所建立的调解组织在调解企业和员工的劳动争议时很难保证其独立性。

从近年来各地工商联设立调解委员会的趋势和政府发布的政策文件中可以看出，实践中，工商联设立的调解委员会为保持其独立性，都由人力资源和社会保障部门牵头，会同工会、企联、工商联“三方四家”共同指导企业开展劳动争议预防调解工作。如天津就劳动争议调解展开了多方联动模式②，主体包括天津市人力资源和社会保障局、市总工会、市工商联。③ 这是个别地区就如何运用调解手段公正、有效解决劳动争议的一个尝试，但如何更好地保证调解委员会的独立性，需要进行不断的探索和细化。

（2）地方雇主组织建立调解组织的积极性不高。

如上所述，为了更好解决劳动争议纠纷，地方工商联根据政策、方针

---

① 申柳华. 论我国劳动争议处理体制的重构. 广西政法管理干部学院，2004(5).

② 陈思. 从调解案例看民间调解组织中立性和专业化. 中国工人，2015 (11).

③ 加强基础保障，高效化解争议——天津市推进调解组织建设论点. [2020-01-07]. http://www.newjobs.com.cn/Detai/s? newsId=D63886c5c9250CA3.

的指导，设立了一些社会化的调解组织。本书作者及其研究团队在调研中了解到，由于缺乏对雇主组织设立调解组织的法律规范，地方工商联对于自己先行先试建立调解组织的态度都较为保守，也仅在一些敢于先行先试并且经济条件较好的商会中进行。① 同时，雇主组织建立调解组织也仍在摸索中，无法积极呼吁地方雇主组织建立社会化调解组织，致使雇主组织建立调解组织的工作没有在全国范围内铺展开来。

（二）调解组织的运行缺乏明确规范

现实中，依据《劳动争议调解仲裁法》第10条的立法精神以及国家的大政方针政策，雇主组织先试先行建立或参与建立了一些调解组织。但是，关于这种调解组织在组织经费来源、调解人员的选聘和培训以及工作程序等方面，法律并没有一一作出规定。②

1. 缺乏专项资金来源

本书作者及其研究团队在调研中发现，无论是政策还是法律，都没有提到雇主组织建立社会化调解组织的资金来源问题。实践中，设立调解组织也就不能得到政府专项资金的支持。雇主组织建立调解组织的资金基本来源于其会员企业所交的会费。换句话说，该社会化调解组织的命脉掌握在会员企业的手中，这有碍调解组织公平、公正地解决劳动争议纠纷。

2. 调解员的选聘和培训存在局限性

法律对调解组织人员的来源没有作详细规定，因此关于人员的选聘标准比较模糊，各地在实行时随意性相当大。调解员的选聘存在局限性，表现如下：首先，众所周知，调解员包括专职调解员和兼职调解员。在雇主组织设立的调解组织中，缺乏对两种调解员选聘标准的详细规定，造成调解员的水平良莠不齐，调解质量不能保证。其次，在调解人员的来源方面，本书作者及其研究团队在调研中发现，现阶段调解人员主要来源于雇主组织内部体系，也有部分从律师、专家、学者中遴选。调解人员的来源相对单一、范围较小，且由于各地实际情况的不同，律师、专家、学者等专业性人员有多有少，这导致兼职调解员的比例有高有低。最后，尚未形成一个可持续的专业性培训机制，对调解员的培训力度不够。面对日益多

① 来源于2017年4月23日与全国工商联法律部李强的电话访谈。

② 王全兴，白莲湘，吴文芳，李坤刚，毛红杏. 工商联参与劳动争议调解仲裁问题研究. 中国劳动，2012（9）.

发且情况复杂化的劳动争议纠纷，缺乏培训的调解员的调解能力有待提高。

3. 调解的工作程序缺乏详细规定

法律对于劳动争议调解的工作程序没有作详细的规定。对于解决劳动争议纠纷的任何一种途径来说，有法律保障其程序的顺利运行是至关重要的。相对于诉讼和仲裁而言，劳动争议调解更加开放更加自主，各个地区的调解组织也会根据实际情况，不断调整调解方式，力求解决劳动争议。目前我国对劳动争议调解组织的主体范围进行了扩大，但是如果仅将政策方针作为指导，没有比较完善的程序性安排，仍旧缺少制度上的保障。[①]因此，需要立法细化劳动争议调解程序性规定，只要具有可操作性，该规定也可以比较宽松、灵活。

三、雇主组织参与劳动争议仲裁的具体问题分析

（一）参与劳动争议仲裁委员会的地位不明

《劳动法》和《劳动争议调解仲裁法》仅仅原则性规定了劳动争议仲裁委员会应由劳、资、政三方代表组成，对于劳、资、政三方如何参与仲裁委员会，并没有进行细节性规定。虽然根据《劳动法》第 81 条规定对于劳动争议仲裁案件应当根据三方原则，由劳、资、政三方代表共同办案，以保障仲裁机构处置案件的中立性。[②]《劳动争议调解仲裁法》第 19 条也对我国雇主组织参与劳动争议仲裁进行了规定，即劳动争议仲裁委员会由劳、资、政三方代表组成。但从我国地方实践中出现的一系列问题可以看出，现行法律对于雇主组织在劳动争议仲裁委员会中的法律地位以及企业方代表是由企联还是由工商联抑或由其他企业代表来选派均没有明文规定。因此，我国现行法律上的规定并未能让我国雇主组织真正参与到仲裁中并真正发挥作用。

法律并没有规定劳动争议仲裁委员会的组成人员中必须有企业方代表，这就容易造成地方劳动争议仲裁委员会直接拒绝雇主组织参与到仲裁委员会的组成中，或者为了符合形式上的规定，随意接纳雇主组织参与。

首先，从劳动争议仲裁委员会的组成人员和机构设置来看。仲裁委员

①② 王全兴，白莲湘，吴文芳，李坤刚，毛红杏. 工商联参与劳动争议调解仲裁问题研究. 中国劳动，2012（9）.

会设主任一名、副主任和委员若干名，且主任由政府方面人员担任。[①] 在实践中，劳动争议仲裁委员通常会设在区（县）人力资源和社会保障局，由人力资源和社会保障局局长担任主任，组织部副部长、工会副主席、人力资源和社会保障局副局长担任副主任，委员由区（县）相关委办局负责人组成。主任的设置方式以及其他领导的设置方式决定了劳动争议仲裁委员会行政色彩较浓[②]，其并不是三方平衡的结果。

其次，在劳动争议仲裁委员会的人员数量方面缺乏相应规定。一方面，仲裁委员会人员总数不明。另一方面，对于政府代表、企业方代表和工会方代表各占的比例没有明文规定。这导致三方机制无法落地。无论是企业方代表还是工会方代表，都影响不了个案的最终结果。尤其是在采用少数服从多数裁决方式的情形下，由于政府方代表占据了委员的大部分名额，政府方代表在仲裁委员会中的作用更大。[③]

（二）企业方代表选派不明

如上文所述，在实践中，近几年各地发布的关于劳动争议仲裁委员会成员构成的通知中大部分写明了劳动争议仲裁委员会包含雇主组织：有的地方是企联代表企业方参与的，有的地区是工商联代表企业方参与的，也有的是企联和工商联同时参与的。但仍旧有部分地区的仲裁委员会成员名单中并没有出现雇主组织的代表。实践中，无论是企联还是工商联都可以随意参与到仲裁委员会的组成中，这就容易造成企业方代表互相推诿，或者雇主组织为了各自的利益而争抢在仲裁委员会的席位的混乱情况。法律上不明确规定企联和工商联在企业方代表选派方面的关系，不仅会使企业方丧失在仲裁委员会中维护自身利益的机会，而且会损害劳动者的利益。比如说，如果由地方企联在现实中代表企业方参与仲裁委员会，因其服务对象基本上是大中型企业，那么在处理微小企业与其劳动者之间的纠纷时，则地方企联代表很有可能忽略小微型企业特有的特点，从而不太容易切实代表小微企业的利益。同样，在仲裁委员会中，如果由地方工商联代表企业方去处理大中型企业的劳动争议案件，那么地方工商联也不太容易站在大中型企业的角度，去很好地处理劳动争议。

---

① 《劳动人事争议仲裁组织规则》第6条。

② 钱炼．影响劳动争议仲裁的几个因素．中国劳动，2003（2）．

③ 曹燕．我国劳动争议处理制度的困境与突破．河北法学，2012（5）．

总的来说，在现实中，作为利益博弈的结果，各个地方雇主组织参与劳动争议仲裁委员会的人员，有时是来自地方的工商联，有时来自企联，有时来自两者。法律没有明确规定到底由谁参与，因此更加无法保证企业方的代表性，也无法保障企业的利益，更无法保证仲裁结果的公正性。因此，地方仲裁委员会需要根据地方实际，明确仲裁委员会的具体参与人员，否则，实践中，在不同地区，有的由企联代表企业，有的由工商联代表企业，有的是两者共同代表企业，很容易导致参与的混乱与随意。

究其根本，产生这个问题的主要原因是我国企联以及工商联不是一个系统，雇主组织并没有一个属于自己的法律、法规，因此，在法理上仅仅依靠《劳动争议调解仲裁法》的任意性规范是远远不够的，应对雇主组织参与劳动争议仲裁委员会进行强制性规定。[①] 这对于我国雇主组织在仲裁委员会中的法律地位、“三方原则”的落实有重要意义。

不同于雇主组织参与劳动争议仲裁依靠政策指导和法律的任意性规定，工会代表参与地方劳动争议仲裁，有《工会法》做其坚实后盾。该法明确规定了地方劳动争议仲裁组织应当有同级工会代表参加。劳动争议仲裁工作必须合法合理、公平公正，三方机制的落实是公正合理地处理劳动争议的重要环节。工会代表参加劳动争议仲裁委员会，依法维护职工的合法权益，同样，在三方原则下，雇主组织也需要积极参加，发表作为企业方代表的看法和意见。三方共同协商、平等解决，有利于劳动争议仲裁委员会充分听取各方的意见，正确行使仲裁权，解决劳动争议。[②]

综上分析，在我国现阶段，需要保障雇主组织在劳动争议仲裁委员会中的地位，明确企联和工商联的选派关系，以确保企业方代表在仲裁委员会中出现，在劳动争议仲裁中发挥作用。

（三）仲裁员的选派标准不明确

《劳动人事争议仲裁组织规则》第 11 条规定了仲裁委员会仲裁员队伍应包含用人单位选派的兼职仲裁员，兼职仲裁员并在办事机构常驻；第 19 条规定了仲裁委员会兼职仲裁员的选聘范围。但是，对于雇主组织方

---

① 王全兴，白莲湘，吴文芳，李坤刚，毛红杏．工商联参与劳动争议调解仲裁问题研究．中国劳动，2012（9）．

② 孙德强．劳动争议调解制度的进步、缺陷及其完善．中国劳动关系学院学报，2008（4）．

面的兼职仲裁员如何参与劳动争议案件处理、如何更加细致地进行劳动争议仲裁案件的办理，法律仍然未作规定，使其参与仲裁办案没有法律支撑。

对于法律并未明文规定雇主组织应如何参与推荐兼职仲裁员的问题，应该从更深的层次进行分析。对于劳动争议仲裁案件，根据“一案一庭”的原则，经过一定程序，由劳动争议仲裁委员会、涉案双方分别选择仲裁员，组成专门机构来作出裁决。仲裁庭由三个仲裁员组成，首席仲裁员由仲裁委员会指派，其余仲裁员由双方当事人自己选任。从双方当事人意思自治、选任其余两位仲裁员这个角度来看，雇主组织推荐兼职仲裁员参与仲裁的意义重大，体现了对劳动争议双方当事人的尊重，使双方利益平衡。

综上所述，我国雇主组织在参与劳动争议调解仲裁方面存在的问题，与我国现有调解仲裁制度中所存在的缺陷息息相关。对存在的具体问题进行分析，才能更好地提出解决问题的建议，从而发挥雇主组织在劳动争议调解仲裁方面的作用。

第三节　域外雇主组织参与劳动争议调解仲裁的法律机制

本书在前文中曾深入介绍德国、英国以及美国等国家的雇主组织的功能及发展，但主要介绍的是参与立法及代表雇主进行集体谈判等功能。雇主组织参与劳动争议调解与仲裁，属于劳动争议司法体制中的特殊问题，故在本章予以特别介绍。

一、域外雇主组织参与劳动争议调解的实践

（一）独立机构调解模式——以英国为例

在英国，劳动争议的解决需先行调解，这一点已经深深地得到民众的支持。随着调解机制的成熟与完善，人们大多会选择去调解机构解决劳动争议。其中，咨询调解仲裁委员会（ACAS）是英国很重要的调解机构。它是由政府出资设立的。它的成功之处在于它始终坚持以中立、客观、公正为原则处理劳动争议。它将自己的使命表示为：“通过提供独立和中立

的服务来防止和解决争议，建立和谐的劳资关系，以促进组织的运行和效率。”① 它不受政府控制，主要表现在两个方面。一方面，虽然它每年都需要向国家报告当年的活动情况②，但英国的法律特别明确地规定，ACAS在履行其职责时必须独立于政府的指示。③ 另一方面，它实行的是全国范围内的垂直管理模式。其领导机构的组成人员也不隶属于任何部门，主要来源于工会、雇主代表与独立人士。

ACAS除了提供个人纠纷的调解，还提供集体纠纷的调解。当事人可以自己决定是否让ACAS来进行集体纠纷的调解，当然，ACAS也可以主动参与集体纠纷的调解。④ 于对集体纠纷的调解而言，任何当事人根据自身的意愿，在调解的任何阶段均可以选择退出。换句话说，ACAS在提供调解服务之前，必须充分尊重劳资双方已经达成的协议。ACAS除了参与调解仲裁，还给雇主提供服务，如帮助雇主了解就业实践和新的劳动立法。其信息和咨询服务职能的内容具体包括：提供咨询和培训服务以提高雇主的劳动管理知识和技能。⑤ 目前，ACAS的服务对象主要是中小企业，同时，它也向政府提供与其职能相关的有偿服务，如向英国国家卫生服务局提供专业的培训材料。

（二）独立机构与社团组织相结合的调解模式——以美国为例

在美国，劳动争议分为权利争议和利益争议，这是根据争议的性质不同而作出的分类。权利争议不仅可以通过诉讼解决，而且可以通过其他方式解决。但对于利益争议而言，其只能通过仲裁或和解方式解决。美国的劳动争议处理方式较为灵活，其劳动争议处理机构主要分为公权力机构和民间社团组织。换句话说，美国实行的劳动争议处理制度呈现出自愿、分散、民间性特征。⑥

美国的劳动争议调解机构是联邦调停调解局，它起源于1947年，其

---

① 琳达·狄更斯，聂尔伦．英国劳资关系调整机构的变迁．英中协会，译．北京：北京大学出版社，2008：29.

② Trade Union and Labor Relations (Consolidation) Act 1992，Sec. 253 (1).

③ Ibid.，Sec. 247 (3).

④ Ibid.，Sec. 210.

⑤ 侯玲玲．英国劳动咨询调解仲裁委员会之介绍及启示．深圳劳动关系发展报告，2013 (6).

⑥ 王长江．劳动争议处理模式再探讨．郑州经济管理干部学院学报，2003 (18).

建立的目的是保护劳动合同双方的利益。[①] 对于劳动争议，它通常是站在中立的角度去主持调解的。作为调解方它不会去干涉任意一方的选择，也不会去强制要求介入。因此，美国的调解也并不是强制性的，所有程序的启动都是基于当事人的自愿。随着社会的发展，联邦调停调解局逐渐成为专门为解决劳动争议提供调解服务的组织。虽然其调解经费由联邦政府承担，但其实质上并不隶属于联邦政府。这足以充分体现其中立性与独立性。[②]

在美国，除联邦调停调解局提供调解服务外，各类社会化调解组织也是美国调解体系中的主力军。在该调解体系中，工会、仲裁机构等均属民间机构。民间机构的数量庞大，包括雇主组织在内的所有代表组织都可以进行民间调解。对于这些民间调解组织，美国政府持支持态度，并且通常以政府部门“服务外包”的方式扶植调解。以美国最为典型的美国仲裁协会为例：它不仅是美国最主要的仲裁机构，同时也是独立的非营利性的民间组织。它的特殊性在于它是以市场化运作的方式进行调解的。换句话说，美国的调解模式不同于其他国家的，它是通过政府机构与非营利组织相结合的模式来实现多元化解决纠纷的。对于民间调解组织，美国政府主要采取的做法有二：一方面，对民间调解组织提供经费的支持；另一方面，对民间调解组织的运作进行监督。后者主要表现在，如果某民间调解组织能够很好地解决劳动者与雇主之间的劳动争议，且其调解结果能够得到劳资双方的接纳和认可，那么，政府通常会给予支持，继续采取“服务外包”的方式让该民间组织参与到调解中去。也正是因为政府的这种做法，美国的非营利组织越来越多，并且逐步承担了政府在调解方面的职责，分担了政府在调解劳动争议案件方面的压力。而对于政府而言，培育具有中立性和独立性，且调解结果能够得到劳资双方认可的民间组织，在一定程度上能够使其工作重心转移，从而在其他领域发挥作用。[③] 当然，美国政府对于民间调解组织并非放纵不管，其对于民间调解组织一直进行

① 肖鹏燕，刘霞，李付俊. 美国劳动争议仲裁组织运行及仲裁员管理研究. 第一资源，2013 (3).

② 陈新. 劳动争议处理体制应实行两裁终决. 中国劳动，2001 (12).

③ 美国调解制度的发展及其实践意义. [2018 - 04 - 28]. http://www.docin.com/p-322208579.html.

监督。一旦出现问题，一方面不会再扶持其发展，另一方面则会依据法律对其进行规制。

与此同时，美国仲裁协会提供大量的咨询、调解服务。同英国 ACAS 功能相似，它同样帮助企业、工会、政府机构、律师事务所等机构设计或提供多元化的纠纷解决方案。

（三）上述两种模式的对比分析

1. 两种模式产生的原因

当事人主义的英美法系法律文化传统使当事人更倾向于采用调解模式，并且调解员在案件处理过程中处于一种中立的立场，主要表现在调解员充分尊重当事人自身的意愿，并不主动为双方提出方案、建议，而是为双方沟通起到桥梁作用。

现今，美国的劳动争议处理呈现出向民间发展的趋势，主要原因有二：（1）美国作为发达国家，注重诚信体系的建立，因此在调解组织的建立方面更趋向于社会化发展。（2）由于近年来美国社会上下效益观念的改变，美国民众也逐渐接纳了去民间调解组织解决争议。不同于其他国家，美国在劳动争议处理方面已经形成了独特的体制，即多渠道多形式的争议处理体制，并且这种体制越来越呈现出法律化和制度化的特点。[①]

在美国，民间调解组织通常由劳资各方的代表、专业法律人士、非官方人员、其他专业技术人员组成。由此可见，美国民间调解组织中的人员具有广泛的代表性和技术性。这些民间调解组织的组成人员以其专业性特征，能够快速准确地把握问题的实质，并迅速地解决纠纷。此种组成带来的最大好处就是，能够分担公权力机构的办案压力，使它们从大量的争议案件中解脱出来。当然，仅仅依靠民间调解组织解决劳动争议是不可取的，民间调解组织可能带有特殊的利益取向，因而会使其中立性不足的问题显现。劳资双方在处理涉及自身利益的案件时，自然会对处理争议的第三方的可信度具有某种程度上的怀疑，因此，需要公权力机构的介入，对第三方进行监管。

2. 小结

从英国的调解模式可以看出，ACAS 作为由政府出资设立的处理劳动争议的法定机构，它为英国劳动争议的解决作出了非常大的贡献，并以其

① 欧阳琼. 美国劳动争议处理制度. 中国劳动，2006 (6).

公正性和中立性得到了公众的信任[①]，从而发挥了其作用，从美国的调解模式可以看出，美国除了官方的调解机构，还实行民间调解组织调解劳动争议制度。[②] 社会化组织调解为雇主组织、劳动者团体提供了参与劳动争议调解的渠道。但无论是采哪种模式解决劳动争议，都要非常注重调解的中立性以及劳资双方对结果的认可。上述两种均为独立机构调解模式，但均需发挥国家的作用。可以说这两种调解模式对于促进劳动争议纠纷的解决作用重大。

结合我国现阶段实践，一些雇主组织建立了调解组织以参与劳动争议案件的解决。不同于美国已经建立了完善的劳动争议解决机制，且在民间调解方面已经形成体制，我国对于包括雇主组织调解在内的社会化民间调解并没有提供制度保障，且雇主组织自行设立调解组织存在独立性不足等问题。因此，本书作者认为现阶段由雇主组织自主建立调解组织的条件并不成熟，对于美国自由主义的调解模式应持审慎态度，不可照搬照抄。但基于英美两国的调解机构系由国家指导建立的实践，结合我国现在的国情，可以考虑在我国建立政府指导的劳动争议调解组织，并由政府对其运行活动进行监督。如此一来，既符合我国民众长期以来形成的对官方调解信赖的倾向，又有利于发挥政府的公信力，从而促进劳动争议的高效解决。[③]

二、域外雇主组织参与劳动争议仲裁的实践

综观域外，雇主组织参与劳动争议仲裁主要体现在参与仲裁机构以及参与仲裁办案。因此，应对这两种实践进行梳理分析，结合我国实际，吸收有益成果，以供我国借鉴。

（一）参与仲裁机构的组成

日本的劳动争议处理机构是中央和地方劳动委员会，二者间存在上下级关系。[④] 劳动委员会是准司法性的，具有独立性和专业性。劳动争议的

---

① 孟泉. 英国劳动制度改革及其对劳资争议处理的影响. 中国劳动关系学院学报，2012 (2).

② 王长江. 劳动争议处理模式再探讨. 郑州经济管理干部学院学报，2003 (18).

③ 董保华. 论我国劳动争议处理立法的基本定位. 西北政法大学学报，2008 (26).

④ 刘晨男. 不同国家劳动争议处理模式. 中国劳动，2009 (6).

斡旋、调停、仲裁和对不当劳动行为的审查以及救济等是其主要职能。[①]除此之外，劳动委员会的职能还包括劳动争议的预防和促进劳资双方的合作。就中央层面的劳动委员会而言，它具有制定和公布其与地方劳动委员会的实施细则的权限。中央和地方的劳动委员会均由劳方、资方和公益三方代表组成，资方代表由日本的雇主组织日经联推荐，实行级别管辖，行使准司法权。

不同于其他国家的劳动争议处理机构，德国的解决劳动争议的机构被称为劳动法庭或劳动法院。德国的劳动法庭与一般的法庭并不相同，无论是从其审判的程序还是从制度设计来看，劳动法庭更像是劳动争议仲裁机构。[②] 从德国的劳动法院和法官的组成来看，三方原则贯穿始终，主要体现在，德国劳动法院的专业法官包括了荣誉法官[③]，德国的荣誉法官在履行职务期间，受法律的特别保护，即其不得受到不利的伤害。在德国，各级劳动法院的审判组织中均有荣誉法官，他与专业法官一起构成各级审判组织。这也是荣誉法官参与审判的德国劳动法院的审判组织形式的最大特点。[④] 因为荣誉法官是雇主团体和劳动者团体共同推荐的代表，所以在某种程度上来说，荣誉法官对劳动关系是非常熟悉的，在审判案件时可以结合劳资双方的具体状况，考虑具体实际进行审判。换句话说，荣誉法官是劳动争议双方当事人的代表，在审判中又与职业法官具有相同的权力，因此，他们既能够从当事人的利益出发，又可以避免职业法官的独断，从而提高法庭裁判的公正性。

在英国的劳资争议处理机构中，作为劳资双方的代表，无论是工会还是雇主组织都应该参与其中。如上文提到的英国 ACAS 是由 4 名雇主代表、4 名雇员代表、4 名独立人士组成的委员会。此外，在调解、仲裁或

---

① 北京市总工会劳动关系考察团，张丽. 关于日本工会组织及劳资关系的考察报告. 北京市工会干部学院学报，2011 (1).

② 董保华. 论我国劳动争议处理立法的基本定位. 法律科学（西北政法学院学报），2008 (2).

③ 劳动法院的组织结构遵循“三方原则”。劳动法院的法官由具有职业法官资格的专业法官和 2 名荣誉法官组成。荣誉法官由最高劳动行政部门依据劳资双方团体提供的推荐名单任命。

④ 周培. 从德国劳动争议诉讼制度看我国劳动法院的建立. 中国劳动关系学院学报，2013 (1).

诉讼等不同的劳资纠纷处理程序中，均有这三方代表人员的参与，以确保处理结果的公平与公正。

（二）推选仲裁员

在日本，劳动委员会由三部分人员等额组成①，他们分别是劳方、资方和公益方的代表。这三部分人员的任命都需经过内阁总理大臣，否则，不能组成委员会。在这三方人员中，劳方的代表是由劳动者团体联合推荐的，资方的代表是由雇主组织日经联推荐的，而公益方代表则通常由律师、大学教师、新闻界人士和政府部门离任的资深干部组成。② 就劳动委员会的组成人员的推荐而言，其程序是先由三方负责提供候选人的名单，然后由地方行政长官从名单中挑选。③

与日本的情况相似，在德国对荣誉法官的选任是由其行政部门决定的，决定的依据为劳资双方团体提供的推荐名单。在德国，立法对三个审级的劳动法院荣誉法官均有明文规定。④ 一审劳动法院包括必要数量的庭长和荣誉法官，他们由相关州最高机关或法律委托的机构进行任命。同时，立法对劳动者组织和雇主组织的人员有着严格的规定，人数均须各占一半。同样，与一审劳动法院相同，德国的州劳动法院每个审判庭的组成，也是由一名职业法官和一名荣誉法官共同组成，其中职业法官担任庭长，而由来自雇主组织或劳动团体的人员担任荣誉法官。州劳动法院的人员构成和审判庭的人员与一审劳动法院相同。但是，州劳动法院荣誉法官从事劳动事务审判是有年限要求的，通常需要在基层劳动法院从事实务满5年。而就全国层面的联邦劳动法院而言，其以审判委员会为形式进行裁决，其中由一名庭长、两名其他职业法官和各一名来自雇主组织和劳动者组织的荣誉法官构成。⑤

上文提到的英国ACAS，其仲裁员大多以兼职仲裁员为主。根据我国学者于2013年的报告，该机构当年的50多名仲裁员中仅有9名专职仲裁

---

① 金璐. 日本的“劳动委员会制度”及其对中国的借鉴意义. 改革与开放，2009 (17).

② 刘诚. 国外劳动争议调解制度及其启示. 中国劳动关系学院学报，2006 (10).

③ 常凯. 论不当劳动行为立法. 中国社会科学，2000 (5).

④ 周培. 从德国劳动争议诉讼制度看我国劳动法院的建立. 中国劳动关系学院学报，2013 (1).

⑤ 沈建峰. 德国劳动法院的历史、体制及其启示. 中国劳动关系学院报，2015 (6).

员，雇主代表和雇员代表分别为 23 人和 22 人。[①] 为保证雇员代表和雇主代表参与的相对公平，英国劳动争议处理机构在组建仲裁员或兼职仲裁员队伍时也会注意双方人数比例的相对均衡。[②]

（三）不同参与模式的对比分析

1. 不同模式的共同点与原因分析

从上述介绍的雇主组织参与仲裁的两种实践中可以看出：首先，在劳动争议仲裁机构的组成上，均遵循“三方原则”。日本的劳动委员会是由工会代表、雇主组织代表以及公益方代表组成的；德国劳动法院的组成人员，分别代表工会、雇主组织、政府三方；英国 ACAS 也是由工会代表、雇主组织代表以及政府代表组成。其次，各国劳动争议仲裁机构对于参与人员的人数均有具体要求，基本要求劳资双方的代表人数要保持一致，以保障劳动者及雇主双方的公平、公正，确保劳动争议案件处理得公平。最后，德国对于雇主组织参与不同审级的劳动法院，也有人数上的规定。

为了体现劳资双方利益和权利要求的平衡，从宏观领域来看，所有的劳动争议仲裁程序，都应该有三方的代表参加；就微观领域而言，如在劳动争议个案中，三方代表参加的劳动争议仲裁机构应能够体现仲裁程序中公平、公正以及三方制衡的关系。至于仲裁机构的内部构成，就国外大多数国家的立法来看，它们普遍规定由雇主和劳动者方面的同数委员组成。这种做法，在一定程度上是基于劳资平等原则，同时也是劳动争议仲裁机构的特色。

2. 小结

域外雇主组织参与劳动争议仲裁机构是由法律明文规定且要求三方人数相等，且基本上都是由相对独立的行政部门确认劳动者团体和雇主团体两方推荐的仲裁人员名单。在中国，劳动争议仲裁机构本身的行政性色彩比较浓厚，使劳动争议仲裁机构保持其独立性存在一定的难度。为了改变这种现象，不仅要确保劳资双方的代表出现在仲裁委，而且要确保劳资双方的代表出现在仲裁庭。因此，仲裁庭的组成应尽可能地体现当事人的意

---

① 汤庭芬. 深圳劳动关系发展报告. 北京：社会科学文献出版社，2013：126.

② 侯玲玲. 英国劳动咨询调解仲裁委员会之介绍及启示. 深圳劳动关系发展报告，2013（6）.

志。我们可以借鉴域外劳资双方代表参与仲裁的方式，如建立仲裁员名册；同时还可以让劳资双方团体推荐人数相等的仲裁员，并由仲裁委员会指派一定数量的仲裁员组成仲裁庭处理劳动争议。此外，在办案层次，也可以学习德国的荣誉法官制度：荣誉法官能在很大程度上代表劳资双方的利益，能够确保判决结果容易被接受，雇主组织一方以这种方式涉足劳动争议解决领域有一定的意义。

第四节　我国雇主组织参与劳动争议调解仲裁的法律保障

如前所述，我国雇主组织在参与调解仲裁方面作出了一定的探索，产生了不错的效果，但由于缺乏制度上的保障，雇主组织无论是在调解还是仲裁方面，都不能实现其应有的价值，发挥其应有作用。前文对雇主组织在参与调解和仲裁方面缺乏制度保障的具体问题进行了分析，同时，对域外雇主组织在参与劳动争议调解仲裁方面的实践和做法进行了分析，以期能够对我国雇主组织更好地在劳动争议调解仲裁中发挥作用，结合我国国情，提出可供参考和借鉴的建议。

一、对雇主组织参与劳动争议调解仲裁的立法保障

（一）调解中的法律保障

上文提到，我国雇主组织，尤其是工商联，在实践中建立和参与建立了调解组织。实践证明，部分地方工商联在面对日益多发的劳动争议纠纷时，主动履行其职能，积极参与到先行先试的“大调解”体系中。在实践中，其建立的调解组织以及参与建立的行业性劳动争议调解组织作出了突出的贡献，如对劳动争议案件的快速、有效解决，起到了非常重要的作用。但是其中也存在不少的问题。正如上文提到在本书作者及其研究团队和上海市企联、中国企联、全国工商联的调研访谈中，相关工作人员表达了他们所在组织在劳动争议调解仲裁方面遇到的障碍和困惑。此处引用中国企联雇主工作部王处长的一句话：“目前国家对于雇主组织参与劳动争议处理的态度尚未明确，只是由政府部门或者一些部门联合出台一个或几个红头文件，使中国企联和各地企联，对于做好劳动争议调解仲裁工作缺

乏动力。”[①] 至今，国家尚未给予雇主组织参与调解的法律地位，也并未赋予其相应职权，导致雇主组织有心无力的局面发生。面对多发的纠纷，想让雇主组织参与到劳动争议调解仲裁中，我国有学者认为制度的建立以及立法的完善才是前提。[②] 现行法律规定中所确认的三类调解组织，虽然从立法精神而言是社会化调解组织，但并不能明确囊括全部社会化调解组织。法律也并未明确包括雇主组织在内的社会组织能够成立行业性调解组织。

本书作者认为，结合我国目前的状况，劳动争议纠纷的解决需要多元主体的参与，而雇主组织本身作为具有劳资关系协调职能和丰厚资源的组织，理应发挥其在调解和仲裁方面的作用。对此仅仅依靠政策是远远不够的，需要在立法上予以保障。可以在《劳动争议调解仲裁法》中新设具有调解职能的社会组织，并由政府指导，以此来确认雇主组织法定参与调解的主体地位。同时，政府还可以发挥监督作用，确保调解组织的独立性和中立性。本书作者认为，可以参考王全兴等学者提出的建议，制定专门法规“劳动争议社会调解组织条例”[③]。

（二）仲裁中的法律保障

目前，我国立法对于雇主组织参与仲裁存在缺乏细节性规定的问题。如上所述，雇主组织参与仲裁主要通过两种形式：一种是作为企业方代表参加仲裁委员会，另一种是为仲裁委员会推荐兼职仲裁员。目前的主要障碍在于，现行的立法并没有对这两种方式进行明确的规定。就仲裁委员会本身而言，法律没有对雇主组织在仲裁委员会中的地位作出规定，就造成了现实中企业一方在仲裁委员会中的代表人数较少且大多担任的是委员一职。这就从根本上极大地损害了雇主组织参与劳动争议仲裁的权利。进一步说，这会造成三方原则的缺位，使劳动争议的解决缺乏公正性。因此，本书作者建议，可将《劳动人事争议仲裁组织规则》细化，明确企联和工商联在企业方面代表选派中的关系，同时对雇主组织在仲裁委员会中的地

---

① 2017年6月29日于中国企联雇主工作部的调研访谈录音。

②③ 王全兴，白莲湘，吴文芳，李坤刚，毛红杏. 工商联参与劳动争议调解仲裁问题研究. 中国劳动，2012（9）.

位作出明确规定。[1] 我国的两类雇主组织拥有相对丰富的资源和较强的经济实力，由其选派的仲裁员的专业能力相对会比较强、素质会比较高。针对我国现在的国情，亟须一批专业化的人员参与解决劳动争议。但是，由于缺乏明确的选派标准，雇主组织也很难发挥其作用为劳动争议的解决贡献力量。此外《劳动人事争议仲裁办案规则》也应详细规定兼职仲裁员的选派办法，尤其是由雇主组织推荐选派的办法。

二、雇主组织参与劳动争议调解的法律规范重点

（一）发挥政府的监督作用

前文已述，近年来，劳动争议调解组织发展迅速，并朝着多元化主体参与调解的方向发展。[2] 实践中，各类调解组织解决了大量的劳动争议案件，为日益多发的劳动争议案件的解决贡献了力量。雇主组织作为多元化主体的一员，以往在劳动争议案件中也发挥了重要作用。同时，我国雇主组织中专业人员众多，这是其参与劳动争议纠纷解决的一大优势。因此，雇主组织设立调解组织应得到法律保障。同时，为保证劳动争议调解组织的独立性，本书作者建议借鉴美国的做法：主要由政府提供资金等支持，并在调解前后发挥监督作用。

在我国，社会化调解组织的设立应由政府进行指导和监督。这样做的原因有以下几点：一是有利于劳动争议纠纷的彻底解决，在一定程度上提高调解成功率。在我国特有国情下，让政府指导建立社会化调解组织，能够充分发挥调解组织的作用，化解劳动争议。二是由政府指导建立社会化调解组织，政府可以发挥其自身优势，为该组织提供一支经验丰富、具有法律知识专业的调解队伍，更好地为劳动争议调解服务。三是由政府指导设立的模式，比较符合我国的文化传统，并且这种模式在我国有悠久的历史。[3] 同时政府作为公权力机关，可以监督调解组织的运行等。此外，政

---

① 王全兴，白莲湘，吴文芳，李坤刚，毛红杏．工商联参与劳动争议调解仲裁问题研究．中国劳动，2012（9）．

② 徐永革，陈思．大调解视域下民间劳动争议调解组织的功能与实践．中国人力资源开发，2015（2）．

③ 王蓓．我国劳动争议处理制度分析——基于法经济学的视角．北京：法律出版社，2013：234．

府指导社会化调解组织的建立，一方面有利于解决该类组织建立初期资金来源问题，因为政府有财政收入；另一方面也有利于减轻当事人的负担。在劳动关系中，劳动者通常是比较弱势的一方，调解费用由政府承担，一定程度上减轻了当事人的心理压力和经济负担，能够使劳动者愿意将纠纷交给社会化调解组织来解决，也有利于政府减轻自身压力，转变职能，从而更好地服务于人民。

综上所述，对于政府指导下社会化调解组织的设置，首先，应贯彻落实三方原则，保证其独立性。就雇主组织建立的调解组织而言，它们既要做到不依附于其会员企业，也应做到调解结果的公平公正。其次，就经费来源而言，可以依托于政府。这也是对美国模式的良好借鉴。再次，第三方应由政府部门人员担任，以保证其权威性。当然，社会化调解组织应该充分履行其调解职能，真正发挥效用。最后，要注意保证调解结果为争议双方所接纳。换句话说，社会化调解组织的调解结果应该体现出公平、公正。政府指导的模式也决定了政府的角色是参与者而非旁观者，以有效避免引发劳动者一方的质疑。

（二）细化组织运行规则

1. 人员的组成

对于调解委员会的组成而言，本书作者认为应坚决践行“三方原则”，即调解委员会应由三部分组成：政府方面代表、工会方面代表和雇主组织代表。[①] 关于组成的细化规定，可以考虑以下三个方面：首先，调解委员会的成员数必须是单数；其次，工会方面代表和雇主组织代表人数应相同；最后，除了由政府方面代表出任调解委员会主任一职，工会和雇主组织应各选派一名人员担任副主任一职。这样的组成设置，主要是为了防范出现需要重新调解的案件再次确认调解时，主任和副主任的分配也能实现三方性。

2. 调解员的选任和培训

在劳动争议调解仲裁制度的建设中，财政权和人事权是两个重要因素，调解员的选任和培训也是一个重点建设环节。调解员是指具有相关学历、资历、知识、经验，熟悉相关法律知识和相关实务，基于中立立场，

---

① 王全兴，白莲湘，吴文芳，李坤刚，毛红杏. 工商联参与劳动争议调解仲裁问题研究. 中国劳动，2012 (9).

能客观、独立地对案件争议事实作出判断与评价，并提出合理解决方案的人员。与此同时，调解员负有向社会宣传相关法律法规的义务。劳动争议调解组织应重视培养和组建高素质调解员队伍，大量吸收社会中的专业人员，包括精通劳动法的学者和律师，也包括有调解经验的专业人士。

调解员通常分为专职和兼职两种类型，两者在选任标准等各方面都存在着不同。就专职调解员而言，其来源主要是精通劳动法律法规的专业人士，如劳动法领域的学者和老师；兼职调解员可以由社会上有相关经验的人员担任。对劳动争议调解组织的调解员的基本要求首先应当是成年公民。公道正派、热心调解可成为其入门条件。当然，该条关于调解员任职条件的规定较为原则，对专业性并没有作具体性的要求，容易造成在实践中调解员不够专业，调解行为和方式也较为随意，从而在一定程度上制约了调解效能的发挥。事实上，对于调解员的选任应更加细化和专业才能够确保调解工作的质量，如设置与劳动关系协调工作相关的职称、法律职业资格证等硬性条件，提高调解员的准入门槛，规定基础条件的同时，注重从外界吸收优秀的人才，并定期对调解员进行考核和监督，定期对调解结果的满意程度进行调查和反馈。①

在培训方面，可以参考德国的相关规定。在德国，只有完成联邦司法部所规定的调解员培训内容，才可以获得“认证调解员”称号。这些培训内容也相当复杂，需要调解员进行几个层面的掌握。首先，除了要具备调解的基础知识，还应掌握能把控调解进程和调解条件的知识；因需要面对的突发情况也很多，所以也应保持解决冲突和管理自身的能力；同时，作为调解劳资双方冲突的第三人，调解员应该掌握谈判和沟通的技巧。其次，调解员要认清自己的角色，不仅要了解调解技能，同时也应掌握法律知识；最后，调解员若没有将自身学到的知识进行很好的实践，那么会失去认证调解员的资格。② 从德国关于培训调解员的内容可以看出大陆法国家的严谨的态度以及法律规定的细化。

综上，我国调解员的培训也可以参照德国的“持证上岗”模式，培训内容也可与德国法律规定的内容大体相似。但是两类调解员的培训机制是不一样的，应该根据实际情况，建立有针对性的调解员培训机制。但是在

①② 周翠. 调解在德国的兴起与发展. 北大法律评论，2012 (13).

有些方面，兼职调解员和专职调解员的培训可以同时进行，例如，无论是专职调解员还是兼职调解员，可以经常参与经验交流会。雇主组织也可以在调解员的培训中发挥重要作用，因为我国的雇主组织相对而言资金雄厚、专业人员众多，有能力举办专业的培训会，为调解员服务。此外，也要注重对兼职调解员的培训。他们来自社会各行各业，专长不一，应重点培训其专业调解知识，增强其调解能力。

3. 优化职能设置

政府可以对社会化劳动争议调解组织的运行定期进行监督和调研，优化社会化调解组织的职能，使其能够更好地发挥其作用。社会化劳动争议调解组织除了常见的调解和仲裁职能，还有咨询地职能。至于我国的雇主组织，他们本身就具有向其企业会员提供咨询服务的职能。在这方面可以参考学习前文中提到的英国 ACAS 及美国联邦调停调解局的咨询职能。另外，优化职能还应发挥我国雇主组织的本身优势，即指导和帮助企业建立企业内部调解委员会。

第一，优化咨询方面的职能。

前文，对英国劳动争议调解组织 ACAS 进行了介绍，了解到 ACAS 通过提供咨询服务，不仅为中小企业，也为大型企业提供帮助，避免了大量的劳动争议案件的产生。对于无力专门聘请在劳动领域的专家的中小企业而言，ACAS 主要提供的是电话服务；针对大企业 ACAS 则是以专家团的形式提供深度服务。[①] 不管采何种形式，咨询职能的行使在一定程度上避免了劳动争议案件的发生。雇主组织设立的调解组织在调解之外，最好能够发挥雇主组织的本身优势，给其会员企业提供相关的咨询服务。这样做有以下几个好处。首先，调解组织如果能够通过提供咨询给劳动争议双方解决问题，则可以得到当事人双方的信任，提高其公信力；其次，提供咨询服务，可以在一定程度上避免劳动争议案件的发生，节约大量的社会成本；最后，某一调解组织提供咨询服务，能够在一定程度上促使其他调解组织致力于提供咨询服务，在某种程度上来产生一种相互竞争，从而能够更好地化解纠纷。而就我国而言，我国雇主组织本身就具有为其会员提供咨询服务的职能，在实践中，应该将巩固和更好地行使这一职能作为劳

① 闫冬. 从英国 ACAS 的发展看劳动争议咨询与调解的互动. 中国人力资源开发，2010 (11).

动争议预防调解措施。

第二，指导建立企业劳动争议调解委员会。

实践中，当企业内部缺乏完善的劳动争议预防和处理机制时，解决劳动争议的担子就会落到调解、仲裁机构和司法机关肩上。企业内部缺乏劳动争议预防和处理机制也是近些年大量劳动争议在企业内难以得到柔性化解而“外泄”的重要原因。[①] 现实中，企业内设劳动争议调解委员会存在如下弊端。

首先，《劳动法》中可以设劳动争议调解委员会的规定，是一条任意性规范。[②] 换句话说，企业可以自主决定是否设立调解委员会。基于这种情况，有些中小企业，往往会出于人力、物力的局限性，而选择不去设立劳动争议委员会，或者，即使在形式上设立了，但在人员配置、制度规章等方面也只是做表面工作，难以真正发挥调解的作用。

其次，内设调解委员会真正发挥作用的前提在于它具备相对独立的地位，因此不应隶属于任何组织或机构。但由于经费、人员、场地等都是用人单位提供的，其地位的独立流于表面。这样的设置也使其具有行政色彩，让劳动者丧失了信任。

最后，内设调解委员会调解达成的协议需要劳资双方自觉遵守，并没有强制性效力。即便《劳动争议调解仲裁法》规定可通过申请支付令实现调解协议，这种规定也并未得到有效执行。

尽管企业内设调解委员会存在诸多弊端，我们对它也应有一种正确的态度，那就是直击问题。雇主组织要发挥在劳动争议调解方面的作用，应指导企业内部设立调解委员会，帮助企业将劳动争议纠纷解决在内部。具体而言，一方面，要在范围上，提高企业调解委员会的建制率；另一方面，应就已经设立的企业调解委员会，找出其不足，优化其职能，从而为立法提出意见。就企联而言，它的会员主要是大中型国有企业，而大中型国有企业本身人力、财力充足，能够通过内部的企业调解委员会，解决劳动争议。因此，企联在参与劳动争议调解方面，可以把更多的精力用于帮助企业建立健全调解委员会，帮助企业从内部对劳动争议进行解决。

---

① 李天国，郭春鸿. 构建劳动争议处理制度需要企业内外两个视角：来自日本的启示. 中国劳动，2007 (9).

② 《劳动法》第 80 条。

对于国有大中型企业，雇主组织可以帮助会员企业在内部建立相应完善的协调劳动关系的基础性机制，如劳动合同管理规章制度等①，同时致力于建立健全多层次、立体化的劳动争议预防体系。对于小微企业②，雇主组织需要规范其运作模式，加强政府监管，帮助建立符合其自身特点的劳动关系协调机制，逐步规范企业运作。

三、雇主组织参与劳动争议仲裁的法律规范重点

在劳动仲裁方面，我国法律明文规定了工会的法定职责，而并未明确雇主组织的法定职责。各地雇主组织要加强与人力资源和社会保障部门、工会的协调，主动参与劳动争议仲裁工作；要同工会一样，制定法规、规章，配强、配齐劳动争议仲裁委员会中的雇主代表和兼职仲裁员；要积极参与仲裁委员会各项工作和仲裁庭办案工作。

（一）明确雇主组织在仲裁委员会的地位

前文已述，我国现行法律并未明确雇主组织参与劳动争议仲裁委员会是其法定义务，也未明确工商联和企联在仲裁委员会中的地位。对此，本书作者认为：首先，法律应明确雇主组织应作为企业方代表参与到劳动争议仲裁委员会。由前述可知，现实中许多地方的劳动争议仲裁委员会企业方代表参与混乱，有的由企联和工商联分别或一起代表，有的甚至没有派出代表。法律对于企业方代表这一范围的空白规定，使雇主组织没有依据参与仲裁，这就导致三方原则并未在劳动争议仲裁委员会中得到落实。我国明确规定了劳动争议仲裁委员会应当有同级工会代表参加，但对于企业方代表的参加并未作出明文规定。依三方原则，雇主组织应作为企业方代表，积极参与劳动争议仲裁。对此，本书作者认为应在《劳动争议调解仲裁法》中对企联和工商联的参与进行明确规定，以确保三方原则的落实。

其次，就工商联和企联在仲裁委员会的地位而言，如前所述，雇主组织代表在各地仲裁委员会中担任的最高职位是副主任，通常担任的多为委员。由《劳动人事争议仲裁组织规则》可知，劳动争议仲裁委员会主任是由政府负责人或者人力资源和社会保障部门主要负责人担任的。③ 本书作

---

① 熊卫. 武汉市外企和民企劳动关系的调查. 武汉大学学报，2009（2）.

② 陈瑶. 我国小微企业劳动争议调解制度的建构. 常州工学院学报，2013（5）.

③ 《劳动人事争议仲裁组织规则》第6条第2款。

者认为，要保证三方原则在仲裁委员会中的落实，可以考虑建立一个标准，即仲裁委员会人员的构成应有人数的限定，且企业方代表的人数不得低于仲裁委员会成员总数的 20%且应与工会代表的人数相同；同时，因主任一职须由政府部门人员担任，则副主任的职位应由企业方代表和工会代表共同担任。

（二）细化仲裁员选派标准

在我国，三方原则在劳动争议仲裁委员的组成方面实现了，但在办案层面却没有落实。如果要将三方原则落实到办案层面，则需要企联和工商联向仲裁机构选派仲裁员参与办案。从雇主组织的角度而言，仲裁员既要能够在专业上把握劳动争议案件的法律标准，又要能够在仲裁中根据企业的特点予以裁判。对此，本书作者建议围绕以下几个方面，进行考虑。

首先，关于仲裁员的名额分配问题，可以遵循劳、资、政三方人数一致的原则。①

其次，在仲裁庭中落实三方原则，可以采取的办法是向社会公布仲裁员名册，允许当事人在规定期限内从仲裁员名册中选定除首席仲裁员外的仲裁员，组成仲裁庭。关于这点可以向德国学习其荣誉法官制度，即在劳资双方团体推荐的名单中进行选拔。②

最后，要注重培训兼职仲裁员。高素质的兼职仲裁员是保证劳动争议仲裁工作顺利进行的需要，也是劳动争议仲裁职业化、专业化的必然要求。因此，保证兼职劳动争议仲裁员参与办案非常重要。可以通过制定相关规章制度，为兼职劳动争议仲裁员办案创造良好条件。③ 除此之外，还可以通过举办学术探讨会、仲裁技术交流会等等，让仲裁员参与其中，互相学习交流，以提升他们的业务能力。这样有利于将三方原则落实到仲裁办案层次④，大力解决劳动争议纠纷。雇主组织推荐的兼职劳动仲裁员要

①④　王全兴，白莲湘，吴文芳，李坤刚，毛红杏. 工商联参与劳动争议调解仲裁问题研究. 中国劳动，2012 (9).

②　郑尚元. 劳动争议处理程序法的现代化——中国劳动争议处理制度的反思与前瞻. 北京：中国方正出版社，2004：125.

③　林莉. 深化仲裁机制改革提升办案效能——深圳市全面推进劳动争议仲裁工作新发展. 中国人力资源社会保障，2016 (2).

积极参与仲裁办案，推动仲裁工作及时、公正、高效进行。仲裁委员会同时要建立和完善考核激励机制，对雇主组织推荐的兼职仲裁员提出明确要求。兼职仲裁员所属雇主组织要为仲裁委员会的企业代表、兼职仲裁员履行职责提供支持和保障。

（三）确保雇主组织内设仲裁机构的独立性

上文提到了在雇主组织内部设立仲裁机构存在独立性不足等问题，那么应如何解决这个问题。学者对此进行了探讨，其中一种较为理想的方式为由仲裁委员会统一安排、调遣，仲裁委员会可以指派符合条件的仲裁员，前往雇主组织驻会办案。同时，对于仲裁员的选派，需要特别注意权利设置，不能过度赋予仲裁委员会选任仲裁员的权限，换句话说，选任仲裁员的主体可以不限于仲裁委员会。德国法院关于荣誉法官的推选的做法，值得借鉴。也就是说，推选仲裁员可以由雇主组织和工会共同作出，这就将扩大推选的主体范围。最终选派仲裁员的名单是由仲裁委员会作出的，这样做既扩大了选任的主体范围，尊重了争议的双方，又使整个仲裁程序符合三方原则的要求。这里要注意的是，应由劳资双方共同推荐的兼职仲裁员和专职仲裁员组成仲裁庭对劳动争议案件进行裁决。

另一种方式是，仲裁委员会通过设置巡回仲裁庭等方式现场办案。然而这并不同于设立固定的分支机构，是完全不同的操作路径。之所以这样操作，原因在于，三方原则的落实，需要每一方都有能够参与的合理方式。但这并不意味着，每一方为了参与劳动争议调解仲裁可以进行任意的甚至不合理的尝试。本书作者认为，雇主组织在其内部设立仲裁机构的实践，在一定程度上看是其积极参与劳动争议解决的一个探索，但是并不符合我国仲裁机构的设置理念。仲裁不同于调解，调解时调解员充分尊重当事人双方的意愿，而仲裁庭是完全中立且有权威的，设立仲裁机构应该是我国劳动争议仲裁委员会内部的事情。[①] 完全中立的裁决机构是不能被放在有纠纷的双方当事人之团体内部的。这样不仅不符合三方原则，而且严重违背了立法的精神和法理。正因为如此，本书作者认为第一种方式的弊病较为明显，本书作者建议设立仲裁机构的派出机构，或者设立巡回仲裁庭。

---

① 秦国荣. 我国劳动争议解决的法律机制选择——对劳动仲裁前置程序的法律批判. 江海学刊，2010 (3).

参考文献

（按照首字母排序）

一、中文著作

1. 本书编委会. 中国企协 20 年大事记. 北京：企业管理出版社，1999.

2. 本书编写组. 中华全国工商业联合会简史(1953—2013). 北京：中华工商联合出版社，2013.

3. 常凯. 劳权论——当代中国劳动关系的法律调整研究. 北京：中国劳动和社会保障出版社，2004.

4. 常凯. 劳动关系·劳动者·劳权——当代中国的劳动问题. 北京：中国劳动出版社，1995.

5. 陈锦华. 国事忆述. 北京：中央党史出版社，2005.

6. 关怀. 劳动法. 5 版. 北京：中国人民大学出版社，2016。

7. 郭绍棠. 权力与自由——德国现代化新论. 北京：华东师范大学出版社，2001.

8. 国际劳工组织. 国家一级有关经济与社会

政策的三方协商. 日内瓦国际劳工局，1996.

9. 韩福国. 民营经济制度变迁中的工商联：组织的双重代理. 北京：经济科学出版社，2006.

10. 何勤华. 英国法律发达史. 北京：法律出版社，1999.

11. 侯东德. 我国地方立法协商的理论与实践. 北京：法律出版社，2014.

12. 黄程贯. 劳动法. 台北：空中大学，2001.

13. 柯振兴. 美国劳动法. 北京：中国政法大学出版社，2014.

14. 李宇. 民法总则要义：规范释论与判解集注. 北京：法律出版社，2017.

15. 厉以宁. 资本主义的起源——比较经济史研究. 北京：商务印书馆，2003.

16. 林志纯. 世界通史资料选辑·上古部分. 北京：商务印书馆，1974.

17. 刘家和. 世界上古史. 长春：吉林人民出版社，1979.

18. 刘金源. 现代化与英国社会转型. 北京：三联书店，2013.

19. 刘金源. 英国近代劳资关系研究. 南京：南京大学出版社，2012.

20. 刘智，史为民，周晓东，吴运浩，等. 数据选举. 北京：中国社会科学出版社，2001.

21. 马桂琪，黎家勇. 德国社会发展研究. 广州：中山大学出版社，2002.

22. 孟钟捷. 德国1920年企业代表会法发生史. 北京：社会科学文献出版社，2008.

23. 浦文昌. 市场经济与民间商会. 北京：中央编译出版社，2003.

24. 钱乘旦. 工业革命与英国工人阶级. 南京：南京出版社，1992.

25. 汤庭芬. 深圳劳动关系发展报告（2013版）. 北京：社会科学文献出版社，2013.

26. 汤蕴懿. 行业协会组织与制度. 上海：上海交通大学出版社，2009.

27. 王蓓. 我国劳动争议处理制度分析——基于法经济学的视角. 北京：法律出版社，2013.

28. 王名. 社会组织论纲. 北京：社会科学文献出版社，2013.

29. 王全兴. 劳动法. 北京：法律出版社，2008.

30. 王全兴. 劳动法. 4 版. 北京：法律出版社，2017.

31. 王星. 技能形成的社会建构——中国工厂师徒制变迁历程的社会学分析. 北京：社会科学文献出版社，2014.

32. 吴春华. 西方政治思想史：第 4 卷. 天津：天津人民出版社，2005.

33. 伍子杰. 企联初创的岁月. 北京：企业管理出版社，2007.

34. 肖海军. 商会法律制度研究. 北京：中国人民大学出版社，2010.

35. 谢经荣. 商会调解的理论与实践. 北京：法律出版社，2012.

36. 谢振民. 中华民国立法史：下册. 北京：中国政法大学出版社，2000.

37. 徐家良，等. 社会组织的结构、体制与能力研究. 北京：中央编译出版社，2012.

38. 由嵘. 外国法制史. 北京：北京大学出版社，1992.

39. 虞和平. 商会与早期中国现代化. 上海：上海人民出版社，1993.

40. 张丽琴. 欧洲集体谈判研究. 北京：中国政法大学出版社，2016.

41. 郑桥. 劳资谈判. 北京：中国工人出版社，2003.

42. 郑尚元. 劳动争议处理程序法的现代化——中国劳动争议处理制度的反思与前瞻. 北京：中国方正出版社，2004.

43. 中共中央编译局. 马克思恩格斯全集：第 16 卷. 北京：人民出版社，1964.

44. 中国社团研究会. 中国社团发展史. 北京：当代中国出版社，2001.

45. 中华全国总工会中国工人运动史研究室. 中国工运史料. 北京：工人出版社，1980 (2).

46. 朱庆育. 民法总论. 北京：北京大学出版社，2016.

47. 朱英. 辛亥革命时期新式商人社团研究. 北京：中国人民大学出版社，1991.

48. 朱英. 中国近代同业公会与当代行业协会. 北京：中国人民大学出版社，2004.

二、中文论文

1. 程多生. 基于劳动关系视角的中国雇主组织发展问题研究. 北京：中国人民大学，2009.

2. 邓慧明. 南京国民政府劳动争议立法研究. 上海：华东政法大学，

2007.

3. 金燕. 工业革命前后英国对劳资关系的国家干预. 南京：南京大学，2008.

4. 赵婧. 杭州市商会研究（1945—1949）. 杭州：杭州师范大学，2003.

5. 白莹. 北京市协调劳动关系三方委员会建立 协调劳动关系三方会议制度得到升级发展. 劳动午报，2018-05-22.

6. 布克哈特·冯·赛根. 德国的三方协商机制. 工会博览，2001（8）.

7. 曹燕. 我国劳动争议处理制度的困境与突破. 河北法学，2012（5）.

8. 常凯. 论不当劳动行为立法. 中国社会科学，2000（5）.

9. 陈建华. 立法协商主体探析. 河北法学，2016（3）.

10. 陈思. 从调解案例看民间调解组织中立性和专业化. 中国工人，2015（11）.

11. 陈新. 劳动争议处理体制应实行两裁终决. 中国劳动，2001（12）.

12. 陈瑶. 我国小微企业劳动争议调解制度的建构. 常州工学院学报，2013（5）.

13. 董保华. 劳资博弈之道——兼谈劳动合同立法博弈中的“强资本、弱劳工”的观点. 社会科学家，2009（1）.

14. 董保华. 论我国劳动争议处理立法的基本定位. 法律科学（西北政法大学学报），2008（26）.

15. 董平，王文珍，郑东亮，等. 回顾与展望：《劳动争议调解仲裁法》颁布五周年. 中国劳动，2013（1）.

16. 高旭军，张飞虎. 欧盟科学、民主立法保障机制研究：以法律起草为例. 德国研究，2017（1）.

17. 顾礼俊. 德国的利益集团. 德国研究，2000（1）.

18. 顾昕，王旭，严洁. 公民社会与国家的协同发展. 开放时代，2006（5）.

19. 顾昕. 公民社会发展的法团主义之道——能促型国家与国家和社会的相互增权. 浙江学刊，2004（6）.

20. 韩俊魁. 外国商会在中国的发展与治理模式比较. 经济社会发展比较研究，2012（1）.

21. 韩毅. 比较经济体制研究的新方法：历史的比较制度分析. 经济

社会体制比较，2002（1）.

22. 侯玲玲. 英国劳动咨询调解仲裁委员会之介绍及启示. 深圳劳动关系发展报告，2013（6）.

23. 金璐. 日本的“劳动委员会制度”及其对中国的借鉴意义. 改革与开放，2009（17）.

24. 金燕. 工业革命时期英国的结社法研究. 南京邮电大学学报，2012（3）.

25. 金燕. 试论19世纪上半叶的英国工厂立法. 学海，2006（6）.

26. 金志霖. 论西欧行会的组织形式和本质特征. 东北师范大学学报（哲学社会科学版），2001（5）.

27. 雷鹏. 国外协调劳动关系三方机制的发展及启示. 人事天地，2012（4），（5）.

28. 黎建飞. 三方机制的法律规制. 工会博览，2010（3）.

29. 李德齐. 劳动争议处理与制度选择. 工会理论与实践，2003（2）.

30. 李德齐. 三方协商机制的建立任重道远. 工会理论与实践，2003（5）.

31. 李丽林，袁青川. 国际比较视野下的中国劳动关系三方协商机制、现状与问题. 中国人民大学学报，2011（5）.

32. 李明辉. 对我国独立董事制度移植效应的分析——从制度互补性的角度. 华南师范大学学报（社会科学版），2007（5）.

33. 李芮，王冬冬. 协同式创新真的有效吗：基于制度互补性视角的实证分析. 经济学家，2007（1）.

34. 李天国，郭春鸿. 构建劳动争议处理制度需要企业内外两个视角：来自日本的启示. 中国劳动，2007（9）.

35. 李文静，王文珍. 中国特色协调劳动关系体制机制研究. 中国劳动，2018-01-15.

36. 林莉. 深化仲裁机制改革提升办案效能——深圳市全面推进劳动争议仲裁工作新发展. 中国人力资源社会保障，2016（2）.

37. 刘宝坤，周一凡. 我国人民团体参与立法问题研究. 理论界，2011（11）.

38. 刘彩凤. 英国劳动关系调整路径及其对中国的借鉴意义. 中国劳动关系学院学报，2009（6）.

39. 刘晨男. 不同国家劳动争议处理模式. 中国劳动，2009（6）.

40. 刘诚. 国外劳动争议调解制度及其启示. 中国劳动关系学院学报，2006 (10).

41. 刘金源. 近代英国劳资政策指导思想的演变. 史学月刊，2013 (6).

42. 刘士豪. 团体协约效力及拘束力之研究//铭传大学法学论丛：第2期. 北京：中国人民大学出版社，2006.

43. 刘涛，王琦，等. 劳动合同法：震荡、激辩与冲击. 中国企业家. 2008 (02).

44. 罗伯特·布瓦耶. 一致性、多样性和资本主义演化：一个制度互补性假说. 耿纪东，译//柳欣，张宇. 政治经济学评论：2006卷第2辑. 北京：中国人民大学出版社，2006.

45. 吕雪峰. 工商联政社分工合作改革路径和新型政商智库建设的上海经验. 重庆社会科学，2017 (8).

46. 马一德. 宪法框架下的协商民主及其法治化路径. 中国社会科学，2016 (3).

47. 孟泉. 英国劳动制度改革及其对劳资争议处理的影响. 中国劳动关系学院学报，2012 (2).

48. 欧阳琼. 美国劳动争议处理制度. 中国劳动，2006 (6).

49. 潘世伟. 社会伙伴关系与三方谘商：建立台湾社会对话机制之研究. 台湾“国政”研究报告，2006.

50. 潘中祥，周志永. 民国南浔商会研究 (1921—1937). 浙江档案，2016 (4).

51. 钱炼. 影响劳动争议仲裁的几个因素. 中国劳动，2003 (2).

52. 乔健. 中国特色的三方协调机制：走向三方协商与社会对话的第一步. 广东社会科学，2010 (2).

53. 秦国荣. 我国劳动争议解决的法律机制选择——对劳动仲裁前置程序的法律批判. 江海学刊，2010 (3).

54. 全国总工会研究室. 2012年工会组织和工会工作发展状况统计公报. 中国工运，2013 (5).

55. 任一，周立群. 多元主义与合作主义——国家治理与我国商协会体制探索. 学术研究，2008 (6).

56. 三方机制完善和改革课题组. 协调劳动关系三方机制的完善和改革研究报告. 中国人力资源开发研究会劳动关系分会第3届年会暨学术研

讨会论文，2010.

57. 申柳华. 论我国劳动争议处理体制的重构. 广西政法管理干部学院，2004 (5).

58. 沈建峰. 德国劳动法院的历史、体制及其启示. 中国劳动关系学院报，2015 (6).

59. 沈建峰. 个人自治、国家强制与集体自治在劳动关系协调中的互动——基于对德国劳动关系协调机制的梳理. 中国人力资源开发，2015 (9).

60. 宋方青，宋尧玺. 论我国公众有序参与立法的模式与实现路径. 法制与社会发展，2012 (6).

61. 孙德强. 劳动争议调解制度的进步、缺陷及其完善. 中国劳动关系学院学报，2008 (4).

62. 汤蕴懿. 基层商会——工商联转型问题研究. 上海经济研究，2009 (9).

63. 托马斯·莱赛尔. 德国民法中的法人制度. 张双根，译. 中外法学，2001 (1).

64. 汪洋. 我国协调劳动关系三方机制现状、问题及改革思路. 经济研究参考，2006 (2).

65. 王剑. 我国现行劳动争议调解制度的分析及重构. 南京航空航天大学学报，2017 (1).

66. 王敏. 协调劳动关系三方机制建设亟待完善. 中国工运，2013 (4).

67. 王全兴，白莲湘，吴文芳，李坤刚，毛红杏. 工商联参与劳动争议调解仲裁问题研究. 中国劳动，2012 (9).

68. 王全兴，谢天长. 我国劳动关系协调机制整体推进论纲. 法商研究，2012 (3).

69. 王星，李放. 制度中的历史——制度变迁再思. 经济社会体制比较研究，2011 (2).

70. 王阳. 积极推进区域及行业劳动关系协调机制建设——由温岭市推行行业工资集体协商引发的思考. 中国人力资源开发，2009 (5).

71. 王永茂. 工会参与立法研究. 中国劳动关系学院学报，2016 (8).

72. 王长江. 劳动争议处理模式再探讨. 郑州经济管理干部学院学报，2003 (18).

73. 魏文享. 雇主团体与劳资关系——近代工商同业公会与劳资纠纷

的处理. 安徽史学，2005 (5).

74. 闻效仪. 从“国家主导”到多元推动——集体协商的新趋势及其类型学. 社会学研究，2017 (2).

75. 闻效仪. 集体谈判的内部国家机制以温岭羊毛衫行业工价集体谈判为例. 社会，2011 (1).

76. 吴清军. 集体协商与“国家主导”下的劳动关系治理——指标管理的策略与实践. 社会学研究，2012 (3).

77. 吴文芳. 从混沌走向自治——中国集体合同效力的图景解说. 学术月刊，2014 (3).

78. 吴亚平. 行业工资集体协商——工资集体协商制度的突破口和发展方向. 新视野，2012 (6).

79. 肖鹏燕，刘霞，李付俊. 美国劳动争议仲裁组织运行及仲裁员管理研究. 第一资源，2013 (3).

80. 肖竹. 行业性、区域性集体合同约束力研究. 首都师范大学学报，2015 (1).

81. 谢德成，王天玉. 集体劳动关系的法律目标及规范重点. 当代法学，2010 (2).

82. 谢玉华，陈佳，陈培培，肖巧玲. 中国行业工资集体协商效果的实证分析—— 以武汉餐饮行业为例. 经济社会体制比较，2012 (5).

83. 谢玉华. 工资集体协商——能否走出协调劳动关系的“第三条道理”. 社会主义研究，2011 (3).

84. 熊卫. 武汉市外企和民企劳动关系的调查. 武汉大学学报，2009 (2).

85. 徐鼎新. 旧中国商会溯源. 中国社会经济史研究，1983 (1).

86. 徐小洪. 完善集体协商集体合同法律制度的若干重要问题. 北京市工会干部学院学报，2010 (2).

87. 徐永革，陈思. 大调解视域下民间劳动争议调解组织的功能与实践. 中国人力资源开发，2015 (2).

88. 闫冬. 从英国 ACAS 的发展看劳动争议咨询与调解的互动. 中国人力资源开发，2010 (11).

89. 严若森. 转轨经济中的国有企业重构：新的理论解析及中国对策. 经济社会体制比较，2008 (3).

90. 叶跃华，吉志铭. 当事人选择劳动仲裁员制度的实践与思考. 中国劳动，2002（5）.

91. 尹建龙，王超. 英国工业化转型时期工厂立法进程中的雇主组织及其影响. 湖南科技大学学报（社会科学版），2015（6）.

92. 尹建龙. 英国工业化时期的雇主结社与劳资冲突. 世界历史，2014（3）.

93. 赵飞寒，杨雨. 加强劳动争议仲裁工作促进劳动关系和谐稳定. 辽宁行政学院学报，2011（6）.

94. 张建国. 积极推动集体协商制度建设. 中国党政干部论坛，2013（5）.

95. 张开发，王宇博. 试论1802年英国工厂法. 苏州科技学院学报，2014（1）.

96. 张丽，北京市总工会劳动关系考察团. 关于日本工会组织及劳资关系的考察报告. 北京市工会干部学院学报，2011（1）.

97. 张荣芳，王桦宇. 劳动关系中的“三方机制”研究//珞珈法学论坛：第4卷. 武汉：武汉大学出版社，2005.

98. 张巍卓. 人造社会与伦理社会——滕尼斯对近代自然法学说的解读及其社会理论的奠基. 社会学研究，2017（4）.

99. 张鑫隆. 德国同盟自由概念的原点——团结权理论之再思考. 宪政时代，第31卷第3期.

100. 张彦宁. 西北五省市企联工作会议上的讲话纪要. 企联内部资料，2007.

101. 郑秉文. 论合作主义理论中的福利政制. 社会科学论坛，2005（11）.

102. 周翠. 调解在德国的兴起与发展. 北大法律评论，2012（13）.

103. 周培. 从德国劳动争议诉讼制度看我国劳动法院的建立. 中国劳动关系学院学报，2013（1）.

104. 周贤奇. 德国劳动法院设置及劳资争议案件审理. 人民司法，1998（6）.

105. 周业安. 中国制度变迁的演进论解释. 经济研究，2000（5）.

106. 国家协调劳动关系三方赴上海、福建督查调研//中国企业联合会. 雇主工作简报，2016（12）.

107. 郑春荣. 论德国对经济界协会与商会的监督//吴敬琏，江平. 洪范评论：第3卷第1辑. 北京：中国政法大学出版社，2006.

108. 习近平在省部级主要领导干部学习贯彻十八届四中全会精神全

面推进依法治国专题研讨班开班式上发表重要讲话强调 领导干部要做尊法学法守法用法的模范 带动全党全国共同全面推进依法治国. 人民日报，2015-02-03 (01).

109. 新青年，第7卷第6号（劳动纪念号），1920-05-01.

110. 中国商会发展历程. 中国民商，2014 (7).

三、译著

1. 艾伦·胡特. 英国工会运动简史. 朱立人，等译. 北京：世界知识出版社，1954.

2. 奥托·基尔克. 私法的社会任务——基尔克法学文选. 刘志阳，张小丹，译. 北京：中国法制出版社，2017.

3. 保尔·芒图. 十八世纪产业革命：英国近代大工业初期的概况. 杨人楩，等译. 北京：商务印书馆，1983.

4. 常凯，Fang Lee Cooke，Greg J. Bamber，Russell D. Lansbury，Nick Wailes，Chris F. Wright. 国际比较雇佣关系——国家规制与全球变革. 朱飞，孙兆阳，等译. 北京：中国劳动社会保障出版社，2016.

5. 大卫·李嘉图. 政治经济学及赋税原理. 郭大力，王亚南，译. 北京：商务印书馆，1962.

6. 道格拉斯·C. 诺思. 制度、制度变迁与经济绩效. 杭行，译. 上海：格致出版社，2008.

7. 哈耶克. 自由秩序原理. 北京：三联书店，1997.

8. 科佩尔·S. 平森. 德国近现代史. 范德一，译. 北京：商务印书馆，1987.

9. 理查德·海曼. 解析欧洲工会运动——在市场、阶级和社会之间. 吴建平，译. 北京：中国工人出版社，2015 .

10. 琳达·狄更斯，聂尔伦. 英国劳资关系调整机构的变迁. 英中协会，译. 叶静漪，审校. 北京：北京大学出版社，2007.

11. 鲁塞弗尔达特，等. 欧洲劳资关系——传统与转变. 北京：世界知识出版社，2000.

12. 曼弗雷德·魏斯，马琳·施米特. 德国劳动法与劳资关系. 倪斐，译. 北京：商务印书馆，2012.

13. 梅迪库斯. 德国民法总论. 邵建东，译. 北京：法律出版社，2000.

14. 梅因. 古代法. 沈景一，译. 北京：商务印书馆，2009.

15. R. 米什拉. 资本主义社会的福利国家. 郑秉文，等译. 北京：法律出版社，2003.

16. 施奈德. 德国工会简史. 张世鹏，等译. 北京：中国工人出版社，1992.

17. 史蒂芬·哈迪. 英国劳动法与劳资关系. 陈融，译. 北京：商务印书馆，2012.

18. 托克维尔. 论美国的民主. 北京：商务印书馆，1988.

19. 维尔纳·桑巴特. 为什么美国没有社会主义. 王明璐，译. 上海：上海世纪出版社，2005.

20. 亚当·斯密. 国民财富的性质和原因的研究. 郭大力，王亚南，译. 北京：商务印书馆，1972.

四、英文文献

1. Alan McKinlay. From Organized to Disorganized Capital? British Employer Associations，1897—2010 // G. Gall，et al. (eds.). Global Anti-Unionism. Palgrave Macmillan：Houndmill，2013.

2. Aoki，Masahiko. Information，Incentives and Bargaining in the Japanese Economy. Cambridge University Press，1988.

3. Archibald Cox. The Legal Nature of Collective Bargaining Agreement. Michigan Law Review，57，1958.

4. Barry M. and Wilkinson A.. Reconceptualising Employer Associations under Evolving Employment Relations：Countervailing Power Revisited. Work，Employment and Society，2011，25 (1).

5. Behrens，M.，Helfen，M.. The Foundations of Social Partnership. British Journal of Industrial Relations，2016，54 (2).

6. Bell S.. Australian Business Associations：New Opportunities and Challenges. Australian Journal of Management，1994，19 (2).

7. Beyer，Jürgen & Höpner，Martin. The Disintegration of Organized Capitalism：German Corporate Governance in the 1990s. West European Politics. Vol. 26，2003：26.

8. Chan，C. and Hui，E.. The Dynamics and Dilemma of Workplace

Trade Union Reform in China：the Case of the Honda Workers' Strike. Journal of Industrial Relations. Vol. 54 No. 4，2012.

9. Chan，C. and Hui，E.. The Development of Collective Bargaining in China：from "Collective Bargaining by Riot" to "Party State-led Wage Bargaining". The China Quarterly. Vol. 217，2014.

10. Chan，A.. Labour Relations in Foreign-Funded Ventures，Chinese Trade Unions，and the Prospects for Collective Bargaining//O'Leary，G. (ed.). Adjusting to Capitalism：Chinese Workers and the State. M. E. Sharpe，Armonk，NY，1998.

11. Chen，F.. Between the State and Labour：the Conflict of Chinese Trade Unions' Double Identity in Market Reform. The China Quarterly. Vol. 12，2003.

12. Christ Wrigley. The Government and Industrial Relations//Christ Wrigley. A History of British Industrial Relations 1875—1914. Brighton：Harvester，1982.

13. Clarence E. Bonnett. Employers' Associations in the United States：A Study of Typical Associations. The Macmillan Company，1922.

14. Clarke，S.，Lee，C. H. and Li，Q.. Collective Consultation and Industrial Relations in China. British Journal of Industrial Relations. Vol. 42 No. 2，2004.

15. Dobson C. R.. Master and Journeymen：A Prehistory of Industrial Relations (1717—1800). London：Croom Helm，1980.

16. Eli Friedman and Ching Kwan Lee. Remaking the World of Chinese Labour：A 30-Year Retrospective. British Journal of Industrial Relations，2010，48 (3).

17. Ford Motor Co. Ltd. v. Amalgamated Union of Engineering and Foundry Workers [1969] 2 QB 303.

18. Fox，Alan. History and Heritage：The Social Origins of the British Industrial Relations System. London：Alen and Unwin，1985.

19. Frank Peel. The Risings of the Luddities：Chartists and Plug-drawers. London：Frank Cass&Co. Ltd.，1968.

20. Friedman，E. D.. Economic Development and Sectoral Unions in

China. Industrial and Labor Relations Review. Vol. 67 No. 2, 2014.

21. Gladstone A.. Employer Associations in Comparative Perspective: Functions and Activities // Windmuller J. and Gladstone A. (eds.). Employer Associations and Industrial Relations: A Comparative Study. Oxford: Clarendon Press, 1984.

22. Greenwood, R., Raynard, M., Kodeih, F., Micelotta, E. R. and Lounsbury, M.. Institutional Complexity and Organizational Responses. Academy of Management Annals, 2011, 5 (1).

23. H. A. Clegg. Pluralism in Industrial Relations. British Journal of Industrial Relations. Vol. 13, 1975.

24. J. Beson, Y. Zhu, H. Gospel. Employers' Associations in Asia: Employer Collective Action. Routledge, 2017.

25. J. A. McKenna and Richard G. Rodger. Control by Coercion: Employers' Associations and the Establishment of Industrial Order in the Building Industry of England and Wales, 1860—1914, The President and Fellows of Harvard College. The Business History Review. Vol. 59 No. 2, Summer, 1985.

26. Jean Marie Standaert. Governance of Employers' Organizations. ILO Subregional Office, Budapest, 2004.

27. John T. Dunlop. Industrial Relations Systems. revised edition. Harvard Business School Press, 1993.

28. Judith Shuqin Zhu, Chris Nyland. Chinese Employer Associations, Institutional Complementarity and Countervailing Power Employment and Society. Work, Employment and Society. Vol. 31 (2), 2016.

29. Kahn Freund. Collective Agreements. Modern Law Review. Vol. 4 No. 3, Jan., 1941.

30. Kenneth Brown. The English Labor Movement 1700—1951. Dublin: Gill and Macmillan, 1982.

31. Let Many Civil Societies Bloom: The Rise of Consultative Authoritarianism in China. The China Quarterly, 213, March 2013.

32. Liu, M.. Union organizing in China: Still a Monolithic Labor

Movement?. Industrial and Labor Relations Review. Vol. 64 No. 1, 2007.

33. M. Barry, A. Wilkinson. Reconceptualising Employer Associations under Evolving Employment Relations: Countervailing Power Revisited. Work, Employment and Society, 2011, 25 (1).

34. M. Behrens, M. Helfen. The Foundations of Social Partnership. British Journal of Industrial Relations. Vol. 54, 2016.

35. Milgrom, Paul & Roberts, John. Complementarities and Systems: Understanding Japanese Economic Organization. Estudios Economicos, 1994, 9 (1).

36. Mohan, Giles. The Disappointments of Civil Society: The Politics of NGO Intervention in Northern Ghana. Political Geography 21, 2002.

37. Nilsbet, Robert. Community Power. Oxford: Oxford University Press, 1962.

38. Otto Kahn Freund. Legal Framework//Allan Flanders and Hugh Clegg (eds.). The System of Industrial Relations in Britain. Oxford: Blackwell, 1954.

39. Philippe C. Schmitter. Still the Century of Corporatism?. The Review of Politics. Vol. 36 No. 1, 1974.

40. Philips S. Bagwell. Industrial Relations. Dublin: Irish University Press, 1974.

41. Plowman D.. Employer Associations: Challenges and Responses. Journal of Industrial, 1978.

42. Pringle, T.. Trade Unions in China: The Challenge of Labor Unrest. Routledge, New York, NY, 2011.

43. Richard Hyman. The Rise and Decline of Collective Bargaining as a Mechanism of Employment Regulation in Britain // Mateo Alaluf and Carlos Prieto (eds.). Collective Bargaining in the Social Construction of Employment. Brussels: ETUI, 2001.

44. Roy Lewis. Collective Agreements: The Kahn-Freund Legacy. The Modern Law Review. Vol. 42 No. 6, Nov. , 1979.

45. Ruth Dukes. Constitutionalizing Employment Relations: Sinzheimer, Kahn-Freund, and the Role of Labor Law. Journal of Law and Society.

46. Silvia S. and Schroeder W.. Why are German Employers' Associations Declining? Arguments and Evidence. Comparative Political Studies, 2007, 40 (12).

47. Simon Deakin. The Legal Framework of Employment Relations. Centre for Business Research, University of Cambridge, Working Paper, No. 349.

48. Taylor, B. and Li, Qi.. Is the ACFTU a Union and does it Matter?. Journal of Industrial Relations. Vol. 49 No. 5, 2007.

49. Taylor, Cooke & Whately, Richared. The Factory System and the Factory Acts. London: Methuen Co. , 1895.

50. Thelen, K.. Varieties of Labor Politics in the Developed Democracies// P. Hall and D. Soskice (eds.). Varieties of Capitalism. The Institutional Foundations of Comparative Advantage. Oxford: Oxford University Press, 2001.

51. Traxler F.. Employer Associations, Institutions and Economic Change: A Cross-national Comparison. Industrielle Beziehungen, 2004, 11 (2).

52. Traxler F.. Employer Organisations// Blyton P., et al. (eds.). The Sage Handbook of Industrial Relations. London: SAGE, 2008.

53. Turner, L.. Fighting for Partnership: Labor and Politics in Unified Germany. Ithaca, NY: Cornell University Press, 1998.

54. Xiaoyi Wen. Employer-initiated Collective Bargaining: A Case Study of the Chinese Sweater Industry. Employee Relations. Vol. 38 Issue: 2, 2016.

55. Xu Wang. Mutual Empowerment of State and Society: Its Nature, Conditions, Mechanism, and Limits. Comparative Politics. Vol. 31 No. 2, 1999.

五、德文文献

1. Abdulkadir Yurtsev. Die Bedeutung des Günstigkeitsprinzips bei der Abänderung von Sozialleistungen durch Tarifvertrag und Betriebsvereinbarung, Inaugural-Dissertation der Rechtswissenschaftlichen Fakultät der Kiel Universität, 1996.

2. Adam. Corporatism and Comparative Politics: Is There A New Century of Corporatism.

3. Claas-Hinrich Germelmann. Theorie und Geschichte des Streikrechts, Darmstadt Wissenschaftliche Buchgesellschaft, 1980.

4. Hanau, Adomeit. Arbeitsrecht, Luchterhand, 2008.

5. Hans-Joachim Bieber. Die Rolle von Gewerkschaften und Wirtschaftsverbänden bei der Entstehung des Arbeitsrechts, (Hrsg) von Hans G. Nutzinger, Die Entstehung des Arbeitsrechts in Deutschland.

6. Hromadka Maschmann. Arbeitsrecht Band 2, Springer, 2000.

7. Hugo Sinzheimer. Der korporative Arbeitsnormenvertrag, Teil 2, Leipzig, 1908.

8. Hugo Sinzheimer. Ein Arbeitstarifvertrag-Die Idee der sozialen Selbstbestimmung im Recht, München und Leipzig, 1916

9. Klaus L. Alberecht. Hugo Sinzheimer in der Weimarer Nationalversammlung, Sein Beitrag zum wirtschaftlichen Rätesystem und zu den arbeits und wirtschaftsrechtlichen Grundrechten der Reichsverfassung, Inaugural Dissertation zur Erlangung des Doktogrades der Rechtswissenschaftilichen Fakultät der Johann Wolfgang Goethe-Universität zu Frankfurt am Main, 1970.

10. Manfred Weiss, Marlene Schmidt. Labour Law and Industrial Relations in Germany, Aspen Publ., 2008.

11. Peter Ullmann. Tarifverträge und Tarifpolitik in Deutschland bis 1914, Lang, 1977.

12. Philipp Lotmar: Der Arbeitsvertrag nach dem Privatrecht des Deutschen Reiches, 1. Bd, Leipzig, 1902.

13. Rudolf Herbig, Notizen aus der Sozial-, Wirtschafts- und Gewerkschaftsgeschichte vom 14. Jahrhundert bis zur Gegenwart, Deutscher Gewerkschaftsbund, Bundesvorstand, 1973.

14. Sandro Blanke. Soziales Recht oder kollective Privatautonomie?. Mohr Siebeck, Tübingen, 2005.

15. Siehe (Hrsg) Thomas Blanke. Kollektives Arbeitsrecht Quellentexte-zur Geschichte des Arbeitsrechts in Deutschland I, Rowohlt.

16. Thomas Blanke（Hrsg）. Kollektives Arbeitsrecht Quellentexte-zur Geschichte des Arbeitsrechts in Deutschland I，Rowohlt.

17. Thomas Blanke. Thesen zur Zukunft des Arbeitsrechts，KJ 2004，2ff..

18. Thomas Dietrich. Unternehmernfreiheit und Arbeitsrecht im Sozialstaat，AuR，2007.

19. Ullmann，Peter Tarifverträge und Tarifpolitik in Deutschland bis 1914，Frankfurt a. Main/Bern/ Las Vegas，1977.

20. Wilhelm Dütz. Arbeitsrecht，5. Auflage，1999.

致　谢

2012年到2020年，从选题、调研、写作到付梓出版，“七八年来春又秋，也同欢笑也同愁”。雇主组织法在劳动法学界属于新鲜话题，国内国外的资料都较少。正因为如此，学界前辈与同人的指点与鼓励、实务部门的支持与配合才格外让人铭记！

感谢中国企联雇主工作部张文涛主任、调研处王亦捷处长，上海市企联雇主工作部宋靖主任，全国工商联法律部李强处长。他们对于和谐劳动关系建设中雇主组织的作用与短板认识清晰，对于劳动关系三方协调机制中存在的问题思考深入。客观地说，处于社团管理体制改革中的企联对工作的投入与热情较高，而工商联因作为人民团体具有较高制度性保障的优越地位，对于推动协调劳动关系亟须的法制保障动力要弱一些。雇主组织协调劳动关系的结构性矛盾现实地体现为保障越多、竞争越少、动力越弱。因此，重视二元制/多元制雇主组织的法律保障，是实现劳动关系协调与社团管理目的之基础。

在本书选题研究期间，王全兴教授提出了极富建设性的建议与意见，常在思路上提点我，慷慨地与我分享最前沿的信息。本书的外国法特别是德国法研究部分来源于我的博士学位论文《从私人自治到团体自治——德国团体协约法研究及启示》，感谢林嘉教授多年来在学术与人生方面的指点与关爱。冯彦君教授、秦国荣教授、沈建峰教授、阎天博士以及学界的诸多前辈及同人好友曾与我就本书的具体内容展开学术交流。特此向学界的诸位师长前辈与同人好友致谢！

感谢我的工作单位上海财经大学法学院、科研处的领导和同事们对本研究的鼓励、关怀与各种形式的大力支持！

作品诞生历程中酸甜苦辣皆有，但以欢笑居多。两个可爱、聪慧的女儿 Ellen 和 Alessa 的出生与成长，为我和家庭带来了无尽的欢乐。六年中我的先生 Nils、母亲糜云、父亲吴振华及孩子们的阿姨王琴宁女士为我分担了大量家务与照顾义务。在伟大的宇宙面前，个人如此渺小，只有生命、家人与自由才是理性与力量的源泉。

吴文芳

2020 年春节于英国伦敦

图书在版编目（CIP）数据

雇主组织法论：以协调劳动关系的法律保障为中心/吴文芳著. --北京：中国人民大学出版社，2020.4

ISBN 978-7-300-27988-6

Ⅰ.①雇… Ⅱ.①吴… Ⅲ.①劳动关系-劳动法-研究-中国 Ⅳ.①D922.504

中国版本图书馆CIP数据核字（2020）第047127号

“十三五”国家重点出版物出版规划项目
法律科学文库
总主编　曾宪义
雇主组织法论
——以协调劳动关系的法律保障为中心
吴文芳　著
Guzhu Zuzhifa Lun

出版发行	中国人民大学出版社		
社　　址	北京中关村大街31号	邮政编码	100080
电　　话	010－62511242（总编室）		010－62511770（质管部）
	010－82501766（邮购部）		010－62514148（门市部）
	010－62515195（发行公司）		010－62515275（盗版举报）
网　　址	http://www.crup.com.cn		
经　　销	新华书店		
印　　刷	涿州市星河印刷有限公司		
规　　格	170 mm×228 mm　16开本	版　　次	2020年4月第1版
印　　张	18　插页2	印　　次	2020年4月第1次印刷
字　　数	292 000	定　　价	68.00元